国家治理丛书

金融文化
中国式金融现代化的文化奠基

王曙光　王丹莉　著

图书在版编目（CIP）数据

金融文化：中国式金融现代化的文化奠基 / 王曙光，王丹莉著. — 北京：商务印书馆，2024
（国家治理丛书）
ISBN 978-7-100-23552-5

Ⅰ.①金… Ⅱ.①王… ②王… Ⅲ.①金融—文化研究—中国 Ⅳ.①F832

中国国家版本馆CIP数据核字（2024）第057025号

权利保留，侵权必究。

国家治理丛书
金融文化
——中国式金融现代化的文化奠基
王曙光 王丹莉 著

商 务 印 书 馆 出 版
（北京王府井大街36号 邮政编码 100710）
商 务 印 书 馆 发 行
三河市尚艺印装有限公司印刷
ISBN 978-7-100-23552-5

2024年11月第1版　　开本 710×1000　1/16
2024年11月第1次印刷　印张 21 1/2
定价：108.00元

国家治理丛书编委会

主编

陆　丹　三亚学院校长 教授
丁　波　研究出版社总编辑
何包钢　澳大利亚迪肯大学国际与政治学院讲座教授 澳大利亚社会科
　　　　学院院士

编委（按姓氏笔画排序）

丁学良　香港科技大学社会科学部终身教授
王　东　北京大学哲学系教授
王希勇　商务印书馆编审
王绍光　香港中文大学政治与公共行政系讲座教授
王春光　中国社会科学院社会学研究所研究员
王海明　三亚学院国家治理研究院特聘教授
王曙光　北京大学经济学院副院长 教授
丰子义　北京大学讲席教授
韦　森　复旦大学经济学院教授
甘绍平　中国社会科学院哲学研究所研究员
田海平　北京师范大学哲学学院教授
朱沁夫　三亚学院副校长 教授

任　平	苏州大学校卓越教授
仰海峰	北京大学哲学系教授
刘　继	国浩律师（北京）事务所主任 合伙人
刘建军	中国人民大学马克思主义学院教授 教育部长江学者特聘教授
刘剑文	北京大学法学院教授
刘敬鲁	中国人民大学哲学院教授
江　畅	湖北大学高等人文研究院名誉院长 教育部长江学者特聘教授
安启念	中国人民大学哲学院教授
孙　英	中央民族大学马克思主义学院党委书记 北京高校特级教授
孙正聿	吉林大学哲学系终身教授
李　伟	宁夏大学民族伦理文化研究院院长 教授 原副校长
李　强	北京大学政府管理学院教授
李　强	商务印书馆编辑
李炜光	天津财经大学财政学科首席教授
李德顺	中国政法大学终身教授 人文学院名誉院长
张　帆	北京大学历史学系 教授
张　光	三亚学院重点学科群主任 教授
吴　思	三亚学院国家治理研究院研究员 原《炎黄春秋》杂志总编辑
陈家琪	同济大学政治哲学与法哲学研究所所长 教授
杨　河	北京大学社会科学学部主任
罗德明	美国加州大学政治学系教授
周文彰	国家行政学院教授 原副院长
周建波	北京大学经济学院教授
郑也夫	北京大学社会学系教授
郎友兴	浙江大学公共管理学院政治学系主任 教授
赵汀阳	中国社会科学院学部委员
赵树凯	国务院发展研究中心研究员

赵家祥　北京大学哲学系教授

赵康太　三亚学院学术委员会副主任 教授 原海南省社会科学界
　　　　联合会主席

赵敦华　北京大学讲席教授

郝立新　中国人民大学哲学学院 教授

柳学智　人力资源和社会保障部中国人事科学研究院副院长 教授

钟国兴　中共中央党校教授《学习时报》总编辑

姚先国　浙江大学公共管理学院文科资深教授

姚新中　中国人民大学哲学学院教授 教育部长江学者讲座教授

耿　静　三亚学院科研处处长 教授

顾　昕　北京大学政府管理学院教授

顾　肃　南京大学哲学与法学教授

钱明星　北京大学法学院教授

高全喜　上海交通大学凯原法学院讲席教授

高奇琦　华东政法大学政治学研究院院长 教授

郭　湛　中国人民大学荣誉一级教授

唐代兴　四川师范大学伦理学研究所特聘教授

谈火生　清华大学政治学系副主任 清华大学治理技术研究中心主任

萧功秦　上海师范大学人文学院历史学系教授

韩庆祥　中共中央党校副教育长兼科研部主任

焦国成　中国人民大学哲学学院教授

蔡　拓　中国政法大学全球化与全球问题研究所所长 教授

熊　伟　武汉大学财税法研究中心主任 教授

樊和平　东南大学资深教授 教育部长江学者特聘教授

戴木才　清华大学马克思主义学院长聘教授

作者简介

王曙光，山东莱州人，北京大学经济学院教授、博士生导师，北京大学产业与文化研究所常务副所长。先后获北京大学经济学学士、硕士和博士学位，1998年留校任教至今。主要研究领域为中国发展战略与金融改革、中国农业与农村、中国经济史。已出版《中国扶贫》《中国经济》《中国论衡》《中国农村》《文化中国》《金融伦理学》等经济学著作三十余部。

王丹莉，内蒙古赤峰市人，中国社会科学院当代中国研究所副研究员。先后获北京大学经济学学士、硕士和博士学位，2006年入职社科院从事经济史研究。主要研究领域为银行史、财政史和农村经济史。已出版专著《维新中国：中华人民共和国经济史论》《新中国成立初期的统一财经》《工业化与中国道路》《银行现代化的先声——中国近代私营银行制度研究》等。

内容简介

本书秉持"金融即人"的基本理念,探究金融文化演进中金融业"集体人格"之化育及其对金融业健康成长的影响,旨在倡导一种既有益于金融可持续发展又有益于人类长远福祉的金融文化观和伦理观,并将之融入一切金融机构的制度基因之中。金融文化之构建,对于金融业塑造文化品格、彰显企业软实力、提升品牌价值具有重要意义。中国在数千年历史长河中形成了深厚的金融文化积淀,中国式金融现代化就是将中华优秀传统金融文化融入现代化金融强国建设,对中华优秀金融文化和商业文化进行创造性转化和适应性创新,使这些优秀的金融伦理文化能够真正有助于中国式金融现代化的伟大实践。本书理论和实践并重,既有对中国金融史、商业文明史与金融文化史的梳理与参鉴,又有对于现实中金融文化塑造之优秀经验的总结与升华,期待在古与今、知与行的映照交融之中,给予今天的金融从业者以启发与思考。

目 录

导言　金融的文化品性与人格奠基 1

第一辑　义以生利：中国传统经济伦理与商业文明 11
 一、义利之辨：中国传统经济伦理与商业文明及其现代意义 13
 二、家国同构：中国企业家精神的历史、传承与创新 26
 三、笃行致远：激发企业家精神，构建"企业家社会" 36
 四、使命担当：企业文化与企业社会责任 43

第二辑　金融即人：金融文化塑造的理念与方法 49
 一、中国金融文化的历史与现状 51
 二、挖掘和发扬中国优秀金融文化 60
 三、民营银行的金融文化特色和银行家精神 67
 四、金融文化、金融生态与金融伦理 69
 五、中国金融文化如何融入世界 73
 六、如何塑造金融家文化 76
 七、银行企业文化嬗变的阶段特征 80

八、中小金融机构应该建立什么样的金融文化 88
九、中小金融机构的治理文化构建 96
十、农业银行的金融文化转型 111
十一、金融即人：马背银行企业文化与命运共同体构建 115
十二、人格、理念、能力、努力：中小银行文化品牌构建 138
十三、穷人的银行家：跟尤努斯学习草根金融文化 144
十四、整合与解构：理解互联网金融文化对社会与金融的影响 157

第三辑　温故知新：从上海商业储蓄银行看近代银行文化塑造 171
一、中国的摩根：陈光甫其人 173
二、日新其德：以永恒的创新精神打造商业银行的核心竞争力 176
三、融入新潮：以现代化的经营管理理念把握战略先机 185
四、作育英才：陈光甫的人力资本管理思想 201
五、文以化人：上海商业储蓄银行企业文化的构建 214
六、温故知新：以陈光甫为榜样建构中国自己的优秀银行文化 224

第四辑　与时偕行：从天津金融史看近代金融文化之嬗变 227
一、天津金融业的前世今生 229
二、近代天津金融史上的创举：四行储蓄会和四行准备库 232
三、金城银行的命运沉浮 239
四、金城银行的经营哲学 253
五、近代银行业巨子谈荔孙与大陆银行的经营谋略 259
六、游走于官商之间的盐业银行 273
七、侨行领袖，实业兴国：中南银行的兴衰 285
八、天津银行公会：华资银行集体利益的代言人 298
九、时代风雨中的天津银钱业 310

十、化危为机：近代天津的金融风潮..320

十一、结束语：因应时代，处变守常，与时偕行..................................327

后　记..329

导言
金融的文化品性与人格奠基[*]

(一)从"物"到"人":金融的本质与人格化

从企业的性质来说,企业即人。企业的一整套激励、约束、组织、治理的制度框架,实际上都是围绕"人"的行为,而不是"物"展开,即企业的本质既不是资源(要素)的最优配置体系,也不是产出的最大化组织(以投入产出比来衡量)。当经济学家从人的行为、偏好来研究企业的时候,企业研究就进入了一个更为深刻、更为本质的视野:在这一视野中,企业是人的行为的集合,因此企业的所有的激励、约束、组织、治理的制度框架,都表征着一种文化——所谓文化,就是一切人类行为和生活方式的集合。正是在这一意义上,米塞斯把经济学的本质定义为研究人类行为的科学——这一定位,把经济学的研究对象由"物"转向了"人"。

本书的主旨——金融文化——就是从这一视野来审视金融(以及金融企业)的性质。该主旨的逻辑基础是"金融即人"这一基本的规范判断。"金融即人"的经济学意蕴是:金融的核心问题是人的行为,而不是金融资源(要素)的最优配置问题;一切金融学的研究对象也是人的行为,而绝非金融资本要素的有效配置问题以及相关的金

---

[*] 王曙光:《金融的文化品性与人格奠基》,《人民论坛》2022 年第 12 期。略有修改。

融产品设计和最优定价问题。

道理是很清楚的：金融要素的有效配置、金融产品的设计及其最优定价机制，其本质都是人类的行为以及决定这些行为的人类的本性。金融交易作为一种人类行为，必然基于人类的本性，因此，唯有从人类的本性出发来研究金融产品及其交易以及定价机制，才能洞悉金融交易的本质。然而人类社会化行为有积极的一面，也有消极的一面；有互助合作共赢的一面，也有贪婪自私损人的一面。而好的、正当的、合宜的金融（金融企业及其金融产品）必须发挥人的本性中积极的一面而遏制消极的一面，必须有利于鼓励人类中的那些互助合作共赢的行为，而控制人类贪婪自私损人的行为。所有金融交易及其产品，都有一个合宜的问题，即中国传统伦理学中所说的"义"的问题。义者，宜也。即任何金融都必须合乎"义"之伦理原则，从而达成人类本性中的正义、正当与合宜。

也正因此，金融作为一种人类行为方式（交易方式），必须具备人格化基础。只有金融具备此人格（人性）基础，才能为人类服务，增进人类的福祉，提升人类的伦理境界，约束那些损害人类整体福利与美德的贪婪自私损人之行为。若金融不具备人格基础，沦为一种贪婪自私损人逐利的工具，则人类之福利必将受损，人类之美德体系必将受到侵蚀，如此则一切金融交易必将面临极大的风险，进而人类社会必遭致极大的风险。

20世纪90年代以来人类遭遇的数次金融危机（包括今天正在发生的美国银行危机），给人类生活世界和道德世界所造成的灾难，实在是触目惊心的。人类从来没有像现在这样，专注于贪婪与逐利，而忘记了人类原初发明金融的本心，即互助合作、诚信共赢，共同通过金融交易实现交易双方的福利的增进和对于人类的道德体系的维护。而复杂的算法和前沿的金融科技，可能放大了人类因放弃金融之本心而带来的金融风险，使金融成为撕裂人类伦理信仰和毁灭人类经济生活的利刃。

（二）金融体系的利益冲突与人格基础

金融之所以必须具备人格化基础和伦理基础，其根源在于这种伦理体系能够更好地协调和约束金融体系利益冲突框架中的人类社会行为。实际上，所有伦理学存在的根本依据正在于人类社会生活中的利益关系与利益冲突，在一个没有利益冲突的社会中，伦理是没有必要存在的。在鲁滨逊所在的孤岛上，是不存在伦理道德的。在金融体系中，之所以伦理成为必要，是因为无处不在的利益冲突。比如，在存款人与商业银行的利益关系中，就存在着利益冲突，因此商业银行就有必要持守一定的伦理原则，以稳健经营、诚信经营为核心，为存款人利益负责，从而完美地解决商业银行与存款人的利益冲突。因而，商业银行伦理无外乎是寻找一系列伦理准则，以调整其与委托人（存款人）的利益关系。因此，何为优良道德？能够最大限度地解决人类之间利益冲突，最大限度增进人类社会福利、最完美地调整人类利益关系的道德，就是最优良的道德。金融伦理学以金融体系中各参与者的利益关系与利益冲突为研究对象，其目的也是为了寻找一个能够最大限度地解决金融体系中人类利益冲突的伦理准则框架。依据这种伦理准则框架建立起来的金融集体人格，最能保障人类利益冲突之有效解决以及金融自身之稳健发展。

金融的人格基础是诚实、信用、信任、互助、合作。所有这些美德都是人类社会经过数万年乃至更长时间的相互交往与博弈，经过无数次缔结契约和试错，而产生的最有利于增进人类福利和可持续发展的伦理规范。这些规范的目的，是通过人类在金融交易中的自觉的自我约束（自律）和相互约束（他律），从而以人类丧失某些交易的"自由"为代价，来换取人类长久的契约安全与福利增进。人类在交易中丧失的"自由",是一种必要的"丧失"("让渡"),正是这种必要的"丧失"("让渡"),使得人类能够控制自己的贪婪欲望,始终使金融走在正确的轨道上,使金融一直受到人类的道德律令的约束,而不是像脱缰的野马,任其自由驰骋跌入悬崖。金融的安全,有赖于这套有利于人类自觉地自我约束和相互约束的金融纪律和金融人格。这些金融纪律和金融人格,既表现为可见的金融法律,但更多地表现为金融领域从业者、金融企业和金融产品交易双方的自我伦理约束。

故此,金融业必须形成有益于人类福利增进、有益于金融自身可持续的集体人格,这种集体人格对金融业的稳定与安全有着至关重要的作用,是金融稳定与安全的基石。相反,金融业的集体人格扭曲,鼓励贪婪逐利行为,丧失高瞻远瞩之眼光而为眼前小利所诱惑,乃是金融脆弱性之根源。

今天,伦理原则的强调对于金融体系的安全有着特殊重要的意义。现实中我国金融市场的伦理现状不容乐观。在中国金融市场中,金融伦理并未引起从业者足够的尊重和重视,金融机构及其从业人员的诚实守信观念有待加强,基金经理人、保险经纪人、银行经理的职业人格素养与职业操守亟待提升。金融伦理的缺失使得金融市场累积了相当数量的金融风险。金融市场正常运行的一个重要的基础是具有完整人格的金融市场主体(包括个人投资者、机构投资者、金融中介、上市公司与政府监管部门),这些金融市场主体必须具有强烈的法治观念、公平公正观念、契约观念、平等观念、诚信观念等基本理念和集体金融人格。由于经济伦理规则的相对欠缺而导致市场经济主体伦理观念相对淡薄,使得我国金融市场的脆弱性成为约束我国金融发展的重要问题。正如我们在最近三十年所亲历的历次全球金融危机所揭示的:金融业伦理缺失与集体人格失坠对于金融市场的打击和对于金融机构的影响都是致命的。

（三）金融文化：金融业集体人格的演进与培育

所谓金融业的"集体人格"，即本书所探讨的"金融文化"。金融文化乃是一切金融交易行为背后所隐含的人类的价值观（伦理观）的总和，它是在金融体系自身不断演变中逐渐形成的一整套伦理体系，然而这些价值观（伦理观）又指导着、左右着金融本身。金融之发明，乃发乎人类社会互助合作之本性，此乃《中庸》所谓"天命之谓性"；人类遵循自我之良知本心进行金融交易，诚实信用合作共赢，此乃人类金融发展之康庄大道，此之谓"率性之谓道"；而金融业的集体人格的养成和塑造，金融文化之熏陶与教化，此之谓"修道之谓教"。所谓文化者，"文以化人"也，"教以人文以化成天下"也。金融文化之作用，亦在于塑造金融业的集体人格，从而发挥教化熏陶之功能，使所有从业者皆能受此文化之化育，从而形成自觉的道德自我约束。

金融文化的形成，就是金融机构自身人格奠定的过程，是金融机构塑造自己的文化品性的过程，是金融业彰显自己的软实力的过程，也是金融业打造自己的品牌价值的过程。

对内，金融文化塑造金融企业（如银行）的集体人格，形成一金融企业内部"默会"的"道德知识"与"行为模式"，这些都构成一种"伦理的共同体"，使大家按照同一个原则、同一种规范、同一套律令——尽管这些原则、规范、律令也许是隐而不彰的——来行动。对外，金融业对客户、对社会、对利益相关者（相关产业链）之影响，植根于金融企业自身的人格，一金融企业在外界之口碑，亦取决于此金融企业的文化品性与人格。金融文化所有对内、对外所施加的影响，都对金融企业、金融体系本身有着至关重要的价值，扩而言之对整个人类社会也有着至关重要的价值。而金融业对于人类的意义正在于人类通过金融这一特殊的交易行为彰显了自己的内在的善的本性，增进了人类之间的信任、友爱和合作互助，并使整个人类社会的福利得到增进，道德水平得到提升。

今日金融科技的突飞猛进并没有改变金融的本质，即金融本质上是基于人类之间的相互信任和友爱合作而形成的一整套契约关系和交易模式。科技没有替代人，非人格化也替代不了人格化。所有的金融科技的"算法"都是基于人类的本性，其最终的目的是增进人类的信任、友爱、互助与合作，而不是替代之。最优的算法一定是根基于对人性的深刻理解而设计的、有助于人类相互信任和合作的算法。故此，我们应舍弃对于金融科技的迷信，而将其视为增进人类相互信任与合作的"工具"，而不是盲目地、不加辨别地发展金融科技以至于视之为金融之"本质与目的"。这就本末倒置了。如果不给予金融科技的伦理性以至高的关注，那么它所带来的危害，就如同人类不关注基因编辑技术之伦理性而造成的灾难一样：其后果也许是人类所不堪承受的。

金融文化，就其规范性而言，它包含着一系列与金融本质相关的伦理内涵——诸如诚实、信任、合作、共赢——这些伦理内涵在某种意义上来说具备超越时空的价值（但也应当承认这些金融伦理价值乃是人类漫长的金融交易和无数次缔约关系中所形成的，并不是一朝一夕形成的，更不是亘古即有、先天具备的）。就其实践性而言，金融文化乃是一个"历史的"范畴：金融文化，乃是某一部分人类群体，在历史中形成的集体"金融人格"；正因为它是一个历史的范畴，故它具有时间上的历史演进的特征。金融文化不是一成不变的，在不同的地域、在不同的人类群体、在不同的历史发展阶段，随着人类经济生活、技术条件、金融交易（金融机构与金融产品、金融工具）的演进而不断发生着变化，它遵循着哈耶克所说的"多元自发秩序观"。道德文化生成中"多元自发秩序观"承认在道德起源和嬗变过程中自发秩序的作用，也就是承认，在一个运转良好的社会群体内部，不管这个群体是原始部落的共同体，还是在国家形成之后的国家共同体，道德作为一种社会行为规范的生成与发展都主要是一种"自发秩序"

的形成过程。在这个过程中，共同体中的个体活动总是受到共同体其他个体行为和共同体作为一个行为单位的目标的影响，个体需要在学习和模仿中体会什么是共同体内部的"合宜"的行为，什么行为最适宜于个体的生存概率的提高以及共同体作为一个行动单位的效率的提升。随着个体不断调节自己的行为，共同体就形成一种有利于个体和共同体的行为规范，这些行为规范既包含着功利的成分，也包含着对某些高尚行为的暗含的提倡与表彰，因为那些符合高尚规范的行为往往会给共同体和行动者本人带来更大的利益和名声。正因为如此，金融体系才形成了一种能够彰显金融机构自身品牌价值的金融文化和金融集体人格，从而使这些金融机构能够在市场上和共同体中获得更好的回报。

从这种"多元自发秩序观"出发，金融文化的培育也要因地而异、与时偕行，金融文化要不断转型、创新、融汇、拓展，不可能凝滞于一时，亦不可能有一种固定的金融文化"放之四海而皆准"。本书在回顾中国数千年金融史中所描述的各个历史阶段之金融文化图景，旨在表明金融文化在时间上是演进的，而在地域上是适应性的。故金融文化之形成，乃是因地制宜与因时制宜的结合。培育金融文化，既不能固步自封，亦不能生搬硬套。不同时代、不同地域、不同文化背景、不同金融机构的金融文化，既有共性，也有个性，是共性与个性的统一，是"常"（金融文化中比较具有恒定性的价值部分）和"变"（金融文化中比较具有适应性的部分）的统一。故构建金融文化，乃是一种高度的艺术，须知常处变，守常应变，温故知新，通权达变。

（四）古今交融、守正创新：为建设现代化金融强国奠定文化根基

金融文化建设是建设现代化金融强国的基础性工作。2023 年 10

月30—31日举行的中央金融工作会议指出："党的十八大以来，在党中央集中统一领导下，金融系统有力支撑经济社会发展大局，坚决打好防范化解重大风险攻坚战，为如期全面建成小康社会、实现第一个百年奋斗目标做出了重要贡献。党中央把马克思主义金融理论同当代中国具体实际相结合、同中华优秀传统文化相结合，努力把握新时代金融发展规律，持续推进我国金融事业实践创新、理论创新、制度创新，奋力开拓中国特色金融发展之路。"会议指出，要在金融系统大力弘扬优秀传统文化，坚持诚实守信、以义取利、守正创新、依法合规。作为未来很长一个历史时期我国金融发展的战略性指导原则，"两个结合"值得在思想层面、理论层面、实践层面进行多维度、多层次的解读与落实，以呈现"两个结合"的丰富内涵并厘清其实践路径。

习近平总书记在中央金融工作会议上提出的"把马克思主义金融理论同当代中国具体实际相结合、同中华优秀传统文化相结合"的"两个结合"的思想，将是未来我国建设现代化金融强国的重要指导思想。这一思想的核心内容，是要培养一种融汇古今、涵纳中西的崭新的中国当代金融文化。未来中国将致力于以中央金融工作会议的"两个结合"为指引，将中华优秀传统文化融入我国的现代化金融强国的建设中，这是一个古为今用、借古开今、温故知新的长期过程。我国历史上的传统文化积淀要适应现代化的金融发展的需要，进行创造性转化和适应性的创新，使这些优秀的道德伦理文化能够真正有机地融入现代化金融强国建设的具体实践中。在今天的金融交易、金融发展和金融创新实践中，以诚信为代表的传统伦理文化更是凸显出它的价值和意义，因为在现代金融体系中，由于金融市场中各种金融创新层出不穷，各种衍生产品不断涌现，而这些衍生品交易大量使用虚拟交易手段，采用计算机终端进行交易，交易各方并不直接见面，因而对于这些虚拟化的交易，诚信就显得更加必要。同时，我国传统的义利合一、以义取利的价值观，将成为我国培育中国特色金融价值体系的指导思想。今天，金融价值观已经成为金融业建设金融文化、构建本土金融品牌的核心内容，也是保障金融体系能够有效安全运作的重要前提。中国古代"义利观"所包含的丰富内容，以及先秦至晚清以来中国传统商业和金融企业在"义利合一"方面的丰富实践，为我国当代金融价值观体系建设提供了极为宝贵的历史资源。我们应该继承和发扬这一优秀传统，按照总书记在中央金融工作会议上的"以义取利"的基本要求，全方位构建中国金融价值观体系，为建设现代化金融强国奠定价值基础和文化基础。

今天我们构建金融文化，既需要有对中国金融史与金融文化史的梳理与参鉴，又要有对于现实中金融机构文化塑造经验的总结与升华，应在古与今的映照交融之中，创造属于我们这个时代的金融文化。我们要在整个金融界倡导一种真正既有益于金融自身又有益于人类全体的金融伦理观，正如阿马蒂亚·森所倡导的将伦理视角重新融入现代经济学一样。我们要将这种金融伦理观融入到一切金融机构的灵魂基因之中；果能如此，则金融必然重新回归它的初衷：增进人类的幸福。老子曰："大曰逝，逝曰远，远曰反。"（《道德经》第二十五章）返本复初，正其时也。

第一辑

义以生利：中国传统经济伦理与商业文明

一、义利之辨：中国传统经济伦理与商业文明及其现代意义

（一）中国古代经济伦理与儒家"义利观"

义利观是儒家的核心思想，被称为"儒家第一义"。从某种意义上来说，我国传统经济思想和伦理思想的源头即是义利之辨，而贯穿中国几千年经济伦理之核心范畴仍然是义利之辨。

在探讨义利观之前，我们需要对义利的概念作一些基本的梳理。义在古代写作"義"，"義"字首先表达为一种"合宜"（即"义者，宜也"）的行为方式，是符合道德准则的一套行为方式。我们现在所说的正义、道义等，都指的是对一个事情的合宜性的价值判断。明清之际思想家王夫之就曾把"义"分成"一人之私义"、"一时之大义"、"古今之通义"这三个层次和范畴，这三个范畴一个比一个高，在一定历史条件下可以统一，但又经常发生矛盾。而当这三个层次发生矛盾的时候，就要以较高的价值准则为基础，即"不可以一时废千古，不可以一人废天下"（王夫之《读通鉴论》卷十四）。也就是说，当"一人之私义"与"一时之大义"矛盾的时候，就要以天下人所共有之"一时之大义"（在一定历史条件下天下所有人的共同的价值准则）为依归，不能因为自己一个人的私义而破坏所有人的共同价值准则；当"一时之大义"与"古今之通义"相矛盾的时候，就要以超越时代的古今共同的价值准则为依归，而不能因为一个时代的道德准则而破坏超

越古今时代的人类最高价值准则。

作为儒家学派的创始人,孔子对义利范畴的论述对中国传统经济思想史和伦理思想史产生了深远的影响。尽管孔子对"利"采取"罕言"(《论语·子罕》)的态度(即很少谈论),但是其实在《论语》中还是记录了很多孔子对"利"以及义利关系的观点,兹列举要者如下:

> "君子之于天下也,无适也,无莫也,义之与比。"(《论语·里仁》)
>
> "君子喻于义,小人喻于利。"(《论语·里仁》)
>
> "见利思义,见危授命,久要不忘平生之言,亦可以为成人矣。"(《论语·宪问》)
>
> "君子谋道不谋食,……忧道不忧贫。"(《论语·卫灵公》)
>
> "饭疏食,饮水,曲肱而枕之,乐亦在其中矣。不义而富且贵,于我如浮云。"(《论语·述而》)
>
> "群居终日,言不及义,好行小惠,难矣哉!"(《论语·卫灵公》)
>
> "富与贵,是人之所欲也,不以其道得之,不处也;贫与贱,是人之所恶也,不以其道得之,不去也。"(《论语·里仁》)
>
> "富而可求也,虽执鞭之士,吾亦为之。"(《论语·述而》)
>
> "邦有道,贫且贱焉,耻也;邦无道,富且贵焉,耻也。"(《论语·泰伯》)

孔子及其早期儒家学派在义利方面的观点可以概括为"义主利从论"[①]。即在义和利的关系中,"义"是核心的价值观,"利"要服从"义",谋利要合乎价值准则和伦理规范,但孔子及早期儒家学派并不

---

① 赵靖主编:《中国经济思想通史》第1卷,第四章,北京大学出版社1991年版。

否定"利"的合理性。在这方面，孔子有很多精辟论述，他说："君子喻于义，小人喻于利"，"不义而富且贵，于我如浮云"，"富与贵，是人之所欲也，不以其道得之，不处也"。有些人把孔子学说中的义利观理解为"义"和"利"对立的关系，以为孔子倡导"义"而否定"利"，把仁义作为君子的行为准则而完全鄙弃"利"，从而把孔子理解为一个单纯强调道德准则而否定功利准则的道德至上主义者，这是极大的误解。这种片面的理解不利于我们全面理解孔子的经济伦理观念。在孔子看来，一个君子，要以社会价值准则为行动指南，而不以自己的私利来破坏这种价值准则；当一个人以正当的方式和合宜的途径，获得正当的利益，这是值得肯定的，孔子所批评的，是"不义而富且贵"，而不是简单地否认一切追求"富贵"的行为。他曾说过这样的话，"富而可求也，虽执鞭之士，吾亦为之"，可见孔子并不鄙薄功利和富贵，只要这种追求富贵的行为不损害公认的社会价值准则和道德观念。孔子甚至还半开玩笑地对自己的得意弟子颜回说，"使尔多财，吾为尔宰"（司马迁：《史记·孔子世家》），可见孔子在财富（利）的问题上是很通脱的，完全没有后来人们误解的道学家的教条主义色彩。从"富与贵，是人之所欲也"这句话中，可以看出孔子还是非常实事求是的，他肯定喜富恶贫是所有人的再正常不过的愿望，不管这个人是君子还是小人。

孔子的义利观可以分为两个层次。第一个层次是"见利思义"，我称之为"儒家经济伦理第一定理"，这是一个底线原则，也是一个消极原则。其实，"见利思义"、"见得思义"（《论语·子张》）、"义然后取"（《论语·宪问》）等类似的话，在《论语》中多处谈到。"见利思义"，即是当一个人或企业面临利益（主要是指物质或非物质的功利）关系时，要以是否合乎"义"为标准，来判断是否获得或占有这些"利"。所谓"君子爱财，取之有道"也，否则就是"见利忘义"。对于那些损害他人和社会道德准则的获利机会（其实名誉等也是一种利），则一个正直的人或企业应该毫不犹豫地放弃。当然，在这个"利"中，主要还是指"私利"，正是从这个意义上来说，冯友兰先生认为："儒家所谓义利之辨之利，是指个人私利。……若所求的不是个人私利，而是社会的公利，则其行为不是求利，而是行义。"① 这个观点的确有一定道理。但是假若超越这个"私利"的范畴，是否在获得这种"公利"的时候就可以抛弃"义"的要求而不择手段呢？在这一点上，孔子的态度也是很明确的，就是即使为了国家利益或集体利益等"公利"，也要考虑到实现方式的正当性，要符合社会道德准则，而不能不择手段，即获取"公利"的前提也是要符合"义"。孔子强调"德政"和"仁政"，反对为了国家利益而不择手段的那种"霸道"和"诡道"，而是提倡那种以正当的方式获得国家利益和振兴国家的"王道"。孔子在评价晋文公和齐桓公两个人的霸业时，是有褒有贬的，他赞成齐桓公和管仲的"仁道"，而谴责晋文公获得霸业时使用的"诡道"，他说："晋文公谲而不正，齐桓公正而不谲。"（《论语·宪问》）他也曾多次赞叹管仲以"仁道"帮助齐桓公成就春秋首霸之业："桓公九合诸侯，不以兵车，管仲之力也。如其仁，如其仁！"（《论语·宪问》）可见，冯友兰先生所理解的儒家"义利之辨"中的"利"仅为"个人私利"，是有一定局限性的。在孔子看来，不仅追求个人私利应该以一定的道德准则为前提，就是在追求集团或国家利益时，也要以"义"为前提，反对不择手段追求集团和国家的利益。这一观点对我们当今理解企业社会责任有着特别重要的意义。在最低的个人私利的层次上，我们都可以理解，一个企业的员工应该遵守基本的道德准则，应该以正当的方式获取自己的利益，而不应该破坏职业道德操守获得不正当的私利。但是，如果为了更高的企业利益，很多企业员工和管理层就认为可以"不择手段"，因为他们以为，他们的

---

① 冯友兰：《冯友兰学术论著自选集》，北京师范学院出版社1992年版，第282页。

行为不是为了个人私利，而是为了企业发展和生存的目的，所以即使是有些行为破坏了社会道德准则，也是值得赞赏的。如很多投资银行职员为了企业的高利润不惜损害客户和社会的利益而推销高风险的衍生金融产品，结果这种看起来符合企业"公利"的行为却恰恰损害了更高层次的社会"公利"。在孔子看来，即使为了企业"公利"，这种不道德的行为也是必须谴责的，这是企业社会责任的题中应有之义。

儒家经济伦理的第二个层次是"义以生利"，我把这个原则称为"儒家经济伦理第二定理"，这是一个更高的经济伦理原则，是一个更为积极的原则。"义以生利"这个命题意味深远。孔子虽然"罕言利"，但是他也非常清楚，"利"是人之"大欲"，他是承认人的正当的利益需求和功利欲望的，并不是一个不食人间烟火的道学家。但他为什么又"罕言利"呢？这可以从两个层面去理解。第一个层面，孔子认为，在"义"和"礼"的范围之外，不能言利，"义"对于"利"有道德价值上的优先性，不能破坏道德准则去获利；第二个层面，在"义"和"礼"的范围之内，不必谈"利"，因为在孔子看来，只要符合"义"和"礼"，利就自然而然获得了。恩师赵靖先生在《中国经济思想通史》中，曾经精辟地谈到："'义'以外的'利'是'君子'所不当言，'义'以内的'利'是君子所不需言——这就是孔丘'罕言利'的秘密所在。……在孔丘看来，'义'不但体现着君子之德和君子之质；而且义对利既有约束、规范的作用，又有保证的作用，所以在义和利的关系中，必须把义放在主导的地位，而利只能处于从属的地位。"[①] 如果抽象掉孔子说"义以生利"的历史背景和阶级背景，那么这句话对于我们今天理解企业社会责任有什么现实意义呢？我认为，"义以生利"的观点，从现代经济学的视角来看，也是有很深刻的合理性的。"义"作为一种道德准则体系和行为规范，如果被行为主体

---

① 赵靖主编：《中国经济思想通史》第1卷，第四章，第87页。

（无论是个人还是企业）切实地实行，必然为行为主体带来极大的社会声誉，其社会信用度和美誉度就会极大地提升，从而积累极为珍贵的"社会资本"。社会资本比物质资本、金融资本、知识资本更重要，是决定行为主体经济效率和经济利益的重要变量。因此，如果一个行为主体在经济运行和企业实践中遵循了"义"，模范地执行了道德准则，为社会创造了价值和福利，则其社会资本就会增多，其成功的可能性就越大，也就是说，"义"直接带来了"利"。这就是用现代经济学和社会资本观点来重新阐释的"义以生利"。可见，如果抛开具体的历史环境和阶级背景，"义以生利"对现代社会运行也是有巨大的借鉴意义的。这难道不是企业社会责任的最精彩的阐释吗？一个企业为什么应该履行企业的社会责任，为什么应该为社会创造价值和福利而不是损害社会价值和福利？就是因为"义以生利"，就是因为模范地履行社会责任能够为企业带来巨大社会资本，从而赢得更高社会认同，获得更多商业利润。如一个银行如果模范地履行其社会责任，在促进环境保护、可持续发展、增进性别平等、促进社区发展和民族文化多样性以及扶持弱势群体等方面做得很优秀，它必然赢得巨大的社会声誉，这种社会声誉对于银行而言就是一笔巨大的难以替代的"社会资本"，它赢得了社会的广泛信任，因而其客户美誉度和信任度就会大幅提升，从而会赢得大量的商业机会和利润。再如，一个会计师事务所如果能够严格地履行其职业规范和道德准则，维护自己的信用，那么它必然会奠定长久发展的坚实基础，对于一个会计师事务所而言，坚守道德准则这样的符合"义"的行为，直接就可以为它带来"利"，这就是"义以生利"。反之，如果这个会计师事务所采取欺诈的手段破坏诚信，为整个社会提供假信息，那么它存在的根基就会坍塌，没有了"义"，"利"就随之消失，安达信的覆灭不就是一个生动例证吗？可见，对于企业来说，"见利思义"是一个基本的道德自律原则，是一个消极的底线原则，而"义以生利"则是一个更加积极的商业原则。

自荀子以来，秦汉以降迄于宋明，儒家传统义利观发生了一些引人注目的变化，出现了一批敢于批判和矫正旧的伦理传统，肯定人的利益需求的功利主义学派。战国后期的荀子基于他的"人性恶"的人性论，提出了"义利两有"的价值观。汉代司马迁也提出了顺应自然的人性观和接近于功利主义的经济伦理观。他根据人的趋利避害的自然本性，提出了著名的"善因论"："夫神农以前，吾不知已。至若《诗》《书》所述，虞夏以来，耳目欲极声色之好，口欲穷刍豢之味，身安逸乐，而心夸矜势能之荣，使俗之渐民久矣。虽户说以眇论，终不能化。故善者因之，其次利道之，其次教诲之，其次整齐之，最下者与之争。"司马迁认为只要善于充分利用和引导人的趋利避害的自然本性，这种本性就可以成为发展经济的动力来源，最坏的情况是违逆人的自然本性，限制人的主观能动性的发挥，与民争利，这不利于经济的发展和每个人才能的发挥。

到了南宋，功利主义经济伦理思潮方兴未艾，永康学派的陈亮和永嘉学派的叶适倡导功利之学，成为当时反理学的主要代表人物。他们所建立的以"事功"为核心的功利主义思想体系，是宋代功利学的最完善的形态，也是中国伦理思想史上功利主义伦理思想的成熟形态，反映了当时时代的要求和进步的趋势，对南宋时期的哲学和伦理思想的发展产生了重要影响。[①] 陈亮和叶适都提出了以"事功"为核心的功利主义思想，主张道德和功利、理和欲的统一，反对朱熹等理学派提出的"存天理、灭人欲"的命题。

（二）中国古代商业伦理和商业文明

下面我们谈谈我国古代商业伦理的实践。我国古代虽然在正统的

---

① 罗国杰主编：《中国伦理思想史》上卷，中国人民大学出版社2008年版，第585页。

儒家伦理思想中一直强调"重本抑末",商人的地位在正统儒家学说中并不高,但是历代均有很多成功的商人,在其商业实践中不仅展现了较高的经营才华,而且反映出值得称赞的道德伦理水平。其中后人尊称为"商圣"的范蠡,就是一个将经营才能与伦理道德完美结合的商人典范。范蠡,字少伯,春秋楚国宛(今河南南阳)人,是春秋末期越国著名的政治家、军事家和实业家。古人"富者皆称陶朱公",说的就是范蠡。在中国先秦以降二千多年的封建社会中,陶朱公的名字一直被商人们所称道,直到近代社会,在从事商业贸易活动的人们中仍然流传着"陶朱事业,端木生涯","经营不让陶朱公,货殖何妨子贡贤"的联语。范蠡出身贫贱,但博学多才,辅佐越王勾践卧薪尝胆,励精图治,越国终于转弱为强,灭吴称霸。范蠡在功成名就之后急流勇退,相传一袭白衣与西施西出姑苏,泛一叶扁舟于五湖之中,遨游于七十二峰之间。他先到齐国经商,化名鸱夷子皮,后又到陶地(今山东荷泽定陶区),在这个当时中原的商业中心定居下来,并自号陶朱公,其间三次经商成巨富,并三散家财,成为我国儒商之鼻祖。范蠡提出了一系列"富国之术"和"积著之理"。陶朱公无疑是历史上最成功的大商人之一,他"治产积居","十九年之中三致千金"。但是他的财富观更加值得学习和赞赏。他诚然是一个巨贾,但是他不仅重视积累财富,还善于"散财",《史记·货殖列传》中说他虽然"十九年之中三致千金",却"再分散与贫交疏昆弟",司马迁说"此所谓富好行其德者也"。他的财产都散给自己的穷朋友和穷亲戚,这种善行无疑给范蠡带来巨大的社会声望。赵靖先生就很精辟地指出:"这件事不能单纯地看作一种善行,而是有着宣扬自己'多财善贾'的作用。在古代缺乏信息传播手段的情况下,通过这种办法向人们较广泛地散布陶朱公买卖殷实、经营本领高强的信息,对提高自己的商业信誉是有作用的。"[1]

---

[1] 赵靖主编:《中国经济思想通史》第1卷,第309页。

这句话实际上揭示了商人的慈善行为与其商誉和利润之间的关系。现在大家所热衷讨论的企业社会责任，不就是基于这样的思想吗？可见，范蠡在两千多年前就已经领悟到这一点了。范蠡以智与诚经商，以善行与仁义处世，成就了彪炳史册的功业。

司马迁在《史记·货殖列传》中还提到另外一个大商人白圭，此人约与孟子同时，有很深刻的商业经营管理思想，他以"治生之术"教人，并以"智、勇、仁、强"四个条件作为选拔学生的标准，认为："其智不足以与权变，勇不足以决断，仁不能以取予，强不能有所守，虽欲学吾术，终不告之矣。"白圭对于"仁"的解释是"能以取予"，即懂得并善于处理"取"和"予"之间的关系。现在人们常常说，能舍才能得，就是这个意思。从事商业活动一定要有利润，但是利润不是凭空取得，而是通过与交易对手的交换以及通过自己的团队的努力而获得的，因此在从事商业活动的过程中，一定要正确地处理好与商业伙伴（交易对手）和企业员工的关系，这也是现代管理学中"利益相关者理论"的精髓。白圭深刻地理解"取"和"予"之间的辩证法，只有很好地"予"，才能更多地"取"。对交易对手，要秉持诚信的原则，要给人最好的商品（即"务完物"），对于自己的助手和员工，他认为要"与用事童仆同苦乐"。这才能"以取为予"，这不能不说是较高的经商智慧。

这些优秀的商业伦理，在历代商业和金融业实践中不断得以丰富和完善，形成我国极为宝贵的经济文化和伦理遗产。山西票号和中国近代私营银行家们，实际上都继承了我国古代的优秀商业文化和经济伦理，从而获得了巨大的商业成功，这些对于我们现在构建金融文化都具有十分巨大的借鉴意义。

（三）中国传统经济伦理与现代企业社会责任运动

近半个世纪以来，对企业社会责任的讨论在全球已经发展成为一场规模浩大的运动，尽管学术界和企业界对企业社会责任的内涵和实践尚存在很多争议，但是毫无疑问，这场运动已经深刻地影响了现代企业的外部行动模式和内部治理结构。一个必然的后果是，假如一个现代企业对企业社会责任完全处于无知的状态，假如一个现代企业不能理性地、有意识地将社会责任理念有机地融入到它的经营管理和治理结构之中，那么这个企业就注定不可能成为一个社会公众公认的卓越企业。基于这样一个现实，中国企业在迅速成长的同时，也应该清醒地意识到企业社会责任体系构建的重要性，并将其作为系统的制度架构嵌入到企业经营管理和公司法人治理的各个层面。

尽管"企业社会责任"这个词在中国属舶来品，但是这并不意味着中国人对于企业（或广义上的商业）的社会责任没有深刻而系统的认识。正好相反，作为一个有着悠久商业传统和文化积淀的古国，中国的传统经济伦理和商业文明中积累了大量的有关企业（商业）之社会责任与社会功能的闪光的思想，这些伟大的伦理思想，与当今风靡全球的公司治理与企业社会责任思潮是极端契合的。全面理解儒家经济伦理中的义利观，对于我们深刻把握企业社会责任的理念，也是极其有益的。

从我们上面的梳理来看，中国传统经济伦理与我们今天提倡的企业社会责任理念是高度契合的，中国的儒商传统几千年绵延不衰，明清以来的晋商与徽商等都为我们留下了古代商业伦理的丰富遗产，这些伦理遗产的核心是公平交易、诚信从商、重视信誉、秉持义利合一的价值观和财富观，以及对社会利益和国家利益的高度关注。这些优秀的企业伦理，值得进一步挖掘和弘扬，并与现代企业社会责任的理念相互借鉴和融合。

现代企业社会责任思想中值得关注的是其层级化思想,即企业社会责任乃是一个包含不同层级的社会责任体系,层级之间虽然包含着各种矛盾,但是从总体来看,越是底下的层级越具有优先性,越具有底线伦理的特征。卡罗尔(Archie B. Carroll)认为:"企业社会责任意指某一特定时期社会对组织所寄托的经济、法律、伦理和自由决定(慈善)的期望。"[①]这一包括四类责任的定义是在麦奎尔提出的企业社会责任定义基础上发展起来的[②],试图把社会对企业的经济、法律期望与一些更具社会导向性的关注联系起来,这些社会关注包括伦理责任和慈善(自愿的/自由处理)责任。在这个企业社会责任金字塔中,经济责任是基本责任,处于这个金字塔的底部。与此同时社会期望企业遵守法律,这是社会关于可接受和不可接受行为的法规集成。再上去就是企业伦理责任这一层次。在这一层次上,企业有义务去做那些正确的、正义的、公平的事情,还要避免或尽量减少对利益相关者(雇员、消费者、环境等)的损害。在该金字塔的最上层,寄望企业成为一位好的企业公民,也就是说期望企业履行其自愿/自由决定或慈善责任,为社区生活质量的改善做出财力和人力资源方面的贡献。在这个层级化的企业社会责任体系中,包含着企业面临相互矛盾的发展约束时所必须做出的选择,同时也包含着企业对于不同层级的社会责任的优先级的判断。

就企业社会责任目标之间的矛盾性而言,如企业的经济责任与法律责任有时就存在着冲突,企业的经济责任强调的是企业实现股东的经济利益,不需法律的特别要求;法律责任强调的是企业在法律框架下负有的责任和义务,会以牺牲利润为代价。现代企业社会责任理念颠覆了传统的企业假定,企业不再作为一个"股东利润最大化"的实

---

① 〔美〕卡罗尔、〔美〕巴克霍尔茨:《企业与社会:伦理与利益相关者管理(第5版)》,机械工业出版社2004年版,第23页。

② Joseph W. McGuire, *Business and Society*, McGraw-Hill, 1963.

现主体,不再作为一个盲目追求经济利益而不顾资源浪费、环境污染和劳工福利等社会弊端的单纯的理性人而存在,而是作为一个负责任的企业而存在。因此,西方国家纷纷修改企业法,加强了对公司行为的限制,使企业承担起更多的对社会其他相关群体的法律责任。越来越多的企业也开始抛弃过去那种漠视劳动者、消费者、债权人等相关群体的做法,不再以股东的利润为单一目标,而是引入利益相关者参与公司的治理。这一点,尤其需要中国企业在引入企业社会责任理念时加以特别关注,当企业面临经济利益和法律责任相抵触的时候,切忌采取急功近利的做法,而应该将法律责任视为必要的、具有硬约束力的责任来看待,在追求企业利润的同时不以牺牲环境、浪费资源、损害社会福利、影响公共安全为代价。

就企业社会目标的优先级而言,企业应该首先履行其经济、法律责任,然后再履行其伦理责任和慈善责任。伦理责任要求无论是否在法律制度的强制下,企业都要做正确的、公正合理的事情,承担伦理责任是企业的自律责任,是企业内在的、自愿的、主动的责任选择;而慈善责任是企业按规定的价值观和社会期望而采取的额外行动,如支持社区项目和慈善事业等。这些责任完全是自愿的,是不受法律强制约束的,甚至也不是社会所期望的,只取决于企业从事这些社会活动的意愿。它与伦理责任的主要区别在于,慈善责任一般不是道德上的要求。[①] 当下一些中国企业,在谈到企业社会责任的时候,往往误以为是企业的慈善责任,往往在自己的企业社会责任报告中大篇幅地宣扬自己对社会的慈善捐赠,这是对企业社会责任优先级的误解。如果一个企业不能履行其基本的经济和法律责任,不能给这个社会带来符合社会利益和社会安全的产品与服务,那么它还侈谈什么慈善责任呢?举例来说,一个银行,更应该以自己的良好的服务和金融产品创

---

① 王曙光:《金融伦理学》,第十三章,北京大学出版社2011年版。

新满足更多客户的需求,甚至满足那些最弱势的群体的金融需求(如孟加拉乡村银行所做的那样),这样才算是履行社会责任;如果一个银行无视那些弱势群体的金融服务需求,不能给那些弱势群体提供最基本的金融服务,而只是给这些弱势群体捐赠一些衣物或者儿童学习用品,这不能被视为履行了社会责任。这一点,也是需要我国企业给予高度关注的,要全面正确地理解企业社会责任,而不是本末倒置。

我国企业还应该致力于将社会责任体系制度化,将社会责任更有机地融入到企业的法人治理结构之中。现代企业社会责任思潮更强调把社会责任视为企业治理的一部分,将其嵌入到公司治理的制度设计中,这种制度化了的企业社会责任体系,已经成为企业内部治理的不可分割的组成部分,而不是仅仅成为企业偶然性的行动,更不仅仅是企业对外宣传时使用的噱头。因此,企业社会责任的制度化和内部治理化,是中国企业在引入企业社会责任理念时更应该关注的方向。

二、家国同构：中国企业家精神的历史、传承与创新

（一）中国企业家精神的探讨与对"韦伯命题"的批判

提起企业家精神，很多人会想到马克斯·韦伯的《新教伦理与资本主义精神》，这本书在西方和东方影响都很大。韦伯认为在中国和受儒家文化影响很深的东亚国家，无法产生真正的企业家精神，这被称为"韦伯命题"，其观点被很多人接受。很多学者对此深信不疑。但其实，从"韦伯命题"提出之后，反对的声音也同样有很多。这个命题，我在二十多年前读本科的时候曾经研究过，当时我和我的导师陈为民先生还合作写了一本书《儒家伦理与现代企业精神的承接》，对韦伯命题进行了详细的分析，并且以东亚经济的崛起作为有力的例子，通过分析以日本为主的"亚洲四小龙"和改革开放后的中国经济崛起，反驳了"韦伯命题"。最后我们得出一个结论：东亚的现代化，或者说东亚企业的现代化，并没有受到儒家伦理的制约和束缚，相反，儒家伦理在东亚经济的现代化过程中，起到了很好的催生和助推的作用。这实际上是一个完全的颠覆，宣告了"韦伯命题"的终结。

企业家精神并不是一个神秘的东西，它只是经济活动过程中的产物，伴随着经济活动而存在。韦伯认为是新教伦理催生了资本主义精神，也就是企业家精神，实际上是资本主义经济本身的崛起和企业家阶层的出现，催生了新教伦理，改变了传统的基督教伦理。伦理是经

济活动与社会交往的产物，而不是相反。

其实，人类的经济活动一直存在和演变着，企业家精神（广义上的）也早已存在着，而绝不是因为有了资本主义之后企业家精神才一下子蹦出来的。拿中国来说，我们有着自己历史悠久的商业传统，我们的商业精神，其实跟现代企业精神是很类似的。我所崇敬的赵靖先生，是中国经济思想史领域的开创者之一，他的《中国古代经济思想史讲话》、《中国经济思想通史》是研究中国古代经济思想的奠基之作。赵靖先生对于韦伯是持批判态度的，认为韦伯的学说，在理论上是"头脚倒置"，韦伯把文化，尤其是宗教，看作是经济发展的决定力量；其实，新教中的所谓资本主义精神，恰恰是经济发展的产物，是欧洲的经济发展，是经济力量的推动，催生了宗教改革，从而产生了包含资本主义精神的新教伦理。而新教伦理反过来又促进、加速了经济发展，新教伦理与资本主义精神是这样一个关系。韦伯却颠倒过来说了。所以说新教伦理不是空穴来风，它不可能脱离经济的发展和企业的实践而独立存在。同样，中国也有自己的企业家精神，因为中国的商业活动数千年来一直没有中断。中国的儒家伦理道德体系，也不是凭空形成的，而是受中国数千年经济和社会发展的影响。反过来，儒家伦理道德也在影响着经济活动和社会发展，二者是相辅相成的。

（二）先秦至今中国企业家精神演变的四大阶段

中国的企业家精神的发展大致分为四个历史阶段：一是传统的企业家精神，二是近代工业化初期的企业家精神，三是工业化迅猛兴起时期的新中国企业家精神，四是工业化高潮时期的改革开放以来市场经济下的企业家精神。

先说传统企业家精神。这个时间起点是先秦时代，也就是中国的古典主义时代。大概从孔子开始，当时社会上的经济活动比较频繁，伴随着经济繁荣，出现了很多的大商人，也随之出现了大量关于商人精神的讨论。关于商、商人，讨论最多的就是一个人应该如何处理"义"和"利"二者之间关系的问题。实际上就是我们说的"义利之辨"。在中国历史上有三大主题——"义利之辨"、"华夷之辨"、"君子与小人之辨"——贯穿了中国两千多年的社会发展历史。其中，"义利之辨"是核心，被认为是"儒者第一义"，王夫之更是认为，"义利之辨"是制约"华夷之辨"和"君子小人之辨"的根本："天下之大防二，而其归一也，一者何也？义利之分也。"我们今天再来看"义利之辨"，会发现在孔子和孟子那里，义与利是两个完全不同层次的东西。他们二人都强调义利合一，可是又有不同。在孔子的时候，有两种说法，一种叫作以义制利。这是从底线角度讲的，以义来约束人们的本能逐利行为，我认为这可以称为儒家的消极伦理，是一个底线意义上的伦理，每个商业行为和逐利行为都要受到义的制约。第二个层次是儒家的积极伦理，我们可以概括为"义以生利"。只要一个人的经济行为符合义和礼的要求，利就来了。做好事能得到更多利益，这一点和现代企业社会责任理论是完全一致的。作为一个企业家，为什么要强调爱国，要反哺社会，要关注社区利益，促进共同发展？就是因为"义以生利"，利他才能利己。要想最大程度地利己，必须先利他，这就是义和利的更高层面的关系。

后来到了孟子，他就不像孔子那么中和、中庸，孟子见梁惠王，说"何必曰利"，不谈利，"亦有仁义而已矣"。后来一直到了宋代，在南方经济发达的地区，产生了功利主义儒家，有叶适为代表的永嘉学派、陈亮为代表的永康学派，都在温州、台州这一带。永嘉学派又被称为功利学派，提倡"经世致用，义利并举"，永康学派的陈亮，将道义和功利并列，认为二者不能分开。这都是在肯定人的逐利欲望的正当性。人生来有追逐利益的欲望，无可厚非，但是必须受到义的约束。在当时士农工商中，商人处于"四民"之末，应该说功利主义儒家思潮的兴起，对于商人地位提高和商人逐利精神的肯定，产生了很大影响。而这又和南宋时期开放的、蓬勃的商业经济活动的兴起是分不开的。

其实，早在司马迁那里，就肯定了人们的逐利欲望，提出利是人们的正当生活追求，追逐物质利益是人们的本性。"天下熙熙皆为利来，天下攘攘皆为利往。"他的《货殖列传》，就是最早为中国商人树碑立传的。在肯定人的逐利欲望正当性基础上，他又提出了"富而好德"，就是我们说的儒商。陶朱公范蠡，孔子的高足子贡，这两个人都是儒商的杰出代表。知识分子参与商业经营，精英人物参与商业活动，提高了商人的道德操守和社会责任。中国企业家精神的基因从先秦时代就奠定了。

再说第二个历史阶段，就是中国近代工业化初期。当时的中国面临亡国灭种的危机，因此呈现出两个鲜明的特点：一是民族危亡，二是西方对中国的影响。我把这一时期的企业家精神总结为八个字：家国情怀，民族精神。中国传统儒家文化的"修齐治平"，讲的就是家国天下，只不过那是在士大夫层面，现在则跟每一个人息息相关，因为家和国都要没有了；民族精神和民族意识空前高涨、觉醒，中华民族如何在世界民族之林自立，成为每个人都在思考的问题。正是这两点促使企业家开始把自己的经营行为和国家命运自觉地、主动地联系在了一起，形成了"家国同构"。我们看这一时期的大企业家：张謇、荣氏兄弟、范旭东、刘鸿生、陈光甫、周作民、卢作孚、穆藕初，还有著名的爱国华侨陈嘉庚、张弼士，在这些大企业家身上无不呈现出共同的特点：一是有担当、有情怀。这些人可不是普通人，都是大知识分子，他们中的大部分人都在国外留过学。例如陈光甫是从宾夕法尼亚大学沃顿商学院毕业的，范旭东是从日本留学回来的，穆藕初是从美国留学回来的。这些人对于西方文化和现代文明都有着深刻的了解。同时这其中还有张謇这样的晚清状元，中国传统文化的影响可以说深入到骨子里。二是强烈的民族意识。这些人可不是单纯做生意，他们办企业都是经过了深思熟虑的，是有着明确的实业救国、实业兴国的抱负和追求的。他们也是最早一批社会责任意识自觉觉醒的人。在这些人身上，可以说结合了两种截然不同的东西：既有西方现代文明意识，又有中华民族的本土意识；既有开放性，又有传统文化的保守。在这些人身上，中国儒商文化的一大精神特色表现得淋漓尽致，那就是义利合一。陈光甫开办银行，卢作孚造船，张弼士造葡萄酒，范旭东投身化工业，他们都不是出于个人目的，所追求的也不是个人私利。这是真正的儒商。三是在这个中国社会从传统向近代、现代过渡的阶段，这些人身上既有独立的企业家精神，又摆脱不了跟官府密切结合的传统官商文化本性。其中有一个代表人物，就是盛宣怀，被誉为"手握十六颗夜明珠"的大企业家，他造就了中国近代工业化历史上的无数个"第一"，但是他的成功主要是善于和政府打交道，利用官府的力量达成目的。他也是冯友兰所说"中国文化两千年解不开的死结"的官商文化的代表。

第三个历史阶段，是工业化迅猛推进时期的新中国企业家精神。好多人认为中国文化产生不了企业家精神，中国没有自己真正意义上的企业家，这个说法有问题，太过绝对化。我们强调，企业家精神并不神秘，它只是一个随着经济活动的繁荣和社会的进步发展而自然涌现出来的产物。其实中国的近代化虽然开始很早，却并没有完成。一直到新中国成立，才真正开始了工业化。当时有两大国家任务。一是工业化，二是赶超西方，后来形象地称之为"超英赶美"。在这两大历史任务的指引下，当时的企业呈现出两个鲜明的特点：一是很强的奉献精神，国家至上，国家目标超越企业目标。二是企业与国家同构，自觉将企业的发展和中华民族的伟大复兴同构，不分彼此。在解放初期，有一个特殊的公私合营阶段，叫作"一化三改"，"一化"就是逐步实现社会主义工业化，"三改"就是逐步实现对农业、手工业和资本主义工商业的社会主义改造。在这个改造过程中，一批近代有名的企业家纷纷支持国家建设，主动接受改造，放弃私人企业，如荣毅仁先生，同仁堂的乐松生先生，都表现出了极高的觉悟和极大的积极性。也有人会说，他们是被当时的形势所逼迫，是大势所趋，但我们应该看到，他们也是经过了反复思考，才做出了最终的抉择的。他们这么做，有顺应历史潮流的需要，更因为在他们内心里，社会主义的工业化建设，新中国崛起的民族复兴之梦，和他们内心的企业家抱负是暗合的，济世安邦，利国利民，何乐而不为？所以说这既是大势所趋，也是这些企业家的主动选择。

新中国在大规模工业化时期，涌现出了像王进喜这样的人物，我认为他不能被看作一个简单的英雄模范人物，而是一个特殊时代的卓越企业家。王进喜这个人很特别，他的奉献精神，以他为标志的"铁人精神"、大庆精神，代表了那个时期中国特有的企业家精神。我们知道，大庆精神最重要的是什么？就是爱国主义，是献身精神。因为当时我们国家的工业基础实在太薄弱了，又没有外援，只能靠自力更生，艰苦奋斗。所以像王进喜这样的人物所代表的企业家精神就弥足珍贵。当半个多世纪过去后，我们再回眸历史，再去看这种工业化迅猛推进时代的精神动力，我们已经很难想象，王进喜跳进泥浆池子里，用自己的身体去当搅拌器，可这就是在那个年代里真实发生过的事情，现在到大庆看看，还有王进喜留下的遗物，还到处可见"铁人"精神所留下的痕迹和影响，毫不褪色。

在新中国成立之后的迅猛推进工业化时期，还有特别值得一提的就是"鞍钢宪法"。这是新中国诞生的、特有的企业管理方法，是毛主席亲自命名并做了批示、号召向全国进行推广的。"鞍钢宪法"的基本内容是"两参一改三结合"，即干部参加劳动、工人参加管理；改革不合理的规章制度；工人群众、干部、技术人员三结合。其核心就是"民主管理"，这也是中国共产党的优良作风和成功经验。毛泽东在批示中,将鞍钢的报告总结概括为五个方面的内容,即"坚持政治挂帅,加强党的领导,大搞群众运动,实行'两参一改三结合',大搞技术革新和技术革命运动"。"鞍钢宪法"诞生后,不但在中国家喻户晓,而且引起西方管理学界的重视,一些欧美、日本的管理学家也在研究,称之为"后福特主义"、"团队合作"、"全面质量"、"经济民主"。甚至有人认为"丰田生产方式",实际就是工人、技术人员和管理者的"团队合作",秉承的正是"鞍钢宪法"的核心理念。今天,我们再来看"鞍钢宪法",必须承认它仍然有其积极意义,最重要的一点就是:作为企业领导者的企业家,不再是高高在上,而是和民众打成一片,发挥群众的集体智慧,依靠民众的创新和创造精神,依靠团队和集体力量,形成推动企业向前发展的整体力量。这种团队精神、集体主义精神,对我们今天的国有企业和民营企业来说都非常重要。

第四个阶段,是工业化高潮时期的社会主义市场经济下企业家精神。20世纪80年代以后,随着改革开放不断深入,企业成为了自负盈亏、自主经营的市场主体,现代企业家群体应运而生。这个群体有两个来源:一个是带有集体性质的企业,改制之后成为培育企业家的土壤。例如张瑞敏,海尔当初就是一个集体企业。还有一个来源是乡镇企业,比如鲁冠球,当时的万向就是乡镇企业。这些企业家的出身不同,历史背景千差万别,但是却有一个共同点,那就是都带有现代企业家的精神基因。他们处在一个经济转型的大时代,不可避免带有鲜明的时代特点:一是这一代的企业家,普遍有着济世情怀。像张瑞敏、任正非等人,都不是唯利是图的商人,而是继承了原来古典意义上儒家文化中的"义利合一"的精神。二是这一代企业家,普遍顺应时代,具备在转型时代嗅觉灵敏、开拓创新的能力,善于创新,抓住机遇。三是国际眼光,他们虽然在国内艰难起步,但后来都自觉主动地参与了国际竞争。他们和新中国成立初期的那一代企业家相比,国际格局更为明显,现代企业家意识特别突出,市场意识显著增强,现代契约精神、创新意识、工匠精神、社会责任意识都具备了。这一代的企业家,可以说称得上真正意义上的现代企业家了。

就像有人认为中国没有企业家精神一样,也会有人认为,中国的国有企业是没有企业家精神的,这当然是不对的。国有企业在新中国成立之初,曾经缔造出了代表时代之魂的企业家精神;在改革开放后,国有企业经过改革,一次次焕发出活力,在不同时期都始终承担着中流砥柱的作用。国有企业的企业家精神,也始终没有中断过。

我举一个中央企业企业家的例子,就是宋志平先生,他是中国建材和中国医药两大央企的掌门人,在他的手上,中国建材和中国医药双双进入世界500强。这两个行业可以说都是我们的传统行业,而且面临如何可持续发展的难题。可是宋志平不但破解了难题,而且走出了转型成功的新路子。他成功的具体原因就不说了,只讲一点,就是他把行业领域内上千家的竞争对手都变成了合作伙伴;这就是典型的中国式思维,是中国儒商文化中最古老的"和为贵"思想的现代化应用。像宋志平这样的中央企业、国有企业的企业家还有很多,他们共同的特点,就是自觉地将企业命运和国家命运联系在一起,在中华民族伟大复兴的征途上,主动担当,积极作为,这就是中国特有的企业家精神。

(三)中国当下企业家群体的缺陷

中国企业家精神有自己的优势,也有自己的优良传统。但如果反省我们当下的企业家,我认为我们的企业家群体也有自己的时代缺陷。我将这些缺陷归纳了一下,一共分为六个方面:

一是缺乏独立的人格,跟政府关系过于密切。官商文化在两千多年中一直存在着,今天叫作政商文化,但还是脱离不了和政府的关系,造成很多企业家对自己的定位不准,不清楚跟政府究竟应该是一种怎样的关系。

二是很多企业家自私自利。所以如此，是因为他们误解了西方资本主义精神，他们认为资本主义精神就是利己，利润是资本的唯一追求，做企业只要挣钱就够了，根本没有社会意识。这样的认识可以说相当肤浅、片面。

三是投机取巧，不是靠着创新技术，去推动社会进步，而是靠着投机取巧赚钱，通过一些不正当的手段来发财致富，缺乏的就是工匠精神。

四是短视和机会主义，缺乏永续经营的思想，没有做百年老店的追求和抱负。

五是缺乏契约精神，法律意识淡薄。

六是有竞争意识，但没有合作意识。这同样是对资本主义精神的误读。一提到市场经济，想到的就是你死我活的竞争，却不知道资本主义也是讲合作的，而且企业要想真正实现永续经营，长久发展，就必须合作，要有合作精神。

（四）在传承中创新：中国企业家精神的未来

我们回眸历史，是为了更好地面对未来。企业家精神是我们珍贵的历史和文化资源，也是我们现代社会稀缺的资源，一定要好好地加以传承，同时在传承的基础上创新。我认为有以下几个方面：

一是全社会要给企业家创造提供一个良好的成长环境，要珍惜企业家，认识到企业家精神很宝贵，是不可多得，甚至是可遇而不可求的，要珍惜。

二是要用法治塑造好的环境。要给企业家以稳定的预期，用法治的环境和法治的精神来培育企业家和企业家精神。

三是保持好政府和企业家的正常关系。作为政府官员，要呵护企业家，和企业家做朋友，而不是像有的地方官员那样杀鸡取卵。要像习总书记讲的那样，构建"亲""清"的新型政商关系，这需要政府官员和企业家一起努力。

四是要严格保护企业家的财产安全。在这方面国家已经出台了法律，给企业家一个稳定、安全的环境，让企业家可以安心地去施展才华抱负。

五是社会意识层面，要给予企业家以正面的认识和肯定的评价。我们过去讲的是商人为富不仁，唯利是图，无商不奸，这都是对商人的偏见。其实商人也好，企业家也好，都是社会劳动者，无工不富，无商不活，士农工商，一样是给社会做出贡献的。所以对于通过自己的辛勤劳动和智慧才华创造财富的企业家，我们不应该仇富，而应该给予尊重。

21世纪的中国企业家必将登上世界舞台的中央。伴随着我们国家倡议的"一带一路"，以及参与全球化治理的步伐加快，中国企业大规模地走出去，中国企业家不管是在现实竞争中，还是在精神修炼的更高层面上，都将面临重大的挑战，但更面临不可多得的历史机遇。历经风雨洗礼之后的中国企业家，一定会赢得世界尊重！

三、笃行致远：激发企业家精神，构建"企业家社会"*

（一）笃行致远：企业家精神常青

宋志平先生《笃行致远》一书对我的启发非常大。今天大家对于在新时代如何保护和激发企业家精神都发表了很多真知灼见。我认为，在中国当下这个阶段，正是打造企业家精神的最佳时期。在这个新的历史时期，我国的市场经济体制不断完善，中国企业逐渐"走出去"，在全球的舞台上展现自己的实力和精神，中国企业逐渐在世人面前凸显出自己特殊的性格、特殊的价值，中国企业家精神也会在世界上大放异彩。我想《笃行致远》这本书，与其说是宋志平董事长个人奋斗史的写照和自己企业创新理念的系统梳理，不如说是中国企业家在新时代中国企业不断发展壮大的过程中心路历程的集体写照，代表了中国企业家精神在当代的发展历程。

首先谈谈我读这本书的感受。《笃行致远》这个题目非常好。我想"笃行"就是一种坚守，事业上的坚守是一方面，另一方面是坚守一种信念，什么信念呢？就是"把中国的企业打造成全世界最好的企

---

* 本部分是王曙光教授2017年11月13日在中国企业改革与发展研究会和中国企业管理科学基金会联合主办"激发和保护企业家精神 更好发挥企业家作用"专题座谈会上的发言，后公开发表。参见王曙光：《激发企业家精神，构建"企业家社会"》，《企业文化》2019年第7期。

业"这样的信念。我们的中国企业家不仅要"笃信"这个信念，而且要"笃行"这个信念。我觉得今天这个时代已经到来了，可能以后我们不会再讲"宋志平先生是中国的稻盛和夫"，而是会说"某某日本企业家堪称日本的宋志平"。前一种说法说明我们自己的企业模式和企业家精神的原创性还不够，总要拿国外一个人来形容和评价自己。但我相信，在不久的将来，会出现我们自己的本土版的、有世界创新意义的企业管理模式和企业家精神。我想宋志平先生的"笃行"两个字，所传达的"坚守"精神，应该坚守的是这样一个信念。

"致远"是目标。怎么才能致远呢？人要想走得远，目标要大，胸怀要大，格局也要大。有了这几个要素，一个人才能够致远。我看了中央电视台专访宋志平先生的片子，我们可能体会不到宋志平董事长在非常艰苦的年代开拓事业的艰辛过程的细节，我们也不可能了解所有背后这些具体的故事，但是我们可以感受到这种精神，这种坚守的意志力，这种廓大的格局。宋志平先生讲到一个重要的观点，"企业家肯定不是常青的，但希望企业常青"。但是有时候不幸的是，企业也不会常青，很多企业甚至是优秀的企业，在发展过程当中，由于各种内在和外在原因，最终消失了。但是我认为"企业家精神常青"。换句话说，尽管企业和企业家有可能都不是常青的，但是一个优秀企业和一个卓越企业家所焕发出来的那种创新精神和企业家精神，我认为是常青的，永远不过时的，它代表着一种人性的高度、思想的高度和文化的高度。真正卓越的企业家的精神，他们的经营哲学和思想，永远不可能过时。做企业就是做人，做金融业也是做人，"企"、"金"这两个字最上面的东西就是人，卓越的企业家也是一个做人的极致，做好一个科学家、做好一个艺术家和做好一个企业家，都代表着做人的极致，都代表着人的精神的至高境界，这种精神是不会随着一个企业的消失和企业家个人生命的消失而消失的，它会常青长存。所以我说"企业家精神会常青"，来回应一下宋志平先生的说法。企业家精神会体现出一种超越时空的特殊的价值，这种价值不会随着时间的消逝而消逝。

（二）义利合一、家国情怀：中国企业家精神的主流

谈到中国企业家精神的问题，就要追溯一下我国历史上企业家精神的发展历程。我把中国的企业家精神的演变史分成四个阶段：

第一个阶段，古代中国传统的企业家精神。这个阶段从先秦一直到晚清，都可以说是古代传统企业家精神阶段，这个阶段的企业家精神的核心是什么呢？我认为就是四个字"义利合一"，无论范蠡（陶朱公）、子贡（端木赐），都体现了中国企业家的精神，那就是义利合一，这个传统在《论语》当中，在《孟子》当中，已经揭示出来了，这种精神在后来两千年中不断传承，一直到晚清时期，徽商、晋商都传承了这样一种义利合一的儒商精神。

第二个阶段，中国近代的企业家精神。这种精神用四个字来概括，就是"家国同构"。因为中国近代面临亡国灭种的危机，企业家担负起了救国的责任，所以叫"家国同构"，那个时候像范旭东、荣氏家族、穆藕初、卢作孚、陈光甫这样一些企业家，实际上他们把自己的命运、企业命运跟国家命运结合起来了。家国同构，也就是宋董事长这本书的前言当中用的四个字"家国情怀"。家国情怀是什么意思呢？我认为就是把个人（包括企业）的荣辱跟国家的荣辱结合起来，把这个企业也跟国家的命运同构了。

第三个阶段，新中国工业化启动时期特有的一种企业家精神，就是在计划经济年代的企业家精神。我们不要以为那个年代就没有企业家精神，恰恰相反，那个特殊的年代诞生出特殊的有着极强的时代风貌的企业家精神。比如说王进喜精神，大庆的精神，我认为体现了那个年代的企业家精神。这个阶段的企业家精神怎么来概括呢？我认为

也是四个字,叫"国家至上",企业家把国家的复兴战略,把中国的工业化战略,把整个中国的赶超战略作为他的奋斗目标。所以我们现在不要有误解,以为计划经济时代没有企业家精神。大错!计划经济时代不但有企业家精神,而且还有很高尚的企业家精神,就是把国家的利益放在至高无上的位置,这是那个特殊年代的特殊的企业家精神和境界。

第四个阶段是改革开放之后,在中国社会主义市场经济不断建立这样一个历史阶段的企业家精神,我把它概括成四个字:"创新为魂。"这个年代不但继承了古代的义利合一、近代的家国同构、现代的国家至上,而且更强调在市场经济条件下的创新。这个创新不光是微观意义上的技术创新和管理创新,还包括宋董事长他们这一代企业家所做的制度层面的创新,比如混合所有制创新,这是在国家体制层面上的一些创新。

在这四个阶段当中,中国企业家精神一脉相承,不断与时俱进。

(三)国有企业的企业家精神:古代儒商精神的继承者与弘扬者

国有企业的企业家有企业家精神吗?对此学术界肯定有不同的答案。国有企业的企业家精神跟民营企业的企业家精神到底有什么区别呢?为什么在2017年9月份中共中央国务院关于保护和激发企业家精神的意见当中特别谈到"国有企业家精神"呢?"国有企业家精神"是一个新创的表述,我认为这个表述创造得恰逢其时。因为这个表述本身就回应了目前学术界所探讨和争鸣的重大问题,就是国有企业有没有企业家精神。

这就回到了企业家精神的原点上。什么叫企业家精神?是不是只有私营企业家才有企业家精神?我觉得不是,宋志平董事长说,德鲁克等人的观点，实际上把这个问题已经解答了，企业家精神与所有制无关。实际上我觉得还是熊彼特讲得最好，他讲企业家精神无外乎就是创新精神，这个创新精神在任何社会制度底下，都会发生于企业家身上，因为任何国家体制下，都需要企业家去用他的智慧，用他的创新去重新配置资源，来实现企业发展的最大化。

如果回到企业家精神原点的话，那么以上所说的关于国有企业有无企业家精神那个争论就是一个伪问题。也就是说，"国有企业的企业家有企业家精神吗"是一个伪问题。但是说这个问题是一个伪问题并不是说这个问题没有意义，恰恰相反，这个问题又是一个有价值的问题，虽然它是一个伪问题。为什么呢？因为大家看到了国有企业很多不具备企业家精神的那些企业家身上所带有的国有企业的弊端，正是因为这样一些弊端，大家才有了上面的质疑。因此这个问题不是空穴来风的，尽管这是一个伪问题。所以，作为国有企业的企业家，宋志平董事长刚才强调的一句话，就是"不要行政化"。"不要行政化"是什么概念呢？国有企业的企业家，要自觉地把自己定位为一个企业家的角色，自觉地跟国家官员的角色区分开来，从而给自己一个极其清晰的定位，这个定位就是我是一个企业家，我要创新，我要在各种可能的条件底下，在各种资源禀赋的约束底下求得我的企业发展的最大化。因此，国有企业的企业家不是一个行政官员，不能行政化。这是我今天讲的第三个问题。

（四）保护和激发企业家精神：担当与创新

中央的文件中讲到的一句话，就是"保护和激发企业家精神"，包括十九大上总书记也讲了这样的话。"保护"两个字用得很重，不是"爱护"，不是"呵护"，是"保护"。什么才需要保护呢？一个社会当中极其稀缺、极其重要但又很脆弱的东西需要保护。企业家精神就是这样一种东西。要像保护我们的生命财产一样保护企业家精神。为什么这么讲"保护"呢？我相信中央讲这两个字的时候，是经过极其严格的谨慎的斟酌的，因此我认为"保护"两个字凸显了现在中国企业家精神的稀缺性，它是在技术、资本、劳动力之外最稀缺的一个要素。中国现在不缺钱，中国人力资本也不太缺，中国技术水平也在不断攀升，但是我认为中国现在可能比较稀缺的要素就是企业家精神，所以我们一定要保护企业家精神。国有企业家精神更应该保护，为什么呢？因为国有企业担当着国家战略，担当着特殊的国家使命。在这种国家使命下，如果国有企业的企业家每一个人都得过且过，不思进取，不焕发企业家精神，那么他的职位可能很稳固，但是国有企业却得不到发展。

所以我想，要保护和激发企业家精神，尤其是对于国有企业而言，就应该给国有企业的企业家焕发企业家精神、激发企业家精神提供一个更好的制度环境，这个环境我认为主要是容错机制。因为企业家在创新过程当中，要有梦想，这个梦到底能不能实现不太清楚，可是他的那个思维要发散一下，思维要浪漫一下，为什么呢？浪漫和发散，实际上是企业家创新的重要时机，可是一百个创新里面，不可能一百个都是对的，我们的每个创新都不可能保证结果是成功的，企业家创新成功的几率其实是比较低的。因此，我认为除了保护和激发企业家精神之外，还要"解放企业家"，尤其对于国有企业的企业家这方面，要建立一定的容错机制。如果这个企业家为了企业的创新、发展而产生了某些消极后果的话，我认为要有一个容错机制，来鼓励和激发企业家精神的发挥。

（五）构建"企业家社会"：人人都要焕发企业家精神

宋志平董事长谈到一个新鲜的概念"企业家社会"。我觉得这个词非常好。什么叫"企业家社会"？从浅的层面来讲，企业家社会就是一个尊重企业家、爱护企业家，能够焕发企业家精神、被企业家精神所引领的社会。但是我认为这个层面的理解是站在企业家的角度来讲的一种理解。如果从全社会的角度来讲，我认为企业家社会无疑是代表了一种每个人都应该焕发企业家精神的社会，还不光是尊重企业家精神、呵护企业家精神，而是说每个人都应该在他自己的职业生涯当中焕发企业家精神。现在中央提倡大众创业、万众创新，很多人说，这可能吗？每个人都去创新？只有企业家才能去创新，一般的老百姓能创新吗？这是错误的想法。今天的共享单车，就是几个大学生开始鼓捣出来的想法。微软是怎么起来的？就是一个还没毕业的哈佛学生在一个破车库里开创出来的。所以我认为企业家精神不是企业家的专利。宋志平董事长谈到的"企业家社会"，有更深的含义。将来我们要向往或者是达到这样一种社会：容许每一个人、鼓励每一个人、激发每一个人的创新精神，无论是搞国家治理的，还是搞企业管理的，还是搞科学研究的，都要有企业家精神，都要敢为人先，那么这个国家就是一个创新型社会，就能实现大众创新。

四、使命担当：企业文化与企业社会责任*

（一）从古典企业社会责任到现代企业社会责任

"企业社会责任"这个词是一个舶来品，但是企业社会责任这个理念并不是一个舶来品，中国古已有之。中国企业家（也就是商人）从先秦时代开始，两千多年以来，一直特别强调企业的社会责任，强调企业家要有正确的义利观。古代企业家（商人）在做生意的过程当中，特别强调"义利合一"，强调在企业活动中贯穿"义"的原则，这个"义"，就是广义上讲的企业社会责任，也可以理解为"合宜性"、"正当性"。我们在《论语》里面经常看到关于义和利的讨论，儒家的企业观一直强调"义利合一"，"以义制利"。把"义"和"利"统一起来，用"义"来统帅"利"，我认为这是中国古代社会责任的一个核心和精髓。直到现在，我认为这个理论仍然具有现实意义，仍然是关于企业社会责任的最好的、最凝练和精确的表达，国外讨论了几十年的问题不过就是这么几个字而已。这就与西方新古典经济学的利润最大化理论区分了开来。

在先秦时代已经产生了若干伟大的企业家，比如说大家耳熟能详的范蠡，人称陶朱公，另外还有孔子的学生子贡，即端木赐。这些人可以称之为"儒商"的代表。古代形容一个企业家（商人），就会用

---

* 本部分是王曙光教授2017年12月6日在"2017中国社会责任公益盛典"上的演讲。

"陶朱手段，端木生涯"，也就是夸赞一个商人的品质像端木赐一样，像陶朱公一样，要做个有格调、有道德追求的大儒商。这就是中国传统的、古典的企业社会责任理念，强调义利合一。

到了近现代，尤其是到了新中国成立以后，在社会主义建设时期承担社会责任的主体是国有企业，国有企业在计划经济时期承担了巨大的社会责任，体现了国有企业在那个特殊年代特殊的担当、特殊的奉献，为中国的工业化和经济赶超做出了历史性的贡献。

到了改革开放之后，国有企业不断在深化改革，中国的企业越来越多元化，除了国有企业之外，还有大量的私营企业、外资企业，不光是国有企业承担社会责任，私营企业以及在华的外资企业也承担了一定的社会责任。在这个时期，中国的企业社会责任进入了现代阶段，这个阶段跟古代的社会责任有承续性，但我认为更有创新性。创新之处在什么地方呢？一方面，当然承认企业是一个追求利润最大化的主体，是一个独立经营、自负盈亏的主体，同时我们也要看到，企业在越来越多地从处理好"利益相关者关系"的角度出发，承担社会责任、履行社会责任，从而不断提高社会美誉度，不断提高企业的盈利能力，提高企业的可持续发展能力。这是当代企业社会责任的一个精髓，要把企业社会责任跟企业的可持续发展结合起来，不是单纯强调以义制利，而是更加强调"义以生利"，这是一种更加积极的义利观。

（二）关于企业社会责任的争议和理解误区

很多人对企业社会责任是有理解上的误区的。很多在座的同志，看到今天这个盛典的题目可能会有一个疑惑。这个盛典是什么题目呢？叫"中国社会责任公益盛典"，把"社会责任"和"公益"放在一起，很多人也许就认为，企业社会责任就等于公益，或者近似于公益。这实际上是对企业社会责任这个概念的内涵理解的巨大偏差。

企业的使命担当说起来是比较复杂的，有很多层次。企业的社会责任也不像我们一般社会上所说的"慈善公益"，而是一个多层次的责任体系。我把它叫作"社会责任金字塔"。

企业社会责任的最低层次，或者叫底线的企业社会责任是法律责任。这是第一个层次的企业社会责任。假如你是一个做牛奶的企业，你的底线社会责任就是不往牛奶里面添加任何有毒的东西，这是法律责任。假如你是一个做幼儿园的企业，你的底线社会责任是不在幼儿园里做各种违法事件，要保护幼儿的权益。你要乱来的话，你就触犯了法律，所以你首先要履行你作为一个企业社会责任的最底线，这叫法律责任。有些企业偷税漏税，违法乱纪，甚至伤天害理，违背了社会责任的底线，这样的企业却有可能装模作样地参加一些公益事业，捐点款给贫困地区，可是他的底线社会责任都没有履行。

第二个层次的社会责任是经济责任。企业，既然它是一个企业，就不是一个慈善机构，因此一个企业不论你是国有企业，还是私营企业，你的经济责任就是用你的经营活动来实现你的盈利，实现你的财务可持续。因为你要给你的股东带来更好的回报，你要为你的消费者带来更高质量的产品跟服务，你要为你的员工提供更好的工薪待遇，实现他们的价值。我认为这是主体的企业社会责任，也就是经济责任。

还有更高的责任吗？当然有，企业最高的社会责任，也称为伦理责任，就是公益慈善责任。我还举牛奶厂为例，一个牛奶企业，它的底线责任是守法，履行其法律责任。它的经济责任就是用合法正当的方式好好赚钱，提供最好的产品和服务，为股东、为员工提供最好的回报。那么它的最高层的金字塔顶端的责任是什么呢？它在履行它的法律责任和经济责任之外，如果还有余力，那就鼓励它从事各种公益事业、慈善事业。大家注意，这是一个伦理责任，既不是经济责任（主体责任），也不是法律责任（底线责任），也不是要求每一个企业都必须做的。比如讲到关于扶贫，包括各种捐赠、慈善事业，一些有条件、有意愿的企业，它可以去做公益慈善，我们也鼓励所有企业去做公益慈善，但是事实上不可能每个企业都有这样的力量去做公益，我们也不能要求、强制每个企业都去做公益。

所以我今天的核心观点就是，我们要全面理解企业社会责任，首先要把"社会责任"这四个字跟"公益"这两个字分开，企业社会责任不等于公益，不等于慈善。因为在企业看来，它的最大的社会责任，实际上就是它的底线责任和主体责任，也就是法律责任和经济责任，在这个基础之上，它可以有更高一点的追求，可以进行若干的慈善事业，但是这个不是他的主体责任。我们在全社会都要首先阐明这个观点，要不然我们的慈善，我们的公益，我们的社会责任都会走样。很多企业法律责任不履行，很多企业在违法排污，制造假冒伪劣，这些企业在提供最好的产品和服务方面不够格，但是却热衷于做一两笔捐款，做点装点门面的慈善，这个就不能说它体现了社会责任，这是虚假的社会责任。

我记得很多年前，当时孟加拉乡村银行的尤努斯教授刚获得了诺贝尔和平奖，记得中国的银行界和学术界有一个座谈会，会上有一位银行界的朋友（一个股份制银行的行长）讲了他们履行社会责任的方法。他当时讲他们的银行也履行了大量的社会责任，比如说捐助了西北地区的母亲水窖，帮助贫困地区白内障患者重见光明。当时我发言的时候就讲，这家银行做的事情是非常值得尊敬的，因为他做了一件企业社会责任里面最高层面的事情，这是一个公益慈善的事，但是这件事大家注意，是跟它作为银行所提供的产品和服务没有关系的。慈善事业值得尊重和赞赏，但是我再接下去问一句，你有没有给贫困人群发放信贷呢？你有没有把你的金融服务放到中国最贫困的县，最贫困的村呢？你有没有跟尤努斯一样，把自己的金融服务对象定位于最贫困的阶层和人群呢？如果没有的话，请先不要做母亲水窖，请先不要做白内障患者的慈善捐赠，不是说这些慈善行动不重要，不是说做公益没有价值,而是说,作为一家银行,你首先要把银行该做的事做好,用金融服务来为弱势群体服务,这才是根本,才是你的本分,才是你的底线;这个底线伦理假如你还没有做到,弱势群体在你的银行里被歧视、被排斥,他们不能运用你的金融服务去改变自己的命运,改善家庭的生活,你却去做母亲水窖,这是本末倒置。慈善和公益乃是最高的社会责任,可是你需要首先履行你的底线的、分内的社会责任,然后才是那些最高的社会责任,这是有顺序的。

(三)中国企业走出去、企业社会责任与人类命运共同体构建

最后,我想谈一下中国企业"走出去"跟社会责任以及人类命运共同体的构建问题。现在中国企业面临一个很大的问题和挑战,当然也是机遇,就是我们要"走出去"。在"走出去"的过程当中,我们就发现,我们的企业"走出去"之后,很多国家认为中国的企业到他们那里就是为了拿当地的能源和资源的,与西方殖民时期的那些做法没有什么不同,这些观点当然是对我国企业"走出去"战略的误解。但是客观事实是,我们的企业出去之后,有些个别企业形象不甚好,甚至这些个别企业的经营行为引起了企业所在地一些民众的反感和反对。这个问题是我们中国企业"走出去"过程当中值得高度重视的一个问题。习近平同志这几年上百次谈到一个理念,就是"构建人类命运共同体"。这个词是什么意思呢?我想我们要鼓励企业"走出去",在"一带一路"倡议下希望企业能够"走出去",但我们不单单是要出去挣钱和拿资源,而是要在企业发展的同时,跟所在地国家的人民共同发展,共同构建一个人类命运共同体,这是一个永续发展的概念,是一个共同体概念,这些理念对于真正意义上的"走出去"都非常重要。

在这个方面,我们是有非常好的榜样的。我曾经带学生到北方工

业集团考察，这是一个很大的军贸企业，他们给我讲了一个故事，这个故事也在公开的媒体上有过报道。北方工业集团到一个东南亚国家去做业务，一开始当地民众很不理解，认为是掠夺了他们的能源和资源，引起当地村民的游行示威。但是，北方工业集团认为，这是可以理解的，我们不要指责别人，我们要做好我们的社会责任，帮助当地农民致富，帮助当地贫困人群脱贫，要带动当地的就业和经济发展，让当地人民认可我们。结果经过大概一两年的努力奋斗，当地人民的生活条件发生了深刻的变化，北方工业集团的厂子带动了大量的就业和相关产业，当地穷人脱贫致富，他们就特别感谢北方工业集团，有些村民还被邀请到北京参加国际会议。我用这个小故事来说明，我们的企业在"走出去"过程当中不能自私自利，要有正确的义利观，要在构建人类命运共同体的过程当中，跟当地的民众形成一种共生、共荣、共享的关系，以此来提升中国对外投资企业的企业形象，在全球化战略实施过程当中来体现中国人的风范，中国人的价值追求。

第二辑

金融即人：金融文化塑造的理念与方法

一、中国金融文化的历史与现状 *

（一）金融文化的三个层面

近年来，伴随着中国经济发展进入新常态、持续转型和随之而来的经济金融大变局，已经有很多人认识到，中国人需要自己的金融文化作为指导，尤其需要有着中国传统文化底蕴为根魂的金融哲学和伦理作为支撑，来引领金融企业的实践。然而，什么是中国自己的金融文化？什么是我们独有的金融哲学和伦理？这些问题还困扰着金融领域的从业者，有待进一步厘清。

金融文化包括有三个层面：第一个层面是显性的物质层面，主要是一个金融企业展示给外在的形象，包括具体的标识、外观识别系统等。这是一个可以具体被感知的层面，也是一个初级的、比较低的层面。

第二个层面是行为或者制度文化。一个金融企业在经营运作过程中所表现出来的一系列行为或者所体现的一整套制度体系，就是它的行为或者制度文化。这种行为有很多，大到经营管理，小到为客户提供的具体服务的每一个环节；这样的制度也是多种多样的，包括银行的存贷款制度、风险控制制度以及金融业各种不同的制度设计。这个层次比第一个层次要高一些，但是相比第一个层次不是那么直观容易

---

* 王曙光：《中国金融文化的历史与现状》（上、下），《企业文化》2017 年 4 月、5 月两期。

展示出来。

第三个层次是金融哲学和伦理层次，也是金融文化的最高层次，是隐性的层次。刚才提到以上两种层次的金融文化，其实都根植于这第三个层次中。一个企业的物质文化也好，行为或者制度文化也好，其实都是哲学和伦理文化的体现。只是金融哲学和伦理比较内在化，不容易被认知。

需要说明的是，以上三个层次不是互相隔绝而是互相融通的一个整体体系。层次上有高低之分，是我们人为的划分，是为了认知和表达的清楚起见而进行的概念划分，其实三个层次相互融汇，不可分割，三位一体，形成了一个严密的金融文化体系。

说到金融文化的定义，我们先看看文化是什么。胡适先生对文化的定义是："文化是一个民族的生活方式和对环境的适应方式，是文明社会所形成的生活方式。"费孝通先生的定义是："广义的文化泛指人类一切活动及其所创造出的所有事物之总和。"文化，就是衣食住行，是一个人或者一个地域的群体生活方式的总和。那么什么是金融文化？就是金融机构的所有经营行为和管理方式的总和，所有金融经营行为和管理方式都体现着金融机构的文化，体现着金融机构的企业精神和企业哲学。

当然，不同类型的金融机构，金融文化是不一样的。这里面首先强调的是个性。例如投行的特点，就是要创新，其金融文化主要表现为创新文化。但是商业银行就不一样，主要是稳健文化。保险业也是如此，安全文化是第一位的。至于在咨询行业，包括会计事务所，核心的文化则是诚信文化。这都是不同类型金融机构的个性文化。不同行业的金融机构之间，文化是不能模仿的，更不能照抄。

金融文化有个性，但更强调的是共性。共性就是金融哲学和伦理，那是基本一致的。

（二）认识和理解金融文化需要把握三个维度

第一个维度是横向维度，也可以叫作行业维度。金融是一个特殊的行业，在这个行业内，有着银行、保险、证券、信托、担保、咨询、私募等众多的细分行业，每一个行业都有自己的个性特点，有自己不同的价值观和行为规范，当然所有金融体系的文化和价值观也有共性的一面。

第二个维度是纵向维度，也可以叫作历史维度，或者叫作时间维度。金融文化作为人类在金融信用方面长期形成的行为规范和文化体系，必然有一个随着历史的变化而逐渐演变的过程。在这个演变过程中，一个时代的金融文化既有与以往的时代所共有的特征（也就是具有某种承继性和延续性），也一定会有与以往的金融文化不同的、属于这个时代的新特征（也就是具有某种创新性和嬗变性）。承继性和延续性，往往代表了不同时代的共性的金融文化，这一部分金融文化具有某种稳定性，这就是中国哲学里面讲到的"常"。创新性和嬗变性，就是能够与时俱进的部分，这就是中国哲学里面讲的"变"。研究金融文化，塑造金融文化，要处理好"常"和"变"的关系，要知变守常。

第三个是地域的维度，或者说文化的维度。不同的地域有不同的金融文化，比如中国金融文化尤其是中国金融的哲学和伦理，与欧洲、与美国有不同，与日本也有不同，并不是每个国家的金融文化都是同一的，金融文化带有很强的地域的、国家的、民族的个性。就是一个国家之内，比如在中国，由于地域文化不同，也会呈现出一定的区域差异。任何金融文化的构建都要因地制宜，也就是要根据本地的文化特征、经济社会结构特征，去制定和塑造属于自己的金融文化。

这三个维度，在我们塑造金融文化的时候，都要考虑到。举个例子来说，如果一个人担任了一个保险公司的董事长，要谋划建立整个公司的金融文化，他会认真考虑这三个维度：从行业维度来说，保险业（相对于银行业和证券业）是怎样的一个行业？别的行业有什么值得学习和借鉴的文化？从历史的角度来说，我们自己在保险业的历史积淀是什么样的？如何考虑跟传统保险文化相融合？从文化（地域）维度来说，如何借鉴别的国家的金融文化，而创建适应本地文化的金融文化，也就是别国的金融文化与本地的地域文化如何进行融合？

（三）源远流长的中国金融文化：五个历史阶段

我国金融业和金融文化发展比较早，大体经历了五个发展阶段：

一是古典阶段的金融文化发展时期。 从先秦时代到晚清鸦片战争以前，是一个漫长的前现代的传统阶段，我们可以称之为古典阶段。中国人很早就形成了比较成熟的金融货币体系，先秦时代（春秋战国时期乃至于更早）就出现了专营银钱业和借贷的公私机构，唐宋以来更是出现了标志性的账局、银号等多元化的金融机构。在这个漫长的古代社会时期，我国金融业类型多样，发育比较早，形成了历史悠久的金融文化。

春秋战国时期，随着私有制的不断发展和商业经济活动的日益频繁，实物借贷和货币借贷都开始兴起，后来货币借贷更是超过了实物借贷。《庄子·外物篇》记载庄子向监河侯借贷的事："庄周家贫，故往贷粟于监河侯。监河侯曰：'诺。我将得邑金，将贷子三百金，可乎？'"庄子要搞实物借贷，可是监河侯比较"先进"，他要搞货币借贷，货币借贷对于债权人和债务人来说都有一些方便之处，不像实物借贷那样受局限。我国春秋时期国家放债规模和借贷者之广已经非常惊人，《管子·轻重丁》记载齐桓公时期齐国放债的情形，贷出的钱达三千万，贷出的粮食达三千万钟，负债户达三万多家，可见当时的货币信用和实物信用已经达到了一定的高度。战国时孟尝君"放债于薛",冯谖为其"焚券贾义",把债券烧光了,以此赢得薛地人民的拥戴,孟尝君靠放债取息豢养三千食客(《战国策·齐策》)。春秋战国时期,国家信用和私人信用都发展很快。在国家信用方面,战国时期的《周礼》记载:小宰在审理民间借贷纠纷时要以"傅别"为依据,所谓"傅",就是附有约束文字;所谓"别",就是把记载约束文字的竹木分成两半,一别为两,债务人和债权人各执左右券。"傅别"相当于我们今天讲的债券(《周礼·天官·冢宰》),代表着借贷双方的契约关系和权利义务关系。有了"傅别",就有了契约的理念,就有了守信的思想,一切信用活动的核心就是守信,这就是最初的金融文化。《周礼》也记载了我国早期国家信用的发展情况,在《周礼·地官司徒》中有泉府赊贷的记载,"泉府"是国家财政金融机构,"赊"是不取息的借贷,而"贷"就是取息的借贷。《周礼》还讲到当时的官方借贷利息,"以国服为之息",按照郑玄的说法,就是"以其于国服事之税为息",就是以为国服事的税率为借贷利率。

到了汉代之后,国家赈贷(支持小农经济的国家政策性、救济性贷款,不收利息)和私人借贷有所发展,西汉初年长安就形成了较大的放贷市场,放贷资本称为"子钱",就是可以生息的钱,而那些放贷的资本所有者就叫作"子钱家",也就是后来我们所说的金融家或者银行家。司马迁在《史记》中记载了很多商人和借贷者(比如汉景帝时期的著名子钱家毋盐氏向前去平定"七国之乱"叛军的列侯封君借出千金,利息为十倍,结果吴楚叛军被平定后,毋盐氏"富埒关中"),司马迁对于这些从事借贷行为的子钱家是肯定的。魏晋南北朝时期我国寺院金融得到了迅速的发展,因为当时佛教盛行,南北朝时佛教是国教,所以寺院聚敛了大批的资产。梁武帝两次舍身同泰寺,每次大臣都用一亿万钱赎回,统治者和平民都大量施舍给寺院,使寺院的财富猛增,所以就产生了以营利为目的的放贷活动。当然,在寺庙里进行借贷活动的群众,是不可能赖账的,这里面信仰的力量发挥出来了,诚信直接跟佛教信仰挂起钩来,这也就是为什么中西方很多典当业、银钱业都起源于寺院(神庙、教会)的原因。中国如此,欧洲亦如此。中国后来的典当铺,就是从魏晋南北朝时期的寺院金融发展起来的,那时候从事抵押放款的机构叫作"寺库",后来叫作"质库"(唐代以后"质库"逐渐兴起)。唐代的金融更加发达,出现了"柜坊",从事存贷款业务,具有银行的性质,而且出现了类似于支票的支付方式,即存户凭书帖命令商店将其所存财物支付给第三者。① 为了减少现金运送带来的风险和麻烦,唐代还创造了汇兑业务,当时称之为"飞钱"(《新唐书·食货志四》),宋代称为"交子",明代称为"会票"。宋代以来,从事银钱兑换业务的"金银铺"、"交引铺"发展很快,《东京梦华录》中记载北宋时候的金银铺"屋宇雄壮,门庭广阔,望之森然,每一交易,动辄千万"。到了明代,钱庄兴起,从事银钱兑换和放款等业务,开始叫"钱店"、"钱肆",后来逐渐叫"钱庄",苏州一带商业比较发达的地区有很多钱肆经营银钱兑换,但是明朝的时候钱庄的放款和存款业务的规模还不是很大。

二是中国近代化的金融文化奠基、萌芽、探索的时期。这个阶段大概从鸦片战争前后到20世纪二三十年代之前。其标志就是近代以来蔚为大观的钱庄和票号。票号最早是由雷履泰发明的,他创立了中国最早的日昇昌票号。清代钱庄有了较大的发展,到了民国时期钱庄的业务开始在全国大量扩张。票号主要从事异地汇兑的业务,而钱庄则以存贷款为主,是现代银行的雏形。这一时期,中国近代金融业开始萌芽并奠基,进入了探索阶段。这一时期我国的金融文化已经受到国外的影响,因为19世纪中期开始外国银行进入我国,1845年英国的丽如银行首次进入我国香港和广州设立分行,1847年又在上海设立分行。1864年英国在中国香港和上海设立汇丰银行,从汇丰银行这个名

---

① 石毓符:《中国货币金融史略》,南开大学出版社2019年版,第50页。

字就可以看出它是在香港和上海新设的银行,而不是英国银行在中国的分支机构。这一时期,中外金融文化开始交融、碰撞。票号本来实力雄厚,资本金规模很大,在全国的主要工商城市的网点也非常多,对于促进进出口贸易起到很大的作用,在近代金融史上的地位很重要。但是在19世纪后期,因为经营理念比较保守,票号固守传统的经营方式而不能与时俱进,没有很好地利用好自己的资金优势和网点优势,没有顺应时势进行转型,结果在外国和本国银行的挤压下慢慢丧失竞争优势,逐渐式微萎缩,晚清时期可谓每况愈下,到1913年只剩18家,以后又陆续停业倒闭14家,票号基本上被历史所淘汰。① 李宏龄的《山西票商成败记》里讲到了在这一历史转折关头票号因为观念保守而丧失发展机遇的经过。

　　三是中国现代金融体系的一个启蒙和发展时期。大体是从上个世纪20年代末期到40年代末,具体说从1927年一直到1949年,这时期最主要的代表就是私营银行,经历了从1927年到1937年的十年黄金发展时期。当时在上海和天津,分别有"南三行"、"北四行"。"南三行"就是浙江兴业银行、浙江实业银行和上海商业储蓄银行的合称。"北四行"就是盐业银行、金城银行、中南银行和大陆银行四家的合称。以"南三行"和"北四行"为主,成立了一南一北两大银行业公会,每一家公会都有着数十个乃至上百个成员,行业鼎盛,人才辈出,是一个群星璀璨的时代。其中最主要的银行家有陈光甫,是上海商业储蓄银行的创始人,刚开始时只有十万元资本和七个工作人员,但是以"信用巩固,声誉卓著,提倡俭德,服务周到"为特色,尤其专注加强对顾客的服务,在小额存款方面下足了工夫,最终聚少成多,在私人银行中排到了第一位,陈光甫也成了当时中国首屈一指的银行家。还有一个是周作民,是金城银行的创始人。金城银行和上海商业储蓄

---

① 姚遂:《中国金融史》,高等教育出版社2007年版,第267页。

银行不同，主要股东都是军阀官僚，走的是上层路线，周作民对国计民生非常关心，大力支持民族化学工业先驱范旭东的永利制碱厂，传为佳话。陈光甫和周作民都堪称那个时代中国银行家的杰出代表。这一阶段现代银行的蓬勃发展，为中国培养了一大批的银行家人才。随着1937年日本侵华战争全面爆发，银行业不可避免地走向了衰落。

四是从1949年到1979年，是中国工业化启动时期，也是计划经济背景下中国金融文化的一个崭新发展时期。 这个时期，经历了公私合营之后，私营银行已经没有了，国有银行也合并成为了一家，就是中国人民银行。这个阶段的银行业虽然机构单一，但是规模很大，在大一统的环境下，呈现出高度计划化、集中化的特点。这个阶段银行业对中国初步工业化所做出的贡献是历史性的。公私合营、社会主义改造、第一个五年计划，都离不开银行业的大力支持。当时，"统一财经"是由党中央决定、陈云同志负责具体实施的，毛泽东主席对陈云的财经工作倍加赞赏，借用刘备夸奖向宠的说法称之为"能"。"财经统一"是当时社会和时代发展的必然选择。这个时期的金融文化更多体现为国家意志，为国家战略服务，深深地打上了国家文化的烙印，为后来的具有中国特色的国有银行的金融文化奠定了基础，影响至今。

五是从1979年以来一直到现在，是社会主义市场经济逐步深化时期，也是崭新的金融文化体系全面形成的时期。 这一时期实现了从计划经济向市场经济的转型，并且市场化程度不断加深，金融业越来越富有活力。伴随着初级工业化的基本完成，金融文化也向着现代金融文化转型接轨。

这个时期的金融文化，呈现出一个鲜明的特点，就是国有银行的金融文化和民营性质的股份制银行的金融文化并行不悖，这两种银行文化各有特色，又殊途同归。国有银行的金融文化承担着国家金融安全的重要担当和民众福祉的人文关怀。金融关系到国家安全，从1997年的亚洲金融危机和2008年的美国金融海啸，已经看得非常清楚。包括中国银行、工商银行、建设银行、农业银行、交通银行等国有大型商业银行为国家金融安全做出了重要贡献，为一系列国家战略，包括西部大开发、振兴东北和中国企业走出去、"一带一路"倡议实施，以及每个五年计划顺利完成，提供了坚定支撑和保障。中国农业银行服务三农的责任与担当精神，体现了国有银行的责任与担当，已经从企业精神上升为国家精神。民营性质的股份制银行，以中信银行和民生银行为例，更多地表现为银行家精神和银行家文化。中信银行深刻地打上了荣毅仁家族的烙印。荣毅仁先生的高尚个人品格，最终转化成为了中信风格；他个人的家国情怀和开拓进取、勇于创新的精神，亦成为中信银行的企业精神。

以上，可以看出在近三千多年的历史岁月中，中国的金融文化形成了自己独特的品格或者精神，也形成了独具特色的哲学和伦理。但在全球范围内，我们又可以得出一个结论，那就是金融文化与经济社会的变迁是密切联系的：一方面，金融文化反映了经济社会的真实发展水平，并服务于经济社会发展；另一方面，金融文化又被经济社会的发展所决定，受制于经济和社会发展水平，这是一个普遍规律。

二、挖掘和发扬中国优秀金融文化

中国历史悠久，不乏彪炳史册、有重大贡献的金融家，历史上这些金融家通过他们的实践活动积累了丰富的金融文化，包括经营理念、哲学理念等等。中国人经商才能一流，同时中国人很早就体会到了经商跟社会发展的深刻关系，体悟到了经商与文化、伦理的关系。孔子有一位学生叫子贡，他是商业才能极高的一位成功的商人。子贡对老师是忠心的，当孔子去世之后，一般的学生在墓旁守护三年就走了，只有子贡在老师坟墓旁边盖了一个小房子，待了六年。子贡姓端木名赐，所以后人讲"端木生涯"就是指从商。子贡是中国古代儒商的代表，第一个儒商，也是最成功的儒商之一。还有一个很有名的人叫作范蠡，春秋时期人，帮助越王勾践打败吴国，成为春秋五霸之一。后来范蠡功成名就之后，就偷偷地带着西施隐居去了，他就在山东定陶附近经商，所以人们把范蠡称为"陶朱公"。陶朱公赚钱之后干什么呢？他赚钱之后捐款，一生"三致其金"，就是把自己赚的钱一分不留地全捐给别人，捐了以后怎么样？金钱又无穷无尽地回来了，以至巨富。所以，我们以前商人的大门上总要贴一副对联，"陶朱事业，端木生涯"，含义是要一辈子从商都以范蠡、子贡为榜样，做一个儒商，做一个有社会价值的儒商。

中国近代以来大家耳熟能详的金融机构是山西票号。山西票号开始于1824年清朝道光年间，从异地汇兑起家，发展成为一个金融网络，最早的票号是日昇昌。大家注意不要把山西票号当成银行，山西票号基本不做放贷，山西票号主要是异地汇兑业务，它跟钱庄不同。雷履泰这个人可以说是世界金融史上的奇才，他没有参考任何外国人的东西，在全世界第一个发明了异地汇兑制度，这个不得了，他是金融创新的奇才。经过130多年的积淀，票号文化应该说是中国金融史上最值得珍惜的思想遗产之一。票号第一个文化就是他的开拓精神，勇于开拓。你看看票号的胃口多大：北到蒙古恰克图，西到拉萨，还有现在的新疆乌鲁木齐，东到东海之滨，南到琼州海峡，海南岛，无所不在，全国票号分支机构非常多。在国外也有很多分号，日本东京、大阪、横滨、神户，朝鲜仁川，俄罗斯彼得堡，遍地都是山西票号。山西这个地方很封闭的，周围都是山，但是山西人气魄非常大，他的商业版图和视野，包罗全世界，他们勇于开拓，有冒险精神。

第二，信用文化。晋商笃守信用，视信用为生命，轻财尚义，在全国都有口碑。所以山西票号有一首诗，要求当时票号中每个人都会背，叫"平则人易信，信则公道著，到处树根基，无往而不利"。我们农信社往往把信用体系建设理解为加强客户信用。诸位，我们错了，加强信用体系建设首先是金融机构的信用。银行是个信用机关，银行是做信用的。所以，信用体系建设首在银行自身。好多人不理解，银行当然有信用，我要放贷，我是给人钱的，我还没有信用吗？诸位，你的钱哪儿来的？银行的自有资本只有8%，谁给你的信用？你是债务人。在你的资产负债表中，你是负债的，你负谁的债？所有储户的债。因此，你是一个用别人的钱赚钱的人，你怎么能没有信用呢？你怎么能说我给别人放贷我就天然有信用呢？所以银行首先要守信用。银行在任何时间都把自己的信用视为第一位，在任何时间都把风险视为第一位，在任何时间都把自己的社会责任视为第一位，这就是信用。这是山西票号给我们的感受。

第三，重视员工道德建设。山西人的偶像，当然也是全体中国人的偶像，就是关羽。晋商一扎堆儿，第一件事就是盖一个关帝庙，或者在山西会馆当中把关帝请进去。关羽这个像一树立，整个晋商就有了精神的归属，教育员工以关羽为榜样，进人以关羽为标准，忠诚信义第一。晋商尽管足迹遍天下，但是山西票号从来不用山西以外的人，平遥帮在国外开设票号，聘用的员工都是平遥人，虽然他的经营气魄非常大，但用人只用自己人，为什么？因为员工的价值观高度一致。山西票号的道德信条是："重信用、除虚伪、节情欲、敦品行、贵忠诚、鄙利己、奉博爱、薄嫉恨、喜辛苦、戒奢华。"各位你看，今天有哪个银行能把自己的员工价值观梳理、升华到这样的高度？真的没有，中外都没有。

第四，员工激励。山西票号发明了员工的期权激励制度，这个在当时世界上是最先进的。每个员工工作到一定年限，就有股份，从总经理到员工都有股份，干得好，股份就多，激励大家为企业做奉献，叫作"顶身股"。山西票号股权激励的力度很大，最后总经理的股份或者各个经理股份甚至有些比东家还多，所以对经理层的激励很大。

第五，同舟共济的经营文化。山西票号靠地缘文化结合，靠地方精神纽带凝聚力量。大家遇到意外的危机或者灾难，能够联合起来，携手同心，一致对外，共同渡过危机，这是山西票商二百年不倒的重要原因。

但是，晋商在晚清以来，尤其是民国之后基本上就完了，一直拖到上个世纪 40 年代最后一个票号消失。山西票号消亡的原因，就是不能与时俱进，不能因时而变、因势而变，在关键的转型时刻思想保守，结果丧失转型银行的良机，纵横驰骋金融界达两百年的山西票号最终在中外银行的激烈竞争下退出历史舞台。李宏龄写了两本书，一本书叫作《同舟忠告》，一本书叫作《山西票商成败记》。李宏龄是山西平遥县西源祠村人，我去过这个村，可是当时并不知道李宏龄就是此村人。李宏龄当时认为票号要在中西银行夹击下立于不败之地，要使晋商在金融市场上的权益不致丧失殆尽，必须全体一致联合起来，组织一大股份银行，作为票号的后盾。在《山西票商成败记》的"序言"

中说：

> 然而日中则昃，月盈则食，同治以后，东西洋各银行已渐次侵入，夺我利权。迨经庚子之变，中国当道注意财政，大清银行之设遂遍于各行省。夫论信用力之强弱，我票商经营二百年，根深蒂固，何事不堪与人争衡。而银行一设，未免相形见绌者，其间亦自有故。以存款而言，彼则五六厘，而我四厘也。以运款而言，彼以钞票，而我汇兑也。而且金库全归该行，贷借必有抵押，已难相提并论。而尤足寒心者，一遇倒账，外洋银行则凭藉外力，大清银行则倚仗官权，同属财产关系，而彼各挟势力以凭陵。……宏自幼肄业票庄，目睹时局至此，非改组银行，无以收权利平等之效。

李宏龄在1908年联合京城各票号经理，与票号资本家渠本翘商订合组银行章程，先后四次上书各票号总号，两次当面陈述，渠本翘亲临各总号详陈合组银行之利益所在；同时，李宏龄将上书内容散发全国各重要商埠票号，一时间博得各地票号积极附议，纷纷上书总号劝说总经理迅速决策、勿失良机。但是当时一批顽固保守的票商掌权者坚决反对组建银行，当时的平遥帮票号总经理首推蔚泰厚票号毛鸿瀚，他认为票号不合组银行亦安然无恙，还污蔑李宏龄"银行之议，系李某自谋发财耳！如各埠再来函劝，毋庸审议，径束高阁可也"，令李宏龄"如冷水浇背，不得不闭口结舌，而筹办银行之议论，烟消云散矣"。毛鸿瀚的这一守旧态度使轰动票号界的合组银行倡议化为泡影，票号丧失了重要的发展机遇，遂一蹶不振，最终在辛亥与壬子事变后纷纷倒闭破产。[①] 民国成立后，票号曾有太原集议，商量组织银行办

---

① 李燧、李宏龄：《晋游日记·同舟忠告·山西票商成败记》，山西经济出版社2003年版，第15、178页。

法，当时就连阻拦李宏龄组建银行倡议的毛鸿瀚也极表赞成，但最终这些动议均未实行，只有蔚丰厚票号（当时的蔚字五联号之一）在经理郝登五的努力下、在总号王文魁的支持下改组转型为蔚丰商业银行，但改组四五年之后也因内部空虚倒闭了。应该说，当时票号中如李宏龄这些人，对当时中国银行业的状况有着敏锐的观察，有着强烈的革新票号的内在动机，然而票号却最终因一些位高权重的人的守旧顽固而丧亡，实在是令人扼腕叹息！这也是山西票号在我国金融史上提供的重要教训，就是金融业一定要与时俱进，不断创新，否则就会丧失发展良机。李宏龄的《山西票商成败记》很值得大家一读，尤其是那篇序言，写得非常精彩，有见地，可见当时的票号还是有人才的，可惜被一班顽固守旧者所误。黄鉴晖在《山西票号史》中说："票号这土生土长的民族资本，在清末未取得政府支持而被大清银行排挤得几乎不能立脚，辛亥后依旧没有取得政府和外商的支持，这是在半殖民地半封建的中国社会里，其一切民族资本企业和银行衰败的一条普遍规律。"[①] 票号之盛衰，尽管乃当时内外政治经济之大势使然，然而也跟人的主观努力有关，正像李宏龄在《山西票商成败记》中所说："盛衰之理，虽曰天命，岂非人事哉！""知我票商之败，果天数乎？抑人事乎？"李宏龄的感喟和反思，是非常深刻的：虽然天命难违，然而人在金融之盛衰成败中，才是决定因素，顽固保守与创新进取者，其命运可能迥然不同。

中国近代私营银行在金融文化方面的做法也值得大家借鉴。1927年大革命之后南北统一，中国版图就出现了一个短暂的统一阶段。那个时候经过第一次世界大战之后，欧洲经济发展蹒跚不前，中国反而发展很快。在金融史上，1927—1937年这十年可以说是中国金融发展史上的黄金时代。在这十年当中，诞生出来很多在国际上有名的银

---

① 黄鉴晖：《山西票号史》，山西经济出版社2002年版，第491页。

行，其中"南三行"（上海商业储蓄银行、浙江实业银行、浙江兴业银行）、"北四行"（大陆、中南、盐业、金城）是最主要的几家。近代私营银行的崛起，与当时私营银行的文化以及优秀金融家的作用是分不开的。上海商业储蓄银行的陈光甫先生是当时金融家的代表，下面就以陈光甫为例谈谈近代私营银行的企业文化建设。

第一，眼界开阔，勇于创新。陈光甫毕业于美国宾夕法尼亚大学沃顿商学院，他从美国毕业之后回到中国，花了十万元注册了一个小银行，叫作上海商业储蓄银行。当时所有人都认为陈光甫简直开玩笑，做了一个十万元的小杂货铺，瞧不起他，觉得陈光甫干不了什么大事。但是，陈光甫眼光非常长远，这个人魄力之大，眼光之长远，在近代金融巨子当中是可以排第一位的。从十万元起家，到十年之后，他成为全球银行业中不可忽视的一员，并成为中国银行业的标杆。原因就在于陈光甫思路很开阔，重视创新。他说："我们必须努力求学，放开眼光，不断注入世界之新技术、新工具、新方法、新趋势，掘发出新可能。"

第二，塑造服务意识。说来说去，银行业就是服务。我们往往把精力放在如何盈利，如何挖掘好客户上面，实际上你的服务的目标是为客户创造价值，为他提供超值服务，有时候"工夫在诗外"。什么叫"工夫在诗外"呢？要做诗做得好，工夫是在诗歌以外的人文修养；信贷做得好，工夫也在信贷之外，你要为你的优质客户提供超值服务，给他提供信息，提供战略咨询，给他提供各种机会，让他跟你一块成长，永远把他的命运跟你捆绑在一起，形成命运共同体。所以有时候我们农信社的人在抱怨，说一个企业在100万的时候，我给他贷款，不断扶持他，扶持来扶持去这个企业成长了，到1000万的时候就把农信社抛弃了，他找大银行去了。我们要想想，我们自己哪些方面造成了别人抛弃自己呢？为什么这个客户从小跟你一块成长，他竟然"背叛"你了？要从自己身上找原因，就是你有没有为客户创造更高的价值？陈光甫讲到，银行唯一"可恃者乃发挥服务之精神"。当时金城银行的创始人周作民也说："凡能有利于社会建设者，虽薄利而不辞"。周作民在民国时期第一个在乡村做了小额信贷，"薄利不辞"，因为对社会有利，否则，"纵能博得厚利，不取也"，不要一些地方诱惑你去做房地产投资，你就去了，去就是陷阱，会吃大亏。陈光甫说："人争近利，我图远功；人嫌微细，我宁繁琐"，他做的都是小东西，小额贷款，吸收小储蓄，最后做大做强。现在我们给农村服务，面临很多微型客户，我们要扎根草根，要把这些客户牢牢把握住，不要觉得他们小就忽视他们。

第三，客户中心理念。陈光甫讲："吾人经营斯业，宗旨在辅助工商，平时待人接物宜谦恭有礼，持躬律己宜自强不息。"要自律、谦恭。银行界普遍不会谦恭，但是陈光甫非常谦恭。以前银行柜台很高，办业务跟到典当铺一样，让人感觉银行是居高临下，而上海商业储蓄银行第一个把柜台削低，大家觉得上海商业储蓄银行好，门槛低，对人好，所以都去存款。所以他在民国时期首创"一元开户"，以前没有大额资金不让你存款，他一元开户，穷人一块钱给你发一个存折，好多穷人奔走相告，说上海商业储蓄银行陈光甫那边一块钱可以开一个存折，我们都去存款吧。结果不可收拾，存款巨多。这个就是客户中心。

第四，稳健和信用。稳健是第一的，我们的现金流，我们的资本金管理，我们的信贷风险控制，它的核心是稳健。所以，陈光甫还有其他的民国私营银行家都力求稳健主义，不贪厚利，不赶时髦，这个对银行的可持续发展很关键。

三、民营银行的金融文化特色和银行家精神

谈论金融文化,不能不考虑到中国金融文化的特殊性和复杂性,以民营银行为例,其金融文化和国有银行呈现出截然不同的特点。中国的民营银行兴起于上个世纪的80年代。其中最有代表性的就是中信银行。中信银行成立于1987年,从一开始就打上了中信的深刻烙印,而中信的精神在很大程度上又是荣毅仁先生个人所赋予的。荣氏家族是中国近代民族资本的传奇,铸就了无数辉煌。荣毅仁和中信可以说吹响了中国改革开放第一声来自资本市场的号角,荣毅仁给中信订立的三十二字中信风格"遵纪守法、作风正派、实事求是、开拓创新、谦虚谨慎、团结互助、勤勉奋发、雷厉风行",已经在多年发展中渗透入中信人的思想和行为,铸造了独树一帜的中信金融文化和企业文化。

从民营银行身上,我们可以看出其与国有银行不同的几个鲜明特点:一是禀赋不同,民营银行更多依靠的是企业家精神,或者叫银行家精神,要求银行家具有卓越的经营才能,最高境界是德才兼备。而国有银行更多强调的是领导者的政治素质,必须有对党和国家的忠诚精神和自觉担当精神,有对国家战略的自觉呼应与强烈历史使命感。二是立足点不同。民营银行立足于市场,以服务客户为第一宗旨。至于国有银行,虽然其在经营中必须遵循市场原则,但其企业使命首先是为国家战略服务,要为社会经济运行和良性发展做出贡献,它考虑的更多的是长远的、根本的国家利益和国家战略,其次才是考虑市场

竞争。三是企业文化性格差别很大。民营银行要突出自己的个性，力求与众不同。而国有银行则强调共性，与国家步伐一致，与国家总体发展目标相呼应。

那么，接下来的一个问题就是，银行家精神在民营银行和国有银行有何不同？首先，我们应该给银行家精神下一个定义。所谓银行家精神，就是在新的市场经济体制下银行家群体的共同价值观念和普遍行为方式，二者的总和就是银行家精神。这里要强调一点，银行家精神本质上是由市场的压力和熏陶塑造而成。

我们提倡银行家精神，但是我们又不能只是片面强调银行家精神。这要从两个方面来看：一方面，我们承认，银行家精神非常重要，在银行尤其是民营银行发展中占据重要地位。例如近代上海商业储蓄银行的陈光甫先生，以及中信的荣毅仁先生，他们个人都为企业打上了深刻的精神烙印。但另一方面，银行文化又不能仅仅理解为银行家文化。因为银行文化是一个群体文化，不是一个人的文化。银行不仅仅有银行家，还有众多的员工。所以，在这里我们要强调一点，银行文化要注重员工文化的建设，银行家毕竟是凤毛麟角，而银行里更多的是接受和实践这种文化的员工，员工在实践中对银行的企业文化进行再创造和升华。银行家是领袖，银行家精神和银行家文化是企业文化的塔尖，主体是员工，员工的价值观，员工的职业操守、行为规范和职业道德，形成了托起高高塔尖的坚定底座。这个底座牢固与否，在今天看来显得格外重要。因此，金融文化既要大力塑造银行家文化，培养合格优秀的银行家、金融家，更要着力于打造金融从业人员的职业伦理体系，职业操守体系，形成金融从业人员的文化，构建良好的金融生态。

四、金融文化、金融生态与金融伦理[*]

谈到中国的金融生态,我认为现在的中国金融生态并不令人乐观。我们今天经常讨论金融风险问题,很多人并没有意识到,金融风险其实主要不是来自于经济发展放缓所产生的企业不良贷款,而是来自于金融从业人员的职业操守,这就是金融文化、金融伦理和金融生态的大问题。最近,民生银行北京管理部(分行)航天桥支行爆出30亿元的风险事件,支行行长伪造理财产品,欺骗了逾150名私人银行客户,直到接到公安机关通知才知道上当受骗了。而该行的女行长是一名80后,业务能力出众,是明星行长。但恰恰是这么一位能力出众的从业人员,却因为欠缺最基本职业操守,反而为害更烈。在证券业存在的大量欺诈失信,操纵市场行为,层出不穷。以上都表明在金融行业,虽然也存在很多优秀的企业,但是很多金融从业人员,缺乏最基本的金融伦理教育。这是很糟糕的,也是很令人担心的。可以说金融伦理教育势在必行,中国金融的伦理教育是必须要补上的最基本一课。

我在北大经济学院开了多年的《金融伦理学》课程,而且出版了全国第一本《金融伦理学》教材。金融伦理是随着现代金融业的发展而新兴起的一门学科,是一门交叉学科,它首先是伦理学中应用伦理学的一个分支,是金融与伦理学的交叉而形成的一个新兴学科和边缘

---

[*] 王曙光:《金融学的伦理文化》,《金融博览》2017年第10期。关于金融伦理学,参见王曙光:《金融伦理学》,北京大学出版社2023年第二版。

学科。金融伦理学以金融体系中各参与者的利益关系与利益冲突为研究对象，目的是为了寻找一个能够最大限度解决金融体系中人类利益冲突的伦理准则框架。

金融伦理包含三个大的基本价值范畴：一是公正，二是平等，三是诚信。金融伦理学有三大核心关系：一是权利与义务关系，二是委托与代理关系，三是自律与他律关系。这些问题我就不展开讲，有兴趣的朋友可以阅读我的《金融伦理学》一书。在这里我想重点说一说金融体系中的自律。自律就是人的自我约束。在金融体系中有两种他律形式：政府监管和伦理规制，但是成本都很高，而自律不但成本大幅降低，更是一种质的差异。他律会给社会带来负面效应，即负的外部性，社会福利的成本将大幅增加；而自律会带来正面效应，即正的外部性，成本的付出往往带着积极的溢出效应，使金融体系可以良性循环，增加整个社会福利水平和提高道德水平。

金融体系中的自律包含三个方面：第一是针对金融机构中的个体而言，即对金融机构员工与管理者进行金融道德文化教育。第二是建立基于一定伦理原则的金融企业文化。三是金融企业社会责任体系的构建。从成本的角度来说，自律当然比他律的成本要低得多，但自律要基于一个人的道德自觉。自律是一种自我约束，是当事人自己通过自我反省与自我控制而做出一种符合人们之间权利义务约定的行为。自律在某种程度上相当于自我节制或自制，其基础是当事人自身的道德自我反省，而其行为结果是当事人的自我节制。自律与放纵是相对应的概念。在社会契约关系中，依靠当事人的自律而使当事人之间的权利义务关系得以实现，是一种最节省社会资源，成本最低的做法，这需要当事人都有很强的道德自觉和道德反省能力，也需要当事人有很强的自我节制能力。古希腊罗马哲学家把节制看作是人类最珍贵的美德之一，如古罗马的西塞罗说："人类是唯一知道节制的动物"，"要将感情冲动置于理性的控制之下"。色诺芬在回忆苏格拉底时赞扬说:"他又借着他的言论劝勉他的门人,要他们把自制看得比什么都重要。"第欧根尼·拉尔修《名哲言行录》中写道:古希腊斯多亚派认为人类首要的德性有明智、勇敢、公正、节制,而人类首要的恶有愚蠢、怯懦、不公正、放荡,如果一个人通过明智的选择,公正的分配,以刚毅不拔的精神,有条有理地做事情,就是智慧的、公正的、勇敢的、节制的。在中国的传统伦理体系中,也特别强调自我节制与自律在社会生活中的作用,如儒家经典中就特别注重"慎独"等修身规范。

金融体系中的自律主要是指金融机构以及从业者认识到自身的道德义务与社会责任,自觉地以相关领域的伦理要求来约束自己的行为,尊重社会和公众的利益,从而既保障了金融机构和金融体系的稳健性,也使得金融机构的行为符合社会的长远利益。在金融体系中,从业人员和相关机构的自律对于金融体系的安全异常重要。金融体系的良好运作,表面上看需要大量的正规的法律、规章来约束和规范,但是实际上,这些法律和规章的有效执行与实施,从根本上要靠金融从业人员及其所在机构的自律行为。也就是说,假如没有金融从业人员及其所在机构的自我道德约束,那么任何法律和规章都可能形同虚设,成为一张废纸。

从金融从业人员而言,所谓自律就是应遵守相关金融领域的伦理规范,尊重客户的权利,在为客户提供金融服务的过程中,以客户和公众的利益为首要考量,杜绝故意危害客户利益和公众利益的各种不良行为。金融从业人员一旦被私欲或相关部门利益所影响,就会出现道德风险行为,从而极大地危害客户和公众的利益,最终损害金融机构本身的稳健性和社会声誉。在美国金融危机中,投资银行的从业者不顾客户利益而从事大量的高风险衍生金融产品的研发,保险公司也不顾稳健和安全原则而从事高风险金融产品的交易,从而使得投资银行和保险公司在金融危机中成为损失最为惨重的领域。

从金融机构而言,所谓自律就是要自觉尊重社会和国家的需求,尊重相关利益者的诉求，尊重公众和所在社区的利益，自觉承担社会责任，从而使自己的投资行为有利于社会与经济的稳定和可持续发展，有利于金融体系的稳定。在企业社会责任的承担方面，金融机构有着更重大的使命，这是因为金融机构与一般企业不同，它的行为对国家安全和社会稳定有着极大的影响。现在，越来越多的国外商业银行以及其他金融机构将社会责任列入到企业战略目标管理，积极加入国际社会责任机构来自觉约束自身的运营，按照国际社会责任标准来开展业务，并定期对外公布企业社会责任报告等，中国的商业银行也开始加入到这个行列当中。随着《全球契约》（The Global Compact）和"赤道原则"（The Equator Principles，简称EPs）的推行，金融机构愈加清醒地意识到自身的社会角色，从而主动以自律的行为来承担起自己的社会责任。金融业建立一种基于自律的金融文化，对于金融业的健康发展，是极为重要的，这也是金融文化的精髓之一，是金融文化构建的最终目的。

五、中国金融文化如何融入世界

近年来，随着中国参与全球治理，融入全球化的进程不断加快，步伐不断加大，尤其随着国家"一带一路"倡议的提出和实践，以及亚投行的设立，中国金融已经融入世界，中国的金融文化也将走向国际。在这个过程中，中国金融文化也面临着如何不断融入世界、不断创新的问题。

中国的金融业从计划经济走出来，改革开放以后实现市场化，不过几十年，但是我们的银行在规模上已经发展了几百倍、几千倍甚至几万倍，我们在总体规模上已经在世界上名列前茅，我们在银行经营管理上也有巨大的进步。但是不可否认，我们虽然大，却是大而不强，大而不精，我们距离"卓越银行"依然有着不小的距离。

在世界范围内，一个著名的、成功的银行是什么样子的？一定是有着出色的经营业绩和卓越的企业文化，一定是被全世界的客户和公众深刻认同的，并且给予发自内心的尊敬的，一定是自觉担当，承担责任的。

在这方面我想举两个例子：一个是花旗银行，其二百多年的发展历程，在世界银行史和金融史上都是一个成功的案列。花旗银行所以成就卓越，除了"获利能力最强"的核心竞争力，还包括提供小额贷款、开展金融教育以及支持环境保护三大方面。提供小额贷款惠及亚洲、拉丁美洲、非洲、中欧和中东的35个以上国家和地区；开展金融教育覆盖面也很广，在内部与员工知识共享，在外部通过国际希望工程，培训大量志愿者，普及上万名学生。支持环境保护，一是减少建设和经营过程中自身对环境影响，二是努力开发创新产品和服务，通过提供建议、实施环境与社会风险管理政策，鼓励客户关注环境保护。此外，花旗基金会还对87个国家和地区的项目或者事业进行了长期支持。

另外一个比较"另类"的卓越银行的例子是格莱珉银行，这是世界上第一家借钱给穷人的银行。它起源于20世纪60年代末著名经济学家穆罕默德·尤努斯的小额信贷试验，并于1983年注册成为一个特殊的机构——乡村银行。它专门为贫困人口特别是农村贫困妇女提供存贷款、保险等方面综合服务，对贷款实行前中后全程管理，形成了一整套格莱珉银行文化，影响非常深远。

与以上卓越的银行品牌和金融文化相比，我们会发现，中国的银行业要在整体上实现走出去，在"一带一路"倡议和全球化进程中扮演重要的角色，还有很长的一条路要走。而我们所面临的最大问题不是业务水平上的，不是科技上的，而是文化上的。我们的金融机构对社会责任的担当还不够自觉，对社会的影响力还不够大，在社会贡献度方面还有待提高，甚至是负面的。不管是外部的社会公众认同、客户认同，还是自我认知，都有很大欠缺。

因此，我们说，中国银行业未来大批走出去是必然的，中国银行业也一定会涌现出在世界范围内受人尊敬的、卓越的品牌，但这必须要解决好一个根本问题，就是本土化或者叫作本地化的问题。就是你的文化要和当地的文化相融合。你的文化必须具备足够强大的渗透能力。这并不是你钱多、资金雄厚就可以做到的，而是一个理念或者说文化问题。

这样的例子不是没有，例如汇丰银行，这是响当当的品牌，但是汇丰银行其实就是在中国本土化、本地化成功的一个典型。汇丰银行的名字就是香港上海银行公司，从1864年成立以后，在世界范围内成为稳健经营和持续发展的典范。汇丰银行最大的特点就是具有国际化的雄厚资本和专业化的丰富经验，同时在企业文化的本土化方面也很突出，不断地适应当地文化，取得了巨大的成功。

因此，中国的银行业走出去并且在国际市场上取得成功，是值得期许的。但是在文化上一定要完成蜕变，破蛹成蝶，达到自我文化的升华和生命的转型。

六、如何塑造金融家文化

金融家就是广义上的企业家。在讨论金融家文化之前,首先要讨论企业家文化。企业家对企业文化的影响是不可低估的。夸张一点说,企业文化在某种意义上来说是企业家文化,当然这种说法并不严密和科学,但是却点出了企业家在企业文化构建中的不可替代的重要角色。海尔的企业文化就是张瑞敏的企业家文化的外化,松下的企业文化是松下幸之助企业家文化的外化,这样说恐怕没有什么问题,虽然可能不够严谨。

企业家文化的塑造需要极为复杂的主客观条件。主观条件是,企业家必须有眼光、有修养、有学识、有哲思,他还要具备相当强的执行力、独特的领袖魅力以及一套系统的独特的价值观。从客观条件来讲,企业家文化也受到竞争环境、行业特征、整体文化的影响。

在企业家文化方面,有几个值得警惕的认识误区:

误区之一:企业家文化就是"老板"文化。实际上,企业家文化不仅是"老板"一个人的文化,而且是企业领导集体的共有文化。我国企业崇尚人治,往往一个领导卸任,其所营造的企业文化也随之消失,后任者又来构造新的文化,这样周而复始,企业文化处于严重的不稳定状态,其价值观往往会处于支离甚至互相矛盾的状态。企业文化具有传承性、共有性,不能仅仅依赖于某个领导者的存在。

误区之二:企业家文化依赖于企业家的个性,难以改变。实际上,企业家文化也应该与时俱进,不断适应外界环境的变化而调整自己,比如张瑞敏在面对国际竞争的情况下调整自己的哲学思路。应该说，企业家文化中核心的价值观不能改变，改变的是对外界环境的应对方式和战略。

误区之三：企业家文化依赖于企业家的个人修养，因此企业家应该把个人的修养和喜好贯彻到整个企业，形成企业文化。这个误区导致很多企业家把自己的好恶带进企业，把自己的文化偏好当成整个企业的文化偏好。这样就造成了很多不良的后果。实际上企业家的个人修养和学识是否应该贯彻到企业中，看企业是否需要这种文化，看这种文化是否增进了企业核心竞争力。另外还要看企业环境，比如在全球化环境下一些企业的企业文化转型，就考虑到其是否适应全球化和怎样适应全球化的问题。

什么是成功的企业家文化？企业家应该具备什么素质？这个问题，每个人都有自己的说法。我认为，成功企业家文化必须具备四要素，当然这四个要素还不是很全面，但却是最重要的四个要素：

企业家文化中首要的要素是企业家要建立一种永远审慎的文化，建立一种保持危机意识和谦虚自律的文化。所以我经常说，"谦"应是成功企业领袖的第一要素。老子说："我有三宝，持而保之。一曰慈，二曰俭，三曰不敢为天下先。慈，故能勇；俭，故能广；不敢为天下先，故能成器长。今舍慈且勇，舍俭且广，舍后且先，死矣！"（《道德经·第六十七章》）慈、俭、不敢为天下先，都代表一种谦虚沉潜的品质，含藏培蓄，不奢靡，不肆为，不自矜，不飞扬跋扈。领导者的品质，应当是知雄守雌，懂得蓄势的重要；宽容、俭约，谦逊，不骄不纵，处事冷静谨慎，不张扬外露；正因为不敢为天下先，才能最终为天下先。很多企业家之所以在极盛时期突然败落，其根本原因是丧失了"谦德"。一个成功的企业家应该避免在事业极盛的时候丧失理智和滋生狂妄自大的心理，时刻保持谦慎自警。

成功企业家文化的第二要素是人力资源管理中恪守对员工的尊重，

这是企业家人格魅力的重要组成部分，也是企业保持凝聚力的源泉。这也就是我们中国文化传统中所倡导的"敬"的原则。"敬"是一种肃穆、谨慎、恭敬、诚笃、敬畏的精神状态。孟子说："君子所以异于人者，以其存心也。君子以仁存心，以礼存心。仁者爱人，有礼者敬人。爱人者，人恒爱之；敬人者，人恒敬之。"（《孟子·离娄下》）企业员工的最大心理需求，莫过于获得企业领导的尊重和认同，寻求一个平等的竞争环境，在这样的环境中，他的人格和能力得到尊重，才华得到施展。只有做到"敬"，尊重每个员工的意志和才能，方可调动起员工的创造激情。

成功企业领袖的第三要素是"日新"的创新精神。汤之《盘铭》曰："苟日新，日日新，又日新。"（商朝的开国君主成汤在他的澡盆上曾经刻了一句箴言："如果能够一天新，就应保持天天新，新了还要更新。"）这里的"日新"，原意指去除身体上的污垢，使身体焕然一新，引申义则指精神上的弃旧图新。"日新"对企业领袖而言极端重要，它意味着一个企业的掌舵者永不墨守成规，永不安于现状，而是时刻警醒，时刻创造，从而应对外部市场和企业内部的变化。正如海尔精神领袖张瑞敏所说，海尔必须再次坚定自己的哲学信念：今天是对昨天的否定，明天是对今天的否定，海尔永远在否定，永远不满足，永远要创造新的业绩、新的辉煌，迎接新的挑战。

成功企业家文化的第四个要素是在竞争战略上具备独特的判断能力，从而在企业发展战略上能够体现企业家自己的独特的哲学。在当前瞬息万变的市场环境下，这种素质尤为重要。这种素质在兵法上叫作"用奇"。《孙子兵法》曰："凡战者，以正合，以奇（读jī）胜。故善出奇者，无穷如天地，不竭如江海。""战势不过奇正。奇正之变，不可胜穷也。奇正相生，如循环之无端，孰能穷之哉！"（《孙子兵法·兵势篇》）善于在市场竞争中创造性地运用"奇兵"，是企业家制胜的法宝。这就要求企业家有动态思维和侧向思维。这里就不展开来讲了。

接下来我们就要探讨一下金融家文化的培育。首先，金融家文化的培育要求金融家具有相应的完善的知识结构。这里的知识结构包括至少三方面的知识：一是金融业的专业知识，包括国际金融、货币银行、投资银行、证券投资等；二是管理方面的专业知识，包括中外管理思想、人力资源管理、成本管理、危机管理等；第三是哲学和人文的修养，包括对历史、文化的独特感悟和理解，一个企业家，往往必须是一个哲学家，尽管他不写哲学论文。

其次，金融家文化的培育要求金融家确立基本的金融理念和行为模式，这些理念构成金融家的核心价值观。这些理念包括：成本—收益分析的理念；风险和风险控制的理念；机会成本的理念；稳健经营的理念；流动性和充足性的理念；金融伦理和信用的理念等等。这些理念对于一个金融企业的经营是非常重要的，金融家必须牢固树立这些理念。

最后，金融家文化的塑造还要特别强调企业战略目标的确立和明晰化。金融机构的管理者，要成为未来的金融家，就要首先确立办一流银行的目标。不明晰这个目标，金融机构的管理者就难以给自身定位，就很难把自己视为金融家。很多农村信用社的理事长、邮政储蓄银行的行长、村镇银行的行长或者农行的行长，都把自己视为一个官员，一个行政领导，而没有确立金融家的概念。究其根本，是他对自己以及自己所在的金融机构的战略定位不清楚。要塑造金融家文化，首先就要把自己视为金融家（而不是官员），要把金融机构视为真正的金融机构（而不是行政机关）。这种角色感，决定了金融家的基本素养。

七、银行企业文化嬗变的阶段特征

我们现在从广义上来探讨一下银行的企业文化。银行在发展的不同阶段,体现出来的文化也不一样。从它初创时期,到它兴盛、发展、高潮时期,文化也在不断变化,大概有这么七个阶段:

第一个阶段,银行文化首先有一个生存文化阶段。一个银行首先要生存,在一个区域得有竞争力。所以在这个生存文化阶段,银行高度重视硬件方面的建设,重视财务管理,努力争取持续盈利,它的盈利动机非常强,说白了就是千方百计要赚钱。现在我们的贷款公司,我们的村镇银行,在很弱小的阶段不就是这样吗?千方百计要赚钱,因为随时可能会死掉,不赚钱能行吗?所以,在这个阶段,银行想方设法跟当地企业建立很好的关系,甚至"无所不用其极"地做一些事情,来吸引客户,保障自己的生存基础。

第二个阶段,叫作重视关系的文化阶段。等到生存问题解决之后,这个银行就开始考虑一个更高层次的问题,就是周围的人跟我关系怎么样?因为一个银行跟一个人一样,它不是生活在一个真空环境当中,而是随时跟外界有关系,这个外界包括什么人呢?第一,跟你有直接业务往来的客户,他们怎么看你?他们满不满意?第二,战略合作伙伴怎么看你?跟我们的商业伙伴,我们的关系处理得怎么样?这个时候银行就不再单独重视是不是赚钱,不是把赚钱当第一位,而把高效的关系管理放在第一位,努力使客户满意,合作伙伴满意,自己周围的人感到满意。在这个阶段应该说银行上了一个层次,它更关注那些财务问题以外的问题，不再唯利是图，不再为了赚钱什么也不顾。这个阶段要特别重视客户关系，特别重视战略合作，特别重视跟政府和社区保持和谐的关系。

第三个阶段是银行的自尊文化阶段。在这个阶段，银行的行为和理念体现为它对自己的一种自我认同，强调竞争，强调内部管理和内部控制，强调利润最大化，要加强风险管理，要争取做大做强。因为在这个阶段银行经过前期的生存危机，再经过自己的关系梳理阶段，到了第三个阶段，它要飞速前进，那就要做大做强。我们的银行有一个特点，就是有一种很强的冲动，争取成为当地的老大。这个意识在现在的中国人头脑中尤其明显，就是我们这个时代不太允许你从从容容地慢慢成长，整个社会很浮躁，商业机构也很浮躁，银行也很浮躁，恨不得两年做成地方老大，三年上市，五年成为亚洲一流，十年成为世界五百强，这是大跃进心态，就想赶紧做大做强。这种做大做强的自尊，使得银行在这个阶段由于过分注重内部控制和科层制度管理，往往就产生大量的官僚主义作风。因为它做大做强的意愿太强了，给员工造成很大压力，比如说银行对员工施加压力说，你一年给我拉不来两千万存款就走人。如果你给我拉来一亿存款，奖你一辆奥迪轿车。在这种情况下员工压力很大，上下科层体系之间压力很大，但却往往忽视了客户的感受，只注重做大做强，不关心我们的产品和服务会对客户造成什么影响。我们的贷款产品客户觉得满意吗？我们信贷员的服务是不是到位？人家一个小的客户过来，我们有没有对人家不客气？这些都不想，因为这个阶段做大做强的观念压倒一切。另外，我这个贷款对当地社区到底有什么影响？不仅我自己赚钱，我还要带动社区发展，带动贫困地区发展，我不是光盯着几个好企业，还要关注弱势群体。但是，现在自尊文化阶段，它什么都顾不上了，只管要做大做强，往往忽视了其他的利益相关者。

第四个阶段是转换文化阶段。银行在自尊阶段之后，总结经验教训，感觉到一方面内部我要让员工增强凝聚力，这个凝聚力根本就不是靠把一辆奥迪车奖给员工，这是短期的刺激，甚至会造成员工之间的不平衡。在这个转换文化阶段，提高凝聚力就要靠精神上的引领，要创新，要提升理念。管理由控制员工转向信任员工。比如中层管理者，像信贷经理等，原来是靠各方面的指标来控制他，他的不良贷款到了多少，就给他惩罚。但是，这个阶段不一样了，转向了信任，就是我是通过一个平台的竞争让你感觉到自我有压力，要自我约束和自我激励，而不是靠罚款。这样企业的文化就从依靠强权转到尊崇真理。什么叫依靠强权呢？前一阶段官僚主义强权很厉害，主任一来，吓得别人不敢动。理事长一来，全体都肃穆，理事长一走，大家松了一口气，不再干活了。我们农信社也有这个特点，就是只要领导在，员工都精神抖擞，领导不下班，我们坚决不下班，其实也没干什么正事。这个属于控制，实际上员工不是发自内心的。但是在第四个阶段，由依靠强权来控制，依靠惩罚来激励，转向尊崇真理，就是你要考虑每个人的自我成长的愿望，激发他的潜能，由控制变成信任。同时，客户观念发生了变化。以往我们对客户什么态度呢？我们的农信社总是认为，我把钱给你是对你好，所以发贷款的时候是居高临下的，你来申请，我来批准，好像要恩赐一个宝贝。但是，你不知道客户是你的衣食父母，不光是存款养活你，贷款也养活你，农信社和银行不是靠贷款养活的吗？没有贷款哪来的利润？哪有利息？你不是靠客户养活的吗？人家过来跟你借钱，你还以为你养活他，其实正好相反，是他养活了你。所以，客户理念发生了变化，原来以自我为中心，觉得我施舍给你，你得给我送烟送酒，你得请我吃驴肉火烧。现在观念转化过来，客户养活你，你要感恩客户，以客户为中心，一旦你的中心转换，你工作流程都要发生变化，信贷流程从考察客户开始就要发生变化，从客户进到你的办公室申请贷款的时候，一进到大厅，你的面貌就发生变化了。原来那个微笑是很不情愿的微笑，现在则是把热茶递上来，问客户是什么情况，需要我们什么帮助，目前产业发展遇到什么困难，我们如何用金融服务来为你解决。你发现没有，客户此时跟你形成一个命运共同体。在座诸位，如果哪个客户认为你跟他成为命运共同体的话，你这个营销就成功一大半，他觉得你跟他是一个共同体，他必须让你繁荣，你也让他繁荣，他不好意思不还钱，你也不好意思在给他贷款的时候给他附加不好的条件。这个时候你们形成了共同体，一荣俱荣，一损俱损。所以，在转换文化阶段，一旦文化理念发生变化，意味着整个银行经营管理工作流程、制度以及人的精神状态都发生变化。

第五个阶段是组织文化阶段。在组织文化阶段，关注点在内部的组织建设。这个企业文化建设的核心就是要找到全体员工的价值的认同点在什么地方。管理以人为本，我要考虑每个员工的发展，我为他考虑，为他的职业生涯做设计。你如果做到这一点的话，员工怎么可能不为你奋斗呢？怎么可能不为这个银行奋斗呢？所以要支持员工实现自我价值。比如说在大学，如果你作为一个院长，你把年轻学者叫过来，问那个刚入职的年轻人：你刚从加州伯克利大学博士毕业，来到北京大学教书，我想听听你想干什么，你对自我的期待是什么，等等。你要知道他的诉求。然后，你作为院长就要为他的职业发展提供机会，为他的事业铺路。你可以说，我这边有个平台可以帮助你发展，你刚刚从美国毕业回来，可以做研究所的所长助理，让你在学术界认识更多同行，拓展你的学术研究视野和人脉。你这个关心和呵护对这个年轻人的鼓励是非常之大的，你可以想象一个二十六七岁的年轻人，刚刚进入学术圈，就得到一位长者在职业生涯设计方面如此温暖而贴心的指点与提携，他关注你个人价值的实现，而且给你提供平台。诸位想想看，这个年轻人，一方面将来事业发展方面肯定会更加好一点，另一方面他对这个学院的向心力是不是更强了？所以，我觉得我们的农商行董事长，能不能把人力资源管理做到这个程度呢？当一个大学生刚进到你的银行里面,你找他谈一次话,知道他内心的渴望在什么地方,不要以为年轻人狂妄,他可能说我将来希望当董事长,这没有关系,你要帮助他。然后,在员工当中培育一种信任关系,给他提供发展机会,给他提供舞台。所以,你的组织力、战斗力、执行力从哪里来呢?我觉得主要来自于你知道员工的内心渴望,而且帮助他实现价值,能够使他把工作当成实现价值的手段,当成乐趣。这样的话,你的人力资源管理一定是最高级的,你不用设计什么,不用找麦肯锡帮你设计薪酬制度。人力资源建设、组织管理靠你自己,你对员工的鼓励和潜能的开发是非常重要的推动。所以,我建议金融机构的管理者们,对于那些年轻的员工,要充分了解他们内心的渴望,了解他们的价值在什么地方,知人善任,把他们放在最合适的位置。你想想看,一个农村商业银行有二十位优秀的大学生能够被你用对了,对这个企业忠心耿耿,尽职尽责,你的农商行焉能不繁荣?我相信这个农商行二十年内没有问题。

第六个阶段,我们叫作团队理念阶段。当然这个"团队"指的并不仅仅是内部团队,而是内外部都有的团队,尤其是跟利益相关者所形成的团队。上世纪80年代以来,利益相关者理论大行其道,银行利用这个理论就建立起一整套银行社会责任体系。因为我们发现,银行实际上是为整个利益相关者服务的链条当中的一员,而且是核心的一员。银行要跟当地的社区加强合作,要关注客户的利益,要重视员工,重视股东的回报等等。这些都是利益相关者,他们对银行有各种各样的期待。这一点我觉得咱们的银行应该多多地向外国银行学习。我举个小例子。花旗银行这几年在中国微型金融方面做了一些工作,从资金量来讲,花的钱并不多。但是,它很注重营造一个氛围,很注重跟当地社区搞好关系。我们知道,花旗、汇丰等跨国银行在中国各地都建了很多村镇银行。这些银行资金量并不大,注册资本金五百万到一亿元人民币,对于花旗来讲就是九牛一毛。但是,它充分利用这九牛

第二辑　金融即人：金融文化塑造的理念与方法

一毛跟当地社区建立关系，支持当地社区的环保事业，支持当地的教育。比如花旗对小朋友们进行金融知识教育。现在小孩也需要金融知识，需要从小进行理财的教育，这个很重要。家长也很愿意让小孩从小建立起一个比较正确的价值观、财富观，知道怎么用钱，怎么看待财富，这个对小孩子的成长以及未来的发展很重要。花旗很有眼光，他到小学校搞金融教育，讲什么叫储蓄，怎么正确使用钱，什么叫节俭，怎么看待财富。你不要小看这个举动，一个人八岁的时候受到的金融教育终身难忘，他一辈子对花旗充满好感。什么叫营销？我从一个人八岁开始就对他进行文化熏陶、品牌传播和营销，这个客户忠诚度会有多高？从八岁到八十八岁都会用花旗的金融服务。所以，在第六个阶段"团队理念阶段"不是指重视个人团队，而是更重视外部的利益相关者，注重社区发展，跟社区同命运。说句实在话，咱们农信社现在达不到这个程度，咱们脑子里面没有这个概念，没有想到通过你的业务，通过你的金融服务，通过金融教育来提升整个社区。提升整个社区之后，你会发现这个广告做出去了，客户就来了。当这个八岁孩子认同花旗银行之后，你想他的家长不就来了吗？

　　第七个阶段，也是最高层次的理念，就是社会理念。这是银行经营管理乃至于一切经营管理的最高理念。社会理念是什么概念？就是银行把自己完全视为整个社会当中的一分子，重视自己的道德规范，重视正义、人权、社会责任。所以在银行的理念体系当中，此时的排序发生了变化，最早生存阶段、自尊阶段强调利益最大化，现在放在首位的是社会价值最大化。人挣很多钱干什么用？我们个人也好，银行也好，赚了很多钱，每天赚一亿，干什么用呢？你赚一亿幸福吗？赚一亿可能也不幸福，赚一亿的还不如年薪十万的幸福。机构也一样，当一个机构变得很大，成为航空母舰那么大的金融机构，每天赚一个亿人民币，你幸福吗？每个员工幸福吗？社会对你的评价高吗？所以，在这个情况下社会价值是第一位的，顾客价值第二位，自身价值最大化排第三位。

所以,银行这七个阶段,你想想看不就是一个人成长的七个阶段吗?跟一个人生命的开展、生命的成长何其相似!从小家长就说你要好好读书,不好好读书就回家挑大粪,农村孩子成天受到这个教育,危机感很强,不读书就要挑大粪,这是生存理念阶段。等到了一定程度之后,要重视我的社会关系,重视我的全面发展,重视自身素质提高。等到了最高阶段,你会发现我原来就是社会这个大海当中一滴水,我离开大海,我这一滴水就干了,我应该丢掉自我,应该到无我的状态最好。所以,你要到了无我状态,你就最幸福了,自我那点名利、那点自尊,那种东西是不值钱的。所以,一个人成长从小我,到大我,到无我,跟银行成长的阶段完全一样。当银行达到无我状态的时候,这个银行就成为社会必需的一个成员,社会离不开你了,社会离了你没法运转,社会需要你这样一个领袖,银行就是社会的领袖。

以上讲的银行理念发展的七个阶段,我们要透过字面来理会它的背后意思。有些银行的文化非常朴实,但很到位,能够准确定位银行的理念。比如招商银行的经营理念,就八个字,叫作"因势而变,因您而变"。多好啊!我们看《周易》,《周易》的精髓在什么地方呢?周易的核心在"易"字上。"易"有两个方面的含义,一个是"变易",中国人讲变,天道无穷,不断演变,"天行健君子以自强不息",要顺势而变,不断实现自我的嬗变。但是"易"还有另外一个很重要的意思,就是"不易"的意思,就是"不变",你既要知道变在什么地方,又要知道哪些东西不变。什么不变呢?我这个"心"不变,对于银行来讲,为公众服务的心不变,为社会奉献的心不变。什么叫"变"呢?我的业务流程要不断地变,我的管理理念要不断提升,我的整个资产负债的体系要因时而变。所以,"易"包括了"变易"也包括了"不易"。什么叫因势而变呢?就是看形势。韩非子讲"法术势",势变了你就要变,现在农村金融体系面对的整个时势变了,你还拿80

年代的方法管理员工能行吗,你面对的员工都是90后了。"因您而变"是什么意思?招商银行特别关注客户的诉求,我们知道金融创新的核心是什么东西?金融创新的核心不是创新,而是考虑客户的利益,为对方着想,要充分了解对方想要什么。如果达到对方的要求,创新就来了。必须关注客户利益,帮客户实现利益,这是金融创新的核心点、出发点。

八、中小金融机构应该建立什么样的金融文化*

从总体来说,以农村商业银行为代表的中小金融机构在近十几年突飞猛进,业务不断翻番,呈现良好的发展态势,同时竞争态势日趋激烈。在这种情况下,农村金融机构的经营理念变革就势在必行。我们要建立一套真正的银行文化,建立一套有利于我们业务拓展、有利于凝聚人心的机制。所以,我们的理念变革、企业文化塑造、品牌建设,都应该提到议程上来。我们再也不能像以前那样糊里糊涂地过日子。

农村金融机构在改制和发展过程当中,从硬件到软件都需要极大的提升。从硬实力来讲,农村金融机构的技术手段要进一步更新,风险的防控机制要更新,金融创新能力要不断加强。从软的方面来讲,农村金融机构文化建设长期滞后,品牌建设滞后,员工凝聚力有待加强,我们要吸引员工,吸引更好的优秀人才。同时我们的形象塑造和内部制度系统都要完善。我认为,在所有变革中,理念的变革是核心,理念变革就是品牌建设。

下面展开讨论农村金融机构的文化建设问题。我们老是讲品牌、品牌,我们脑子里面有很多品牌的概念。我认为,品牌这个概念有不同的层次。

第一个层次,"有品牌"就是质量高的意思,也就是自己的产品或

---

* 王曙光:《农村金融发展离不开金融文化培育》,《企业文化》2013 年第 4 期。

者服务有卓越的品质，这是品牌第一要素。比如说农信社，你要成为一个品牌，首先贷款质量一定是很高的，你提供的服务质量是响当当的，你不要说不良贷款到60%了还叫品牌。

第二个层次，品牌必须有个性。农村信用社这个体系，在全部金融机构当中有什么个性？在所有的银行里面，你的个性能不能凸显出来？这种个性能不能打动客户并凝聚客户？如果没有个性，没有可供识别和区分的特征，这个品牌的价值就大打折扣。

第三个层次，品牌是生命力很强的东西，如果这个品牌打造之后三天两头就变一次，那就不叫品牌了。好的品牌，一定要有持久力，要保持一定的稳定性。

第四个层次，品牌一定包含着很深厚的哲学内容。不是一般意义上的语言的包装和提炼，而是包含着整个机构的价值观念、哲学观念和生命观。这才形成一个品牌。我们农村金融机构，实际上有悠久的传统，七十多年的历史，几代人的不懈奋斗，形成了自己一套文化。这套文化有它非常优秀的内核，有非常优秀的东西，非常值得挖掘。

但是，我们在企业文化的理念方面也有很多误区。第一个误区，就是很多农村金融机构的行长或者理事长认为，企业文化和品牌建设是很虚的东西，不如抓业务实在。很多理事长抓业务抓存款很有动力，要抓企业文化和品牌建设就感觉没有动力。但是，我认为，一个农信社的主任或者是理事长，因为你是一个企业领袖，你关注的东西应该有更高的层面，一方面你要关注资产管理、负债管理这些基本的业务层面的东西，但是我认为你应该把更多的精力放在战略性的文化建设和品牌提升方面，你要考虑员工应该有什么样的文化，风险文化、客户文化、信用文化应该怎么来打造，才能让自己的品牌形象深入人心。所以你考虑的层面不是一个信贷员的层面，你不能把精力主要放在拉存款，而是要放在文化建设、价值观的确立以及整个企业品牌形象的塑造，放在如何把这些价值观和文化建设成果渗透到企业管理的流程之中。

第二个误区，我们很多农村金融机构，往往把企业的理念建设、文化建设等同于思想政治工作，等同于职工的文体活动。所以，我到很多地方考察，我说你们这边企业文化系统怎么样？那个行长或者理事长就说，我们的企业文化搞得很好，每年举行乒乓球比赛、职工演讲比赛、歌咏比赛，他不知道这些东西都是外在的东西，不是企业文化的主体，是细枝末节。企业文化更多的是价值观，更多的是经营哲学方面的东西，而不是这些表面化的员工活动，尽管员工活动确实也体现一个企业的文化层面的东西。

第三个误区就是很多农村金融的企业文化没有个性。从每个省联社、县联社的标志（LOGO）就可以看出来，农信社全国有30多个省级法人，2500多个县法人，但是，我们这些省法人、县法人LOGO都一样，看不出来河北跟云南有什么区别。其实这些机构完全是独立的法人，我们就不注重凸显自己的个性，没有注重个性的传播，这对于推广和传播我们的品牌没有好处。没有个性就没有品牌形象，就没有客户认知度和区别度。

第四个误区，就是有些农村金融机构一听说要重视文化，就赶紧请一个北大哲学系的教授过来给我们搞搞企业文化设计，哲学系的人过来把《周易》、《道德经》、《论语》、《大学》、《中庸》、《孟子》、《庄子》找出来，把这帮古人的名言隽语拼凑成了咱们的企业文化。搞得我们的企业文化非常繁杂，非常深奥，但是客户和公众对我们的品牌没有任何感觉。这种复杂的体系形不成员工的心理认可，更难落实到他们的行动实践中。其实像汇丰银行、招商银行，这些优秀的银行，它们的企业文化很朴素，提炼得非常简洁，员工一看就懂，而且容易内化成自己的价值理念和行动指南，不需要那么玄妙，不需要硬拉老子和孔子来帮忙。

第五个误区，农村金融机构的文化当中，还存在着由于长期垄断

第二辑　金融即人：金融文化塑造的理念与方法

经营而形成的自大文化。这种消极的金融文化，实际上对我们影响非常大，在座诸位都是在农信社工作多年的领导，我们有没有静下心来想一想，就是我这个团队、我这个农信社，有哪些文化阻碍了我们的发展，有哪些思想意识和理念阻碍了我们的创新和进步。其实我们可以举出很多来。理念的东西不搞清楚，你好多业务就搞不好。大家在理念方面要有变革，要虚心学习，不断充实，不断发现新的知识体系，以这种开放的胸襟去了解各种动态的东西，这是农信社持续发展和不断更新的根本。

未来我们应该建立一种什么样的中小金融机构的企业文化？我认为主要可以总结为九个方面：

第一，我们中小金融机构应该建立一种感恩文化。我们银行把自己的身量要放低。一个人到处高调，这个很麻烦，你高了，别人就很难跟你交流，你把身价放低，别人就高了，就容易接受你。我们知道老子《道德经》中讲到"上善若水，水善利万物而不争"，就是水总是选择"处下不争"，然而最终天下"莫能与之争"，水永远处于不败之地，我们要好好体会这一点。"放低"是什么概念？对客户，对员工，对投资者，对其他的社会相关利益者，我们要充分把架子放低，感恩于社会。当你给别人贷款的时候，千万不要讲是我养活了你，相反的是你给我机会让我扶持你发展，你发展之后给我回报，因此养活了我的银行，要感谢客户。你感恩客户，客户也会感恩你，这就有了情感上的互动与相互认同。

第二，要建立鼓励创新的日新文化。商朝开国领袖商汤，他有一个洗澡盆子，在上面刻了一句话，叫作："苟日新，日日新，又日新。"（《盘铭》）这九个字，已经深刻影响到中国人的精神世界。"日新"，就是要不断挑战自己，不断洗掉自己身上的污垢，每天以新的姿态面对新的太阳。你要日新，不要保守，要挑战自己。我们的文化偏于保守，创新能力不足。我们在员工当中应该鼓励创新，抛弃旧有思维模式，要勇于吸收新的东西，因为现在农村发生了变化，比如农业龙头企业发展起来，农民合作社发展起来。你对合作社的信贷产品有创新吗？对大型养殖户、种植户你有信贷机制的创新吗？如果没有创新，你又丧失了机遇。最近政府大力支持家庭农场发展，你有支持家庭农场吗？你有给新财富群体提供新的理财业务吗？如果你没有，你就把机会拱手让给其他银行了。你的中介业务、理财业务、财富管理，如果没有人才，没有业务创新，每天都在丧失机会，长此以往，你就没有市场份额，就没有利润，就没有发展。所以，日新非常重要，就是要创新。

第三，要建立严格的合规文化。农村金融机构以往的文化是一种非常灵活的、适合于乡村文化的东西，但是随意性太强，就像当年打游击一样，灵活性非常强，战斗力非常强，也能吃苦，但是规范性不够。将来我们要成长、要发展，就要规范，从制度建设方面要规范，这样才能稳健，消除道德风险和操作风险。所以，合规文化非常重要，要有一个完善的绩效考核机制，严格的问责机制和决策机制。决策永远不是理事长和主任一拍脑袋说贷就贷，背后要有一整套比较完善的体制机制。

第四，我们要建立一套乡土文化。农村金融机构的根在乡土，盈利来源也在乡土，客户基础也在乡土。所以，我们的企业形象塑造，价值观的提炼，不要照抄人家，我们就是一个乡村银行，就是与农民联系最紧密的农民银行。我们不要故意打扮得"高大上"，而要充分理解农民需求，充分满足农村经济发展的需要。这个"本"奠定好了，你的发展才可以持续，所以《论语·学而第一》中说："君子务本，本立而道生。"

第五，要建立与利益相关者的合和文化。合和文化就是要培育和外界利益相关者的和谐，员工跟管理层的和谐，决策层之间的和谐，以及跟社会与社区的和谐。"以人为本、和谐发展"，这是口号，要把它落实到制度上,我们社区当中有没有小学校?要给小学生做金融教育,宣传我们的农村金融机构。我们还要给农民做金融教育,提高他的信用水平,并树立信用社的企业形象。

第六,要建立与社区共成长的企业文化。社区是一个巨大的资源,社区是个宝库,社区是农村金融机构生存之本。你的营销、产品设计都要充分利用社区资源,居委会、村委会这些社区资源都要充分利用。这一点很多农村金融机构的人非常注重,他们知道村长起什么作用、乡长起什么作用、妇联主任起什么作用,他们利用好的社区资源,降低运营成本。你与整个社区共命运,这就是农村金融机构生存的根本。

第七,要建立合理规范的股东文化,要加强股东教育。要规范股东的交易行为。股东要建立与农村金融机构共同成长、实现农村金融机构可持续发展的价值观。股东不要单纯追求农村金融机构的利润最大化,还要努力实现农村金融机构的未来长久发展,与农村金融机构形成命运共同体。股东要有长远眼光,切忌仅仅注重短期利益。股东要注重自身的操守,避免内部交易和关联交易。

第八,要建立科学的法人治理文化。我们的农村金融机构在法人治理方面有很多还是采取书面一套、实质一套的做法。表面上有一套公司章程,但是内部的激励约束机制是另一套。我们要建立一种认真的、科学的治理文化。董事会、监事会、经理层要各负其责。我们要逐步建立一个经理人市场,从市场当中挑选合适的经理人,来经营农村金融机构。现在很多地方,尤其东部发达地方已经在用这个方法选择行长。在一个科学的治理结构当中,经理人的选择是一个非常重要的事情。所以,我在很多场合呼吁,我们县联社的董事长们要学会超脱,要更加关注一些战略性大问题,而不是特别关注那些具体的经营问题。董事长要把自己放在一个董事长的位置,而不是放在经营层的位置,这个很重要,你把位置搞清楚了,你的战略方向就很清楚了。经理人内部控制的情况也要改变,有些银行的行长权力太大,凌驾于董事会之上，隐患很大，要加以切实改变。

第九，要注重建立以客户为中心的金融文化。金融企业文化的建设，除了银行家精神、员工的文化实践和道德自律，还包括一个很重要的方面，就是客户群体。要建立以客户为中心的金融文化，原因在于，银行业其实说到底是服务业，保险和证券行业也都是服务业，因此金融文化的核心只有一个，就是打造以客户为中心的文化，令客户认同、令客户信任的文化，使得客户接受、理解、认同最后达到信任。这是银行文化的重中之重，是银行最核心的竞争力所在。

关于银行必须具有服务客户的意识，其实早在近代私营银行崛起的时候，就已经出现了。陈光甫和上海商业储蓄银行就是将"服务"精神和理念发挥到极致的一个成功典型。"银行业务，不若他种商店有陈列货物可以任人选择，银行之货物即为服务，故我行一无所恃，可恃者乃发挥服务之精神。"陈光甫很早就提出了"服务无差等"的服务意识。"务求顾客之欢心，博社会之好感。"为了让顾客处处感受到便利，陈光甫从银行大楼内部的布置安排上，重金请来美国经验丰富的业内人士，一桌一椅安排，无不用心。甚至要求各分支机构的大门要开得比一般银行小，总行大楼则封闭了几米宽的大门而出入改走偏门，主要是为了让处于社会中下层的民众不至于望而生畏。在业务上，上海商业储蓄银行也别出心裁，大胆地提出了"一元钱开户"，好多穷人一辈子没见过存折，现在只要有一元钱，就可以到银行开一个户头，这真是从来想都没有敢想的。正是这种不分客户大小，一律平等对待的做法，吸引了大批的民众来储蓄，十年时间，上海商业储蓄银行从一个小银行一跃而变为全国最大，陈光甫也被誉为"中国的摩根"。

以客户为中心，理念说起来简单，做起来难。我最近到一个农村的金融机构去，发现他们的观念依然是以银行为中心，认为为客户提供贷款是银行在帮助客户，却没有意识到这是在帮助自己。我告诉他们，客户就是衣食父母，客户所缴纳的每一分利息都在养活你，发贷款不是客户来求你,而是银行要感谢客户,我还建议每年应该在固定时间创办一个"客户感恩节",例如在春节前拿出一个专门时间,走访和感谢客户,回馈客户,给优秀客户发放一个脸盆,一条毛巾,虽然简单,却是表明了银行感恩的心意。一定要认识到,银行的可持续发展正是建立在客户基础上的,这就是银行的服务文化,客户为中心的文化。

九、中小金融机构的治理文化构建 *

（一）从股权结构到治理结构：中小金融机构的股权变革

治理文化与股权结构密切相关。在探讨中小金融机构的治理文化之前，我们先回顾一下这些年我国中小金融机构的股权变革情况，尤其是农村中小金融机构的股权变革情况。

我国存在着众多的中小金融机构（以农商行和村镇银行为主），这些遍布全国的农村金融机构的股权管理规范性如何，直接影响着这些农村中小金融机构的质量、风险与未来可持续发展。应该说，2003年以来的近二十年间，我国启动了农村金融机构的大规模产权改革，农村金融机构的股权结构发生了深刻的变化。这些变化主要体现在：

第一，农村金融机构逐步实现了股权多元化，避免了单一化。改制之后，农村金融机构引入了各类不同的股东，既有企业法人股东，也有个人股东；在企业法人股东中，既有主要的战略投资者，也有其他不同行业领域的企业。股权多元化不仅壮大了农村金融机构的资金实力，而且不同企业法人和个人股东的加入使公司治理结构不断完善。

第二，一些农村金融机构对战略投资者的引入，对于完善股权结构、对于农村金融机构经营理念的提升、对于大力改善治理结构，具有重要的历史意义。

---

* 王曙光：《农商行的制度变革与品牌文化建设》，《中国金融》2019年第12期。

第三，农村商业银行通过逐步减少和淘汰资格股，实现了商业化和股权的相对集中，在一定程度上克服了股权过于分散给农商行带来的治理失效的弊端。

第四，有些农村金融机构公开上市募集资金，成为公众公司，不仅大大改变了股权结构，而且使公司治理结构和公司运行机制实现了深刻的变革。

在充分肯定十几年来我国农村金融机构在股权结构和股权管理上所取得的成绩的同时，我们还要看到，农村金融机构在股权管理和股权结构方面还存在着一些比较严重的问题。2018年4月16日至17日，中国银行保险监督管理委员会召开中小银行及保险公司公司治理培训座谈会。郭树清在会上强调，建立和完善具有中国特色的现代公司治理机制，是现阶段深化银行业和保险业改革的重点任务，是防范和化解各类金融风险、实现金融机构稳健发展的主要保障。会议认为，我国银行业和保险业公司治理还存在明显不足，特别是中小银行和保险机构的问题表现得更为突出。主要体现在一些机构的股权关系不透明不规范、股东行为不合规不审慎、董事会履职有效性不足、高管层职责定位存在偏差、监事会监督不到位、战略规划和绩效考核不科学、党的领导和党的建设迫切需要进一步加强等方面。这些问题在农村金融机构身上体现得比较突出：

第一，股权关系不清晰、不规范、不透明的问题比较突出。农村金融机构的主要股东及其控股股东的出资是不是自有资金，其实际控制人、关联方、一致行动人及最终受益人都是哪些？对于这些涉及股权关系的关键问题，很多农村金融机构是糊涂的，没有进行认真彻底的审查、识别和认定。

第二，股权管理不到位，股东行为不合规不审慎的问题比较突出。农村金融机构对于不同类型的股东（比如控股股东和非控股股东）的管理没有进行有效的区分，对于那些对农村金融机构有着重大影响的重要的控股股东的股权质押和股权转让行为等没有进行更加严格的限制性规定，不合规和不审慎的问题大量存在。

第三，对有关关联交易的法律规范以及管理不清晰、不严格。有些农商行没有建立关联交易控制委员会，大部分农商行并未建立一个完备的关联方名单，因此很难对相关的关联交易进行实时的动态的管理。

第四，在股权结构的调整过程中，有些地方的农村金融机构过于强调股权的集中，在清理小股东方面过于激进。这里面存在一个适度集中的问题，严重脱离中小股东会造成很多消极后果。

（二）公司治理的内涵和治理文化的三大核心

下面谈谈农村金融机构的法人治理结构问题。在农村金融机构的变革当中，我觉得核心有两个，一条核心就是治理结构的变革，一个是产权结构的变革。治理结构就是法人治理问题。法人治理结构的变化在农村金融机构非常明显，也起到了非常良好的效果。但是你注意，我们的法人治理的变化，很多都是表面上的变化，大家对于什么叫完善的公司治理制度并没有深刻理解。法人治理背后是产权结构。所以，我们看到一个三段论，就是产权结构决定法人治理结构，而法人治理结构又决定了一个企业的绩效。但是，我们不要以为一个地方产权改革了，法人治理结构变好了，我们的企业就上去了，天下没有这么简单的事。我认为管理理念的变革是决定法人结构和产权结构是否有效的关键因素。产权与法人治理结构变好了之后，最终起作用的还是企业管理，换句话说，人的管理成为企业绩效的关键。你看企业的企字上面不是"人"吗？首先是人，关键是人。

我们来梳理一些最基本的概念。什么叫法人治理呢？著名制度经济学家威廉姆森有一个定义，公司治理是限制针对事后产生的准租金分配的种种约束方式的总和。换句话说,这个法人治理是约束租金分配的各种制度的一种集合。这个制度首先是所有权的配置。其次是企业的资本结构,你的资本金来源决定着你的法人治理结构。比如说你的钱是从银行借来的还是从股市上募来的,这两个差别很大,治理结构就有区别。再次,对于管理者的激励机制,我们怎么来激励管理者,这会影响到我们的治理结构。第四,公司兼并也会影响治理结构,公司兼并收购之后怎么处理经理人,这个对于他来说是很重要的激励和约束。第五是董事会制度如何,董事会制度包含独立董事、外部董事、职工董事,他对公司治理结构有很大影响。第六是机构投资者,如果一个公司有机构投资者,他的治理结构立刻发生变化。第七是产品市场竞争会改变治理结构的情况。劳动力市场的竞争,尤其是经理人市场的竞争,会导致治理结构有所变化,它会影响经理人产生的机制。为什么我们现在农村金融机构很多改革推进不下去,或者是我们经营管理层没有压力?是因为经理人市场不够发达,经理人市场这种淘汰机制和产生新经理人的机制不够完善。因此,经理人受到的压力不大。以上所有这些因素都会影响到租金分配。威廉姆森这个定义就比较宽泛。

1997年哈佛大学经济学家史蒂夫给出了一个更加明白的定义,他说公司治理研究怎么样可以让经理把收益的一部分作为红利返还给出资人,研究怎么样让经理人不吞掉他们的资金,不把资金用于那些不好的项目。他的定义针对的是代理人,他认为公司治理归根到底就是要解决出资人或者投资者怎么来控制总经理,使他为公司利益服务,这是公司治理的核心。

这两个定义应该说强调的方面不一样,前者强调的是公司治理的影响要素的分析,后者更着重于强调如何激励和约束经理人,换句话说,公司治理解决的核心问题是委托—代理的问题,就是委托人怎么监督代理人。我们把有信息优势的一方叫作代理人,没有信息优势的一方是委托人。

比如银行和储蓄者的关系中，储户是委托人，银行自然就是代理人。在储户和银行之间，很显然银行有信息优势，因为我作为储户把100万给你银行之后，我并不知道你把这100万用到什么地方去了，你是把它用在一个高科技项目呢，还是把它用在一个农业项目呢？我不清楚。你把它用在一个高风险项目呢，还是把它放在一个低风险项目呢？我也不清楚。所以，我作为储户是一个委托人，你银行有信息优势，你是代理人。这样的话，代理人完全可以出现道德风险，因为银行有信息优势，银行的经理人很有可能把100万拿到澳门去赌博了，但是储户不清楚。我们再换一个角度，银行跟企业是什么关系？银行把这1000万贷给企业，这时候银行成为委托人，而企业成为代理人。企业信息比银行多，所以银行要想方设法监督企业，因为企业完全可能把这个钱拿去赌博了，用于高风险项目。所以，大家注意，公司治理的核心是什么呢？是解决委托代理的问题，解决代理人拥有信息优势之后的道德风险问题。当美国金融危机爆发之后，最着急的是投资人，他们在忧虑他们的钱没了。但是那些高枕无忧的、在金融危机期间还去度假并拿着高薪的人是谁呢？是那帮华尔街的CEO、是银行的高管，为什么呢？因为这帮人完全可以不用考虑出资人的投资到底怎么样了，他拿到薪水，又有闲暇，跟危机之前完全一样。在这种情况下，经理人的道德风险一定非常高。所以，公司治理解决的问题，就是委托人怎么样监督代理人，怎么让他既努力干活又不能有道德风险。

公司治理文化包含着三大核心：一个是制衡，一个是激励，一个是约束。先讲制衡。公司治理的制衡中包含了多方面的制衡。大家注意，这个其实体现出西方法人治理中一个传统的思维方式，就是力量制衡思想。西方的政治架构是三权分立，西方人的政治理念就是不能把权力集中在一个人手里。西方的企业管理也是这样的，他考虑公司治理的时候，首先考虑如何制衡不同的权力，让他们互相约束，互相制衡，而不能一个权力独大。所以，西方的民主政治思想和中国的专制传统产生的法人治理结构完全不一样，西方更多强调制衡，中国更强调家族式治理，依赖一个英明的领导。西方企业的制衡包含哪些方面呢？第一个是董事会和股东大会的制衡。股东大会在法律上是最高权力机构，它要产生董事会。所以，董事会能不能符合股东大会的期望，能不能按照股东大会的要求去工作，这是一个大问题，他们两个互相争，如果不能，我股东大会就罢免你的董事，这就是制衡。当然，董事会也有可能采取办法欺骗股东大会，他们两个互相制衡、互相博弈。第二是独立董事和其他内部董事的制衡。作为独立董事担子很重，现在好多学者、好多律师、好多会计师做独立董事，独立董事进到这个企业之后，这个企业有很多考虑，一方面是考虑借助这帮学者或者会计师的声望，能够加强企业的管理，给企业带来各方面的好处。但是他又有点小担心，担心独立董事投票的时候会投反对票。根据公司法，独立董事和内部董事是一样的，上市公司的独立董事权力尤其大，当然很多地方独立董事基本上是不管事的，只知举手、表决，不可能过深地来介入内部经营管理。但是，独立董事真要发挥作用的话，他在内部治理中的作用是很大的，他完全可以投反对票，这是一个制衡。第三，就是监事会对于其他力量的制衡。监事会权力很大，既可以监督经理人，又可以监督董事会，同时监事会也可以对股东大会产生一种制衡关系。股东大会希望监事会承担监督责任，但是监事会也有可能出现道德风险。第四，内部跟外部的制衡。一个银行内部有职工、管理层等等，但是外部面临着客户，面临着储蓄者，面临着投资人。内部和外部的均衡，这是一个大问题。第五，最核心的，就是投资人跟经理人的制衡。

公司治理文化的第二个核心是激励。公司治理不光是要防止代理人出问题，其最关键的功能是要鼓励经理人兢兢业业地服务。这里面东方和西方经过几百年探索，应该说都想了很多办法。我们知道山西票号不光在金融创新方面是第一流的，在世界上第一个发明了异地汇兑制度，而且山西票号对公司治理也有贡献。山西票号发明了"顶身股"这个制度，这个"顶身股"从一般刚入行的小伙计到票号的总经理都有自己的股份，这个股份随着你的工作年限的增加，随着你的贡献的增加，不断提升。到了一定年份之后，很多人发现自己的股份多到可以当一个股东的程度，甚至能当一个大股东的程度。比如说日昇昌票号的创始人雷履泰，他是总经理，他并不是东家，但是雷履泰的顶身股到了比东家还要多的程度。因此，"顶身股"这种激励是发自内心的，经理人会把这个企业当作自己的企业来办。当然也有问题，如果权力过大的话，就发现总经理凌驾于所有出资人之上，而且就出现内部人控制问题。西方大概在 200 年以前，英国就出现了股票期权制度，这个股票期权对于经理人的刺激是非常大的。你可以想象，一些大的上市公司，把一部分可观的股票给了总经理之后，总经理就有很大动力来干这个工作，因为公司是他自己的，他不是打工的。当然会有一些其他的激励方式，有时用现金激励，有时候用期权激励，有时候用职务升迁激励，激励方式不一样，效率也不一样。

公司治理文化的第三个核心就是约束。如何约束经理人来为出资人服务。当然，经理人被约束的问题是跟现代公司发展密不可分的。当公司慢慢扩大，它的融资方式不断变化，企业不断膨胀，这时投资者跟企业管理者极有可能分开。我们看到，在历史上，管理者与出资人的分分合合其实经历了一个很长的过程。最初管理者和出资人是完全合二为一的，比如说我跟几个兄弟一块创办企业，我们既是出资人又是管理者，我既是经理人，同时也是股东。这一般是在一个企业的初创时期，才会出现管理者与出资人合二为一的情况。当企业越来越大之后，一方面有可能借银行的钱，有可能上市成为公众公司，有可能吸引大量的股东参与。这个时候就发现投资者跟管理层的分离就是不得不为之的事情。近代以来，管理层跟投资者不断分离，投资者的着重点在怎么控制经理人，经理人的着重点在怎么得到更多收益，得到更多闲暇。但是，什么事情都是这样，合久必分，分久必合。管理层跟出资人的分离是一个阶段的现象，到了一个阶段之后又会合二为一，比如刚才我讲到了股权激励，如果存在股权激励的话，就不存在管理层和经理人的区别，比如像雷履泰这样的人，他很清楚，自己既是经理人，同时又是大股东。

刚才我讲了公司治理文化的三大核心，制衡、约束和激励。在讲到公司治理文化和治理制度的时候，我们一定要树立一个理念，克服一个误区。我们中国人总以为把西方所有规范的公司法人治理制度移植过来以后，就可以一劳永逸解决法人治理问题。这是一个误区。首先，世界上根本不存在一个绝对规范的公司治理制度，西方国家中，日德是一个模式，英美是一个模式，意大利这些传统的欧洲国家又是一个模式，它们之间不一样，没有一个绝对规范的东西。从空间来看，全世界不同地区的法人治理是不一样的，欧、美、日，包括华人世界都有自己的传统，都有自己的公司治理方式。因此，不存在绝对性。从时间来看，法人治理实际上是一个不断演化的过程，它是各种力量，包括内部的、外部的、经理人的、出资人的，不断讨价还价和博弈的过程。公司治理一直处在一个动态的演变过程当中。所以我们要打破这个偏见，以为公司治理是一个绝对标准框架，我们把这个标准弄一下就行了，尤其是监管部门一直似乎持有这个误解。银监会监管部门尤其不能有这个概念，说我们全体农村信用社体系都搞一个模式，然后加强法人治理，把机制建立起来之后就万事大吉了，这是不可能的。

同时，我们一定要意识到，公司法人治理制度受制于很多约束条件，比如说一个国家的商业传统、法律体系、交易环境、历史习惯等等，这些都会影响到今天的法人治理。因此，我们心目当中就不要出现绝对的一个什么样的模式，它需要很多条件。另外，即使有些国家法人治理结构看起来很好，但是如果移植成本太高，我们也不能把它移植过来,因为不划算。法人治理结构的建设,实际上要算成本收益的,如果不划算的话,这个事不能干。

总之,看待公司治理既要有与时俱进的理念,也要因地制宜,这是一个具有适应性和演进性的制度安排。天下从来没有一个规范的公司治理结构这回事,不同的国家,不同的公司,要根据自己的企业文化、商业传统、行为习惯、制度传统来寻找自己最为有效、最为划算、最为现实、最具有可操作性的公司治理结构。我们要打破心目当中那样一个绝对的规范的东西。比如说我们现在农村金融机构要改制,改制一定要定一个标准,这个标准是不是符合我们现在各个地方的实际呢?监管部门往往要求几个月之内完成改制,不完成不行,其实这种方法和思维模式是有问题的。比如说现在都提倡农村金融机构引入机构投资者,但是,各个地方情况不一样的,有些地方条件允许引入机构投资者,有些地方不允许。有些地方比较开明,愿意引入机构投资者,有些地方受传统意识影响不愿意引入机构投资者,不能硬性引入。另外要不要引入大股东?浙江农村金融机构最近几年引入了一些规模比较大的法人股东,这些股东实力比较强,在各个行业都是龙头地位,素质较高,他就要关心农村金融机构的内部治理情况,甚至公司重大决策要请他过来,甚至他作为董事会成员要参与决策。这个对于整个团队来讲是一个挑战,就是你有没有这么大胸怀去容忍这么一个大的投资者。相反,我到很多地方,人家非常坦诚地告诉我,大股东我们根本不敢要,大股东太可怕,他会影响我的治理结构,会让我这个联社主任干得非常不爽,很多权力被他拿走了,他要监督我。所以,到底需不需要引入机构投资者,需不需要引入一些控股型的股东,这个东西需要考虑。不能说我们现在需要完善治理结构,我们就盲目引进,这个也不见得。

（三）公司治理文化的内部结构及其演变

决定公司治理框架的有三层关系，一个是股东之间的利益关系。我们讲上市公司有优先股跟普通股，优先股有优先收益权，但是一般优先股没有发言权，没有投票权，普通股有投票权、有话语权，但是它的收益权在优先股之后。这样就把不同权利的股东分开了。第二，是公司股东跟董事会的关系，股东大会选举一个董事会，很显然董事会并不是独立的，而是股东当中占据最大份额股份的一帮人的一个集合。第三个关系就是股东跟实际控制者的关系，就是股东、董事会跟经理人的关系。这三层关系都是公司治理当中必须处理好的关系。当公司越来越复杂，出资人越来越复杂的时候，企业变得运行起来越来越麻烦。在这种情况下，股东人数增多，融资方式复杂化，相关利益者多元化，这时候单纯依靠股东来决策不可能，于是董事会决策产生了，董事会决策最后就要委托代理人，委托给一个总经理去执行。因此，职业经理人产生了。所以又出现一个代理人的问题，因为董事会不可能自己去经营。所以，委托代理的问题一直是困扰公司治理的一个大问题。

公司创业初期非常简单，随着公司不断扩大，组织不断拓展，架构越来越复杂，所以公司越来越成为一个分权性的组织，你必须分权。我们现在农村金融机构体制中省法人和县法人是分权。从公司的发展趋势来说，逐步出现出资人资金来源的多元化。企业不再只是股东出资了，有可能借银行的钱，出现债权融资。有可能通过上市赚钱，成为公众公司，这是股权型融资。这样的话就出现两种不同类型的公司治理，一类叫作代理型的公司治理，一类叫作剥夺型的公司治理。什么叫代理型的公司治理呢？这个代理型指的是解决出资人跟代理人的关系，这时候必须引入职业经理。职业经理跟所有者利益不一致，再加上信息不对称、监督很困难，因此就完全有可能为自己牟利，这个就是我们经常在农村金融机构反思当中谈到的所谓的内部人控制问题。所谓剥夺型公司治理,就是会出现有控制权的股东来剥夺那些没有控制权的股东。比如说一个上市公司当中有大股东、有小股东,大股东常常是通过操纵价格或操纵决策来侵害小股东的利益。

我们一定要把公司治理文化的内在机制理解为一个不断演化的过程,不可能一劳永逸,不能要求绝对规范,事实上不存在这个规范。同时,在公司治理方面,我们要相信时间,也要敬畏现实。所以,我不太赞同有些人说农村金融机构治理结构太落后了,为什么呢?因为农村金融机构这套治理结构是经过了大概七十年的发展过程,它是有历史的,是有渊源的,农村金融机构的人也不是傻瓜,他也想完善公司治理,但是任何制度都有路径依赖。所以,在治理结构变革这方面,我建议还是不要过于激进,我们要相信时间,同时还要敬畏现实,要懂得约束条件,懂得路径依赖,然后稳步前进。

公司治理文化的演变大概经过几个阶段。最初阶段往往是家族式的治理,西方跟中国都是一样的。公司的扩张只是家族集团化,或者在扩张过程当中不同的家族企业互相参股,这是第一阶段。第二阶段,依赖于金融资本扩张,这个扩张就会产生出不同的公司治理,比如说在日本和德国,他们的企业扩张主要依靠银行来扩张。所以,日本和德国银行势力比较大,相反资本市场势力很小。美国正好相反,美国银行势力比较弱,而资本市场比较发达。这样产生出完全不同的治理模式。大概分三种,一种叫作家族型控制,包括欧洲大陆,主要是意大利这些国家。还有东南亚国家,尤其是华人世界,家族性控制比较多。第二种叫作关系型控制,这里面主要是日本和德国,就是通过银行体系来进行控制。第三个方面是英美国家的市场型控制。

第一,家族控制型。我们知道意大利有好多家族非常庞大,比如说美第奇家族,这个家族不但是金融巨头,而且控制了政治、控制了宗教,这个家族中出了很多大主教,出过很多政府首脑,出现很多金融巨头，可以说整个国家被他控制。这种家族型控制最大的问题是股东有些太大，有些非常小，大股东容易控制小股东，侵犯小股东利益。同时，这个家族控制当中存在复杂的交叉持股。

第二，关系控制型。主要是德国和日本为代表。在德国和日本，银行和企业相互持股，这个特点非常有意思。比如德国的公司85%的股份被一些机构股东持有，包括银行、基金等等，但是他们资本市场不发达。因此，在这种关系型控制当中，银行的权力比较大，而且银行往往通过控股来实现对于企业的介入，他们往往把银行的人派到公司当中，日本大公司董事很多都有银行背景，大部分都是银行退休的行长到公司担任董事，代表这个银行的意志来监督企业。

第三，市场控制型。以英美为代表。英美国家重视法律，重视游戏规则。公司治理比较严格，特别重视保护投资人、投资者权利，这是英美法系的基本特点。大陆法系主要是成文法，对股东保护是不利的，往往照顾内部人利益。英美法系是习惯法，是不成文法，因此重视判例。英美法系当中，由于都是上市公司比较多，因此股权分散，法人治理结构往往是通过上市公司股票市场来实现，就是股东的用脚投票，如果经理人干得不好，上市公司表现差了，股东用脚投票，开始抛售股票，经理人就该走人了，不用董事会把你开走。市场型就是靠外部、靠上市公司资本市场的力量、靠股东压力来治理。应该说英美国家这种依靠上市公司、依靠资本市场的治理是更为有效的治理。股东根本不用花时间去抱怨这个经理最近老是怠工，他没有时间抱怨，他只有选择退出，来为经理施加压力，你不行我就抛售股票。所以，我们看到美国这种民主思想，从开国以来就实施对于金融寡头的控制，限制银行的发展，结果催生了一个非常发达的资本市场。美国在20世纪60年代开始机构投资者崛起，很多公司引入机构投资者，资金实力增加了，银行、保险公司、共同基金、养老基金成为机构投资者。原来机构投资者根本不关心公司长远发展，只要公司保持盈利。但是，后来机构投资者由消极的公司治理者变成了公司治理的积极参与者，现在美国公司治理大部分都是跟机构投资者有关系的。

我们下面来看解决代理人问题的五道防线。第一道防线是经理的报酬。可以通过巧妙的经理报酬设计，把经理的个人利益跟公司利益挂钩，跟股东利益挂钩，让经理一方面追求个人利益，另一方面为股东、为公司创造财富。

第二道防线是董事会。董事会要有一定比例的外部董事，现在一般的农村合作银行、一般农村金融机构都在慢慢地引入外部董事、独立董事。尤其是引入经济学家、会计学家和法律专家，这三类人是上市公司当中必需的。

第三道防线就是股东大会。如果董事会这道防线不行，谁管董事会呢？就是股东大会，股东大会有权力更换、改换董事会，改选董事会。因此，股东之间对于表决权的争夺有可能对董事会形成压力。所以，如果你是一个总经理，假定被股东大会决议开除了，你将终生在职业经理人市场上不可能找到好买家，没有人会雇佣你了。

第四道防线是投资银行家和战略投资者。投行和战略投资者，在关键时候通过资本市场运作，会对公司进行并购，接管公司，这个压力很大。一旦公司的股票表现不佳，股东抛出股票，这时候战略投资者就盯着这个股票大量收进，进行控股。控股之后，他就成为最大股东了，他就可以有发言权来接管，或者替换经理人，所以董事会和经理人都有可能变化。这个在美国来讲，对于董事会、对于经理人来讲是一个很大的挑战和压力。所以，我们说投资银行家这帮人是资本市场的牛虻，这种牛虻专门挑你的毛病，他在资本市场观察，哪些公司的股市有波动，内部治理出现问题，然后大量地吸进股票，最后改变公司治理模式，甚至替换总经理和董事会。

第五道防线就是外部监管。外部监管包括证券监管部门，也包括媒介和社会舆论监督，尤其是媒体监督和经济学家的监督，这方面在美国尤其如此。在美国你要做经济学家,在媒体上对于股票评论要相当谨慎,他对股价影响非常大,也会影响公司治理。这是我想讲的公司治理的五道防线。

(四)我国中小金融机构股权结构和法人治理的未来变革趋势

股权结构的变革和法人治理结构的完善是提升农村金融机构质量的关键环节。在实践中,某些农商行在对待股权结构方面思维比较固化,出现了一些偏差,比如有些农商行认为要进行产权改革,就必须大力清理那些小股东,结果很多地方用极其简单化的强硬的手段清理或劝退了很多小股东。股权的适度集中是对的,但是过于强调股权集中,对农商行的发展反而有害。清理中小股东固然可以使产权结构相对集中化,但是股权过于集中于大股东却并非农商行之福。农商行的主要客户对象是中小型甚至是微型客户,即那些充满活力的中小企业和微型企业。过大的股权持有者所关注的问题与这些中小股东所关注的问题是不一样的,其诉求有很大的差异,产权结构上盲目求大,很容易使农村金融机构的经营方向走偏。因此,在农村金融机构中适当保留一定规模的中小股东,对于股东的多元化,对于农商行经营定位的清晰化,对于农商行企业文化的构建,都是有益的,切不要走极端。要保障农村金融机构的股权的相对稳定性。同时,银监会鼓励农商行引进战略投资者,吸收一定数量持股比例在5%及以上的优质涉农法人股东,引进那些资本实力雄厚、有先进管理经验、风险管控和服务创新能力强的金融机构或中资企业作为战略投资者。这个导向,不是希望农商行盲目引进大股东,而是有目的地引进那些在农村金融领域有着丰富经验和良好业绩的战略投资者,这对提升农商行质量极有帮助,也有利于改善其股权结构和公司治理结构。在引进法人股东的过程中，盲目求大是不行的，作为中小金融机构，农商行的股东还是要坚持"五湖四海"，走"群众路线"，不要单纯追求股东的"大"。光追逐大资本而丧失了群众，农商行就会走弯路。

农商行法人治理结构要进一步规范化，要完善公司治理。董事会就是董事会，要认真对待，要实现其决策功能。董事会、监事会、股东大会和经营层之间要形成相互制衡的关系。要尊重各类董事的话语权，保障他们切实履职。监事会也要起到真正的监督作用，不能只当摆设。整个农商行的法人治理结构，要起到制衡、激励和约束三大核心作用。银保监会的股权管理新规，其落脚点是在建立真正合规、有效、完善的法人治理上，有了比较规范而完备的法人治理，董事会、监事会、股东大会、高管层各负其责相互制约，就保障了风险监管的底线。农村金融机构要重视独立董事的作用，进一步完善董事会、监事会各专门委员会的设置，合理配置各专门委员会成员，其中审计委员会、关联交易控制委员会中独立董事应当占适当比例，发挥独立董事在公司治理中的独特功能，发挥他们的专业特长，发挥他们地位比较超脱的身份优势。另外，长期以来农商行的经理人是上级任命式的，这不利于加强其履职约束，将来应该更多从经理人市场中加以选择，建立可持续的市场化的经理人选聘制度。当然，公司治理的变化是一个渐进的过程，公司治理说到底是一种文化，文化的形成不是一朝一夕之功，要经过长期的演变过程，同时文化业具有一定的路径依赖特征，不可能发生突变。

十、农业银行的金融文化转型

农业银行正面临着前所未有的大变局。所谓大变局，可以从"内"和"外"两个层面去理解。从外部环境来讲，一方面，银行业的全球化、电子化、全能化的趋势非常明显，而随着全球金融业的整合，银行业的经营模式、业务流程、盈利模式等也在发生深刻的变化，这是农行必须面对的国际银行业大格局；另一方面，农业银行所面临的国内竞争环境也在发生变化，我国巨型的国有控股商业银行基本已经实现了脱胎换骨的改制，内部治理结构和运行机制的改革突飞猛进，外部竞争力和银行形象正在明显提升，这个国内银行业的新的竞争生态是农行必须面对的国内小格局。

从"内"来讲，农行自身正经历着深刻的同时也许是痛苦的转型，这种转型既体现在将要成为公众持股公司所带来的股权结构、治理结构的转变上，同时也体现在农行的行为模式和银行文化要实现彻底的转变上。农行的这次转型，不同于上个世纪80年代农行初创时期的商业银行运行模式的探索，也不同于上个世纪90年代末期以来的大规模撤并县域基层网点和奠定全面风险内控机制。从近30年的运行实践的经验与教训来看，这次农行的转型，是带有根本性的全面转型与重新定位。这也就意味着，农行在这个关键时刻，应该全面反省与检讨30年的运行实践，深入思考农行的比较优势和市场定位，既要与国家大政方针相匹配，又要适应国际银行业的发展潮流和农行自身的可持续发展与核心竞争力的提升。一个人是不可能在困惑迷糊的状态下前行的,同样的道理,农行在这个大转型和大变局中也要有清晰的定位,从而使全行上下达成一种高度的价值共识,唯有如此,农行才能形成一种上下协同的力量。

坦率地说,农行尽管从大的战略方针上来看已经有了比较清晰的思路,同时也在近期提出了气魄宏伟的"3510战略",但是对于农行的准确定位、市场目标导向以及如何实现这些目标,管理层和员工还存在很多困惑。大部分管理层和员工仍旧在"术"的层面寻求技术性的解决方案,而对于农行转型之"道",却不是十分清晰。"道"统御"术","术"要体现和顺应"道",不明确"道",关于"术"的讨论就是无的放矢。

什么是农行转型之"道"?在我看来,农行转型之"道"就是要使农行实现文化上的彻底转型,也就是要使农行建立新的文化模式和行为模式,重塑农行的价值观和认同体系。这个"道"的问题解决了,其他"术"的层面的业务流程设计和内部管理机制设计就会迎刃而解。在我看来,农行的文化转型之"道"至少包含以下几个方面:

第一,农行要从守成的、缺乏危机感和竞争精神的文化转型为勇于接受挑战和创新的文化,要具备"日新"的精神特质。汤之《盘铭》曰:"苟日新,日日新,又日新。"(商朝的开国君主成汤在他的澡盆上曾经刻了一句箴言:"如果能够一天新,就应保持天天新,新了还要更新。")这里的"日新",原意指去除身体上的污垢,使身体焕然一新,引申义则指精神上的弃旧图新。农行长期以来培养了保守的企业文化,竞争意识和危机意识很薄弱。当前,面对新的国际大格局和国内小格局,农行要鼓励员工的创新意识,勇于接受挑战,摒弃那种慵懒的、不思进取的精神状态,而做到"日新其德"。

第二,农行要从消极的、依赖型银行文化向勇于担当和负责任的独立型文化转变。独立型文化意味着农行必须靠自己的产品竞争力和创新性的金融服务来获取生存的空间,而不是依靠国家的政策优惠来生存。农行一方面承担着支持三农的重任,但同时支持三农并不意味着农行要以牺牲效益为代价,而是要求农行必须在自我担当、自负盈亏的前提下支持三农。

第三,农行必须从官僚科层制的管理文化模式向功能型和激励型的管理文化转变。在银行发展的初级幼稚阶段,管理的有效性往往依赖于强权,依赖于科层制的"命令—服从模式",而当银行发展到一定层次,必须改革官僚主义的运转模式,使员工不再顺从"命令—服从"的简单模式,而是以部门功能设定银行内部管理格局,以有效的激励机制作为动力。

第四,农行必须从利润最大化的自尊文化向重视利益相关者和银行社会责任的和谐文化转型。一个银行发展初期,必然强调银行自身的盈利能力,银行要做大做强,盈利必然成为银行第一要务。但是,随着农行的发展和转型,这种以利润最大化为目标的自尊文化必须升级和转型,银行要重视各利益相关者的福利,重视银行在区域、社区发展中的角色,重视社会责任体系的构建。而农行社会责任体系的构建,必将在新的高度重塑农行的价值理念,重新树立农行在公众心目中的形象。

第五,农行必须从重视规模扩张的粗放型经营文化向重视效益与质量的集约型文化转变。重视规模扩张和市场占有率,是银行发展初期的必然选择。但是,农行在将来应改变这种单纯注重数量的粗放型文化形态。这种转变会引发银行经营模式和业务结构的全面转型。以金融服务创新带动业务流程的改变,以降低资金占用为核心带动业务结构的转型,以全面风险管理为核心带动资产质量的提升,努力使农行"效益立行、质量兴行",是未来农行提高竞争实力的要义所在。

第六,农行在人力资源管理上应从控制型文化向以人为本的价值实现型文化转变。农行要努力逐步实现银行内部的全面沟通与整体联动,从以银行工作与利益为中心转变为以人的价值和发展为中心,以人为本，重视人力资源管理与开发；支持员工实现个人价值；鼓励创新，尊重创造性的工作；大力培育信任和团队精神；平等、透明、鼓励一定程度的冒险；重视员工职业生涯设计，使员工视工作为乐趣。农行的这种人力资源管理文化的转型意味着要设计一整套以人为本的激励与约束机制、薪酬与岗位责任机制、员工综合素质提升机制。

"道"明则"术"自生。农行一旦明晰了自己的价值观和文化行为模式，并在审慎全面的权衡之后确立了自己的比较优势与战略目标，就一定可以实现成功的转型，从而获得自己独特的核心竞争力，跻身于国内外优秀银行之列。

十一、金融即人：马背银行企业文化与命运共同体构建

（一）马背银行：独特之魅力，独特之气质，独特之哲学

在位于祖国北疆的呼伦贝尔市鄂温克旗，有一家在业内知名度颇高的村镇银行——鄂温克蒙商村镇银行，人们也亲切地称之为"马背银行"。2019年，北大研究团队与马背银行研究团队通力协作，完成并出版了《马背银行》一书①。在《马背银行》一书序言中，笔者谈到马背银行独特的企业文化与企业哲学：

> 鄂温克蒙商村镇银行是全国首家进驻少数民族自治县域的村镇银行，也是位于祖国版图最北疆的村镇银行。2009年成立以来，银行响应国家战略呼求，扎根边疆少数民族牧区，立足"马背银行"和"草根金融"定位，在"做全国最好的牧业金融机构"的企业愿景指引下，在呼伦贝尔大草原上谱写出普惠金融服务的光辉篇章。"马背银行"的美名不胫而走，不仅广受大江南北农村金融同行的赞誉和肯定，而且受到国家金融监管部门和国际人士的高度认可。十年来，在服务牧区经济发展方面成绩显著，对促进所在地区民族繁荣与民族团结作出了重大贡献。边疆民族地区

---

① 王曙光主编：《马背银行》，企业管理出版社2019年版。

经济发展和社会稳定，既是我国"乡村振兴战略"的重要组成部分，又是我国固边安邦的重要前提。鄂温克蒙商村镇银行在其中扮演着重要角色，承担着极为艰巨而光荣的历史使命。

鄂温克蒙商村镇银行致力于成为一家具有高度社会责任感的银行。而对于边疆民族地区（尤其是鄂温克族、达斡尔族及鄂伦春族三大少数民族聚集地区）而言，谋求民族繁荣和谐乃是最大的社会责任。十年来，鄂温克蒙商村镇银行以艰苦卓绝的努力，最大限度地克服草原牧区的自然人文环境给银行经营带来的诸多客观困难，以崇高的使命感和勇敢的担当精神，为当地牧区群众和中小企业客户提供最优质、最贴心和最全面的普惠金融服务。履行社会责任，对于鄂温克蒙商村镇银行而言，不仅是立身之本，而且是兴行之基。

鄂温克蒙商村镇银行致力于成为一家有着卓越企业文化的银行。它必将不仅使自己汲取全球优秀银行经营之智慧，而且更要扎根鄂温克地区民族团结文化之沃土，将全球视野与民族文化精髓有机融合，从而塑造出独具特色的"马背银行文化"。因而银行不仅将成为一家经营绩效优异的全球优秀银行，而且更将成为一家具有巨大企业品牌价值、具有丰富企业文化内涵、具有独特企业精神的卓越银行。它将具有独特之魅力，独特之气质，独特之哲学，从而在业界占有独一无二的位置。它将是一家有理想、有情怀、有感召力、有凝聚力的银行，从而在地区中、在客户中、在员工中、在当地人民心目中占有一个不可取代的位置。

本书讲述的，是边疆民族地区一个小小的村镇银行的十年普惠金融实践。她的规模虽小，但她的故事却很大、很生动、很宝贵，她呈现自己的舞台和天地更是极其广阔辽远。我们试图在这本小书中，重现马背银行成长的艰辛和光荣，深入挖掘马背银行在经营管理中的独特探索，概括总结马背银行的经营哲学和管理模式,全方位展示马背银行作为一家优秀银行的卓越文化以及她与这片大草原以及草原上的人民的深刻的内在联系。相信马背银行的故事、理念和模式,能够使普惠金融领域、农村发展领域、扶贫领域、边疆研究领域的朋友们,在这个小小的边疆银行的身上,获得更多的信心和灵感。从更广大的意义上来说,这个边疆民族地区的村镇银行的砥砺奋斗,乃是中华民族伟大复兴之巨大交响乐章中一个不可或缺的音符,因此这本小书,既是对马背银行十年历程的致敬之作,也是献给共和国七十周年的一份小小的礼物。

很多人可能认为,对于一家规模极小的"小小银行"来说,生存是最大的诉求,奢谈企业文化与企业哲学显得有些不切实际,有点像天方夜谭。然而,马背银行的创办者们,从马背银行诞生之日起,就极其重视银行的文化建设,重视提炼和塑造马背银行独特的企业哲学和经营理念,从而构建了一整套涵盖经营管理各条线、贯穿全行经营管理各环节的企业文化,成功打造了马背银行的文化品牌,增强了马背银行内部的凝聚力,也向社会、客户、同业和监管者彰显了马背银行独特的文化品格。随着马背银行业务的不断发展,随着马背银行对外影响力的不断提升,这个小小的边疆村镇银行的名气也越来越大,不仅在当地成为一个优秀的金融企业品牌,得到当地百姓和政府的广泛赞誉,而且在银行业界也赢得了同行的尊重。

一个中小金融机构的品牌价值来自何处?来自于持续不断的企业文化构建。这个小小的边疆村镇银行之所以名声鹊起,之所以获得客户和社会各界的广泛认可,是因为马背银行塑造了自己独特的企业文化,拥有"独特之魅力,独特之气质,独特之哲学"。

2017年底,《马背银行报》创刊。这是我国村镇银行界第一份自己办的报纸,而且这份报纸诞生于我国北方边疆地区,意义自然不同一般。这份报纸成为马背银行企业文化建设的一个重要载体,也成为外界了解马背银行企业文化的重要窗口。2017年11月23日在《马背银行报》发刊词《谋牧区民族繁荣之福,创草原普惠金融之路》中,笔者写道:

> 《马背银行报》的创刊,是鄂温克蒙商村镇银行发展史上的大事件,具有里程碑的意义;同时,《马背银行报》的创刊,也是内蒙古牧区金融发展史上的大事,是中国农村金融领域的一件大事。《马背银行报》将忠实记录鄂温克蒙商村镇银行奋力开拓、艰辛创造的每一个足迹,为边疆民族金融发展留下宝贵的历史记录和文献;同时,《马背银行报》将成为宣传和推介马背银行文化的重要窗口,并将鄂温克蒙商村镇银行的企业文化建设推向一个新的高度、新的境界。在内蒙古自治区成立七十周年之际,《马背银行报》的创刊更具有特殊的意义。祈愿鄂温克蒙商村镇银行诸位同仁能够在未来开创新的事业;祈愿马背银行能获得更大的发展,成为全国普惠金融建设之标杆银行;祈愿草原上各族人民能过上更富裕、更美好、更有尊严之生活。

一家小小的边疆村镇银行,能够在村镇银行界领风气之先,办一份文化含量极高的报纸,这本身就是不寻常的,显示了银行经营者独到的经营智慧和卓越的文化眼光。现在,这份在线上线下广泛传播的银行小报,已经成为马背银行文化品牌的重要组成部分。

不仅如此,为了使马背银行能够更好地发展,为了吸引更多专家学者来马背银行"传经送宝",不断提升马背银行的经营管理水平和企业文化水平,马背银行成立了索伦书院,经常邀请国内专家学者来鄂温克讲学、调研,促进了马背银行和外界的学术交流。笔者在《索伦书院记》中谈到书院成立的缘起以及我的期望:

丙申初秋，余游呼伦贝尔鄂温克草原。秋气萧然，秋阳明澈，万里碧落，寥廓清澄。毡房星布，奶茶香溢；敖包巍立，经幡纷飞。祝酒歌起酒樽尽，马头琴随马蹄归。呼伦湖上，天光水色，鸥鸟颉颃往复；根河两岸，佳木葱茏，郁茂更胜江南。置身草原，思接千古，神驰万里，诗情洋溢而不可遏，试想太白东坡到此，当何如耶？越数月，余重访，序已腊月，银装素裹，滴水成冰，寒意砭人肌骨，清气洗我肺腑。行走冰霜风雪之中，一胸俗尘，涤扫净尽，不亦快哉！

鄂温克古名索伦，为北方游牧民族之一。其性敦实淳朴，聪慧机敏，而又坚忍骁勇，善骑射，能征战。千百年来，鄂温克人颠踬流离，屡遭苦难，端赖勇锐刻苦之意志，得以绵胏至今。

戊子年，鄂温克村镇银行甫创，近十年中，筚路蓝缕，备极艰辛，秉普惠金融之旨，以马背银行自期，业绩斐然，深得牧民赞誉，并获海内外同仁嘉许。余与鄂温克诸同志拟共肇索伦书院，俾集结天下同仁之力，深思精研，切实践履，植根乡野，知行双修，融汇鄂温克刚毅坚卓之民族精神，共筑草原之梦，同谋牧民之福。丁酉新岁，余闲居善渊堂，草此小记，并三祝祷之。

（二）金融即人：卓越银行的精髓在于塑造人

马背银行极为重视人才的培养。作为边疆的一家村镇银行，如何能够吸引一批真正热爱金融工作的人才、如何持续凝聚这些优秀人才的力量、如何在银行发展的过程中不断筛选人才和发现人才、如何使这些人才在银行的发展中不断通过自我学习而获得成长从而使银行永远保持活力，这是马背银行面临的很大挑战。为此，马背银行管理者创办了一个属于员工的学术性社团组织"塔拉微金融学社"，经常组织员工们就银行经营管理方面的问题进行研讨，从而形成了一个人才的自我学习、自我成长的有效机制。

2018年7月，笔者在马背银行调研期间，参加了塔拉微金融学社的学术研讨活动，在研讨会上就塔拉微金融学社的运行谈了自己的一些建议和观点，从中可以看出塔拉微金融学社在马背银行企业文化构建和人力资本培养中的独特作用。可以说，马背银行创建了一整套银行内部人才培育和选拔的工作机制和方法，塔拉微金融学社的开拓性经验，在村镇银行尤其是边疆民族地区的村镇银行中，具有一定的可复制性。以下是笔者当时的发言实录：

> 今天的塔拉微金融学社的研讨会上，各位同仁都讲了自己在银行管理和运营方面的体会。我觉得这就是塔拉微金融学社非常好的一个工作方法，我们在鄂温克蒙商村镇银行内部形成了一个工作坊，在这里大家结合自己的小微金融业务经验和工作中遇到的挑战进行交流，互相切磋。这种学社内部的学术性交流很有实效，我感到，塔拉微金融学社确实是一个在国内村镇银行界很罕见的有章法、有内容、有效果的银行内部学社，很有创造性，也很接地气。下面，我谈几点体会。
>
> 塔拉微金融学社的作用，我体会有这五个方面：
>
> 第一个作用，塔拉微金融学社是鄂温克蒙商村镇银行员工自我教育、终身学习的一个平台。我们的学校教育存在很多不完善的地方，即使我们在大学里接受了博士研究生层级的教育，我认为也是非常残缺、非常不完善甚至是比较肤浅的，因为金融机构大量的生动的实践是很难在大学里展示的，金融机构所面临的不同地域的丰富多元的金融生态环境也是大学里难以体会的。所以我们的员工在银行内部的这种学习机制非常难得，弥补了学校的专业学习的不足，使员工可以终身学习，不断提升。鄂温克蒙商村镇银行还有若干员工是来自于非金融领域，比如新闻传媒、中

文、社会学或民族学等等,这些员工来到塔拉微金融学社,可以在银行内部就解决专业学习的问题,可以就近与同行进行交流,把金融业务提高上去,对于这些非金融专业毕业的员工,他们通过塔拉微金融学社达成终身学习自我成就,意义就更大。所以塔拉微金融学社是员工拓展知识面、开展职业学习的重要场所、平台和机制。

第二个作用,就是塔拉微金融学社为大家研究区情(区域经济发展的特点和趋势)、行情(本银行的经营管理模式以及创新)及整个行业动态(中小银行业的发展趋势),拓展知识层面提供了一个很好的平台。我们坐在一起,不是读上级的文件,也不是简单地宣讲已经发表的政府报告,我们是来研究问题的,是来研究本地区、本行业的发展动向的。比如刚才曹卜水关于牧业、牧区的基本情况,关于鄂温克地区马牛羊的繁殖规律以及牧民贷款应注意的问题的讨论,那些东西很接地气,对银行的运营极为重要。我们就需要学这个东西,我们对于区情的了解,对于我们企业本身的了解,对整个行业的了解,都可以在塔拉微金融学社这个平台上得到深化,大家互相沟通信息,为银行将来培养研究型团队打下基础。

第三个作用,就是培养员工的金融创新理念。前天我在内蒙古银行业协会的讲课中曾讲到,银行的基本性格是稳健,要防范风险,但同时也要创新、日新。因为你每天会遇到新的情况,比如我们昨天到毕鲁图嘎查去看,那么多牧民,他们提出各种不同的贷款要求。因为人是不一样的,家庭是不一样的,他家里的资产与产业情况都不一样,那我们要针对这些不同的牧民,给他量身定做不同的金融产品,这些量身定做的产品需要我们每个员工具备创新精神,并且要有针对不同客户灵活制定不同金融产品的能力。我相信通过塔拉微金融学社的培养和沟通,能达到激励员工创新的目的,能够极大地提升员工金融创新的能力。我们在日常的讨论中,要针对不同案例,大家集思广益,看看针对这个客户需要什么样的金融产品。这样的案例讨论,会非常有效果的,而且银行内部的各部门员工一起讨论,收获会很大。

第四个作用,就是塔拉微金融学社成为鄂温克蒙商村镇银行联系外界的一个重要桥梁。李倩董秘这几年来利用她在业界的感召力,吸引了很多在农村金融业界有影响力的专家,这些专家进入我们塔拉微金融学社大讲堂之后,给我们的员工传经送宝,给我们带来新的方法论,带来外界对于普惠金融、微型金融的最新信息,带来更新的视野和格局,我觉得对于银行员工的整体素质提升是极其重要的。

第五个作用,我们塔拉微金融学社还是展示员工风貌和形象、打造马背银行企业文化的重要载体。我观察这几年郭董事长以及核心高管领导班子,他们都在关注什么东西呢?其实他们最关注的,是通过各个方面的机制设计来打造一个企业文化的总体框架,从索伦书院的创建,到塔拉大讲堂的引进外智,再到塔拉微金融学社的内部学习机制建设,再到我们这个"都兰·乌若——温暖的家"小微金融服务站的设计,其实无时无刻不在打造一个企业文化。鄂温克蒙商村镇银行的企业文化有一个特别好的载体,就是我们的塔拉微金融学社,这个学社对外彰显了一个形象,就是我们是一个极其富有活力、极其富有学习精神、极其富有探索精神的团队,塔拉微金融学社是一个企业文化展示窗口。

下面我谈谈塔拉微金融学社的目标。刚才大家讲到风险控制的核心是人,实际上,银行的整个运营和发展,银行的未来竞争力和生命力,都在于人。人的培养是极其重要的。在日本企业管理界,有一句话叫"企业即人"。你看这个"企"上面不就是

第二辑　金融即人：金融文化塑造的理念与方法

"人"吗？企业首先就是人，企业的发展取决于人，企业的兴衰系于人，企业的文化归根结底是人的文化。我想照搬一下人家这个观点，我们也可以说，"金融即人"，因为"金"上面就是一个"人"，金融的核心是人，首要的竞争要素是人，银行的精髓是塑造人。你看我们今天讨论的核心问题都是关于"创新"和"风险"，"创"和"险"都是由人字组成的，离不开人的作用。

鄂温克蒙商村镇银行十年的奋斗，最大的收获是收获了在座的大家，在座诸位代表着鄂温克蒙商村镇银行的团队精华，也代表着鄂温克蒙商村镇银行的未来。你们是最具有战斗力的团队，没有你们，这个银行就不存在。那么鄂温克蒙商村镇银行要培养什么样的一群人呢？我想我们培养的人才一定是具有创新意识、具有担当意识、具有全局意识、具有竞争意识、具有团队意识的一群人。我们不光有热情，我们还要有以上这几个意识，才能成为银行的中流砥柱。这样的一群人，我相信是我们鄂温克蒙商村镇银行最大的财富。银行将来的发展，取决于在座的各位，你们都非常年轻，还要在银行工作二十年、三十年。昨天我全程参加了咱们行的员工集体活动，看了你们的游戏、表演、篝火晚会，心里特别感动。看到这么多的富有活力的年轻的生命在这里汇集，他们这么欢快这么开心地投入到银行的工作中，真是非常美好也非常难得的一件事。对银行来讲，塔拉微金融学社就是为了培养大家，培养这样一批人而设置的。一方面要提升我们在业务方面、在经营管理方面的各种才能、技能，提高员工的判断能力、对风险的把控能力、在放贷过程当中对客户的理解能力，从而全方位地提高企业中的"人"的知识素质和综合能力。

当然除了业务、知识、技能层面之外，鄂温克蒙商村镇银行还要着重培养有境界、有节操、有伦理的更高层面的人。这是塔拉微金融学社更高的目标。我在北大曾经开一门课《金融伦理学》，也出版了了中国第一本《金融伦理学》教材，我认为金融的本质是伦理，因为它的最核心最精髓的东西都关乎"人"，金融机构本质上是在处理和协调人之间的伦理关系和社会利益关系。因其"关乎人"，所以金融的核心就不是"术"的层面，而是伦理的层面，道德的层面，操守的层面。我相信塔拉微金融学社的最终目标，应该是塑造一个"全面发展的人"。不能简单地认为一个人很聪明就特别适合做金融创新，也不能简单地认为一个人很聪明就适合做管理者，聪明的人假如人格操守不注意，他也走不远，做不了大事，甚至会犯更大的错误。因此，塔拉微金融学社的目标不是仅仅是在技能方面培训大家，还要提升大家的境界，要在伦理层面下更多的功夫，倡导一种更加健全的银行从业者的人格，培育"全面发展的人"。

塔拉微金融学社在马背银行到底扮演什么角色？我想可能扮演三个角色：

第一个角色就是我们银行的内部大学。这个大学不是培养学究的，而是我们银行自己的内部的大学，是要培养有实干精神和思考能力的人才。

第二个角色是我们银行的智库和参谋本部。我们要培养研究型人才，而不仅仅是照着别人的指令去执行的人才。我们在塔拉微金融学社中要学会提出问题、研究问题，为银行出谋划策。大家都要有"问题意识"。刚才李董秘讲到曾经召集行里很多人撰写本行的社会责任报告，我们的社会责任报告在村镇银行界具有开创性。刚才杜学莉也讲了结合工作实际整理相关法律条文，马首席也讲到本行风险控制的一套方法，我认为这些东西都是为我们的银行提供智库的服务。我们不要请高大上的研究院给我们提供智库，我们自己就是一个智库，你每个人都是一个宝库，要发动每个人的力量，为这个智库贡献才智。这个智库是个参谋部，将来银行有任何大事小情都需要发动大家的力量进行战略思考。刚才董小萌在谈到"规矩"的问题的时候,也谈到我们制定规矩的时候要发动每一个人的力量,尤其是开动在座的每一位塔拉微金融学社社员的智慧,你要想办法帮银行制定制度。

第三个角色,塔拉微金融学社又充当了银行的组织部。组织部门是做什么的?是挑选干部的。未来的银行干部一定会从在座的各位产生。银行靠什么挑选干部?我想学社是一个好平台。后备干部的培养、挑选、甄别,可以在塔拉微金融学社来进行,因为你们本身就是精中选精的善于研究、善于探索的一批员工。从这个意义上说,塔拉微金融学社又充当了组织部的作用,在座的各位任重道远。

我和鄂温克蒙商村镇银行已有多年交情,我已经不把自己作为一个旁观者来看待。对于塔拉微金融学社,我有三点期盼:

第一,希望塔拉微金融学社社员们要积极主动思考问题,不要等上级给你派任务。在学术讨论过程当中要主动给自己找题目,对于开展业务中碰到的问题也要提高到一个更高层面去思考,要学会超脱于烦琐的日常业务,站到更高的层面去俯视、去梳理、去抽象、去概括。这就需要每一位在座的社员有一个积极主动思考问题的习惯。我们的讨论千万不要弄成一个照本宣科的讨论,现在网络很发达,我们要讨论风险管理了,我就在网上搜索一千篇文章,然后进行删减粘贴,然后在学社的讨论中宣读,这种方式一定要杜绝。我们不要搞形式主义,不要唱陈词滥调,而要研究问题,要积极主动去思考,真正深层次地去思考,结合你的问题去思考,要"问题导向"。

第二,希望社员们开阔视野。塔拉微金融学社尽管身在牧区,身在边疆少数民族地区,我们一方面关注本土问题,另一方面要放眼全区、放眼全国乃至于放眼世界,因为今天这个世界是扁平的。世界就是个地球村,我们在全球的视野之下去研究问题,才具有前瞻性,具有引领性,可以为企业的发展未雨绸缪。比如刚才李倩董秘谈到很多年前引领大家讨论当时还是非常新的P2P问题,我觉得真是极有前瞻性。现在你要不懂这个领域的话,就很难做业务,因为你时刻会遇到这么一个问题。而我们学社在五年前就开始讨论这个问题了,这就是视野开阔,有预见性。

第三,要知行合一。我们的塔拉微金融学社不是一个大学的智库,也不是一个研究院,我们的目标是为银行发展壮大服务,所以我们在研究、探索过程当中,千万不能放空炮,就理论谈理论,泛泛而谈,高谈阔论,坐而论道,我想这是不行的。我们还要更多地把思考付诸实践,我希望在塔拉微金融学社讨论当中听到更多的鲜活的案例、鲜活的故事。我们必须更多地采用案例讨论,不能空对空,空对空讲不出道理。所以我们要知行合一,结合实践来讨论。

前天我在讲课结尾讲到"三定",即定位、定向、定力。定位就是要对自己的价值观和宗旨有一个准确的把握。要立足自己的定位,恒心一志,坚定不移。鄂温克蒙商村镇银行的定位就是"要做全国最好的牧业金融机构",这个定位是整个企业发展的核心。

第二个是"定向",就是要瞄准你的目标,制定比较好的发展路径。我们的目标要做成一流的、中国牧区金融的第一品牌,这就决定了我们的发展路径和经营方向,就是要针对牧民的需求和牧区的产业特点,来制定相应的发展战略,来选择相应的客户群体,来创建相应的风控模式,并创建具有本土特色的企业文化。这些东西,都关乎"路径",关乎"方向","定位"(企业宗旨)决定了"定向"(企业发展路径)。

第三个叫"定力"。无论外面的世界发生什么变化,区域经济怎么样，经营环境怎么样，我们始终要保持一个定力。信贷员、审计部门员工、董办员工、管理层等等，我们都要按照既定原则、保持定力，向着既定目标前进。今天，我们的外部环境发生着很大的变化，国际国内包括本区经济都面临一些风险，面临一些挑战和困难。在挑战和困难面前需要每个人要有一种冷静，要养一种静气，不要有躁气，不要有虚浮之气。银行要静，才能保持定位、定向，不动摇。每一个岗位的人，从董事长到信贷员，都要保持定力，安安静静地把手头的事儿做实、做漂亮、做到位。这就是"用自己的确定性来应对世界的不确性"，在动荡的外部环境中，要使银行立于不败之地，就要有这样的定力。

（三）马背银行：命运共同体、社会责任与永续经营

2019年7月7日，在《马背银行》一书的发布仪式上，笔者在发言中讲了"三个感谢"和"三个理念"，其中所表达的核心是"构建命运共同体"，我认为这也是一个银行获得可持续发展的最大的动力源泉，也是一个银行文化的最核心、最要紧的部分。

今天我们在巴彦呼硕敖包这个神圣的地方举行《马背银行》一书的发布仪式，并举行鄂温克蒙商村镇银行十周年的庆祝活动，是非常有意义的。鄂温克蒙商村镇银行已经走过十年不平凡的历程，从最初的筚路蓝缕艰苦创业，到今天的体制机制的不断完善和企业文化的不断创新，我们这个边疆民族地区的"小小银行"，在扎根牧区、践行普惠金融方面，创造了一个奇迹。今天，记录鄂温克蒙商村镇银行十年奋斗历程的《马背银行》一书出版，我相信必将在农村金融领域和微型金融机构中间引起广泛而持久的反响。《马背银行》一书是集体劳动的结晶，是全体员工

的作品，凝结着大家的心血与汗水。在这个喜庆的时刻，我想说"三个感谢"：

首先感谢鄂温克蒙商村镇银行的最早的创业者，是他们在艰苦的条件下，为这个边疆民族地区的村镇银行进行了最早的奠基，奠定了这个银行在业务上和文化上的坚固基础。以郭建荣董事长为代表的最早的十三个创业者，他们没有照搬任何现成的大银行的经验，而是实事求是，根据鄂温克人民的需要，根据当地的经济社会发展条件，结合监管部门的要求和微型金融的特点，创造性地、灵活性地制定了一系列经营管理规范，为未来的发展提供了可靠的机制保障。《马背银行》一书，从公司治理结构、风险控制体系、客户关系管理、信贷产品创新、信用体系建设、员工激励约束机制建设等方面，全面系统地总结了鄂温克蒙商村镇银行创业者们十年来的管理模式和基本思路，这一总结，既是对鄂温克蒙商村镇银行以往管理实践的一个系统的梳理和概括，也为其他村镇银行等微型金融机构的经营管理机制设计提供了可供参考的经验。更重要的是，早期的创业者以自己的管理实践的日常行为，有意和无意地构建了一种特殊的企业文化，使每一个员工无形中受到这种企业文化的感染与熏陶，使所有的客户和来访者能够深切感受到这种独特的企业文化的魅力。企业文化既是鄂温克蒙商村镇银行最重要的软实力，也是构建一切经营管理规范的硬实力。

其次我们要特别感谢鄂温克蒙商村镇银行的所有员工，尤其是直接参与《马背银行》一书编纂、写作和资料收集工作的员工们。鄂温克蒙商村镇银行的员工队伍极为年轻，管理层也极为年轻，充满了蓬勃的朝气。刚才看到员工们的民族歌舞表演，感到很振奋，富有朝气和创新精神的员工是马背银行生生不息的希望。从某种意义上可以说，每一个员工都参与了《马背银行》一书的

第二辑　金融即人：金融文化塑造的理念与方法

创作，每一个员工的奋斗在这本书当中都有反映。我在构思和策划这本书的开始，就确定了一条写作原则，就是要让鄂温克蒙商村镇银行的普通员工参与整个写作过程，我要让这本书成为员工们自己撰写的书，而不是别人（局外人）对马背银行的解读。虽然员工们的文字有些还比较稚嫩，但是他们的语言充满了新鲜的活力，散发着大草原独有的朴实单纯的气息，这样的文字才是真实的，能够打动人的，而不是矫揉造作的、学究气的。很多员工为这本书付出了汗水，我要深深感谢他们。

最后我们还要感谢鄂温克草原上的人民，作为鄂温克蒙商村镇银行的客户，你们为马背银行的发展提供了一片沃土，正是有你们的理解和支持，才有了马背银行的业务发展和事业根基。今天行里也邀请了很多客户代表来参与这一盛会。通过都兰·乌若（意为"温暖的家"）金融服务站这一平台，鄂温克蒙商村镇银行与每个苏木、每个嘎查的牧民建立了密切的联系，帮助他们排忧解难，帮助他们建立金融与信用的意识，帮助他们发展牧业和其他服务业。鄂温克蒙商村镇银行的经营理念是"马背银行，筑梦草原"，其经营宗旨是"做中国最好的牧业金融机构"，为此银行必须全心全意为牧民服务，呼应牧民的呼求，解决牧民的问题，从而赢得自己的发展。《马背银行》一书记载了很多牧民的创业故事和马背银行跟他们之间互动过程中的动人故事，这些故事表明，马背银行之所以成为一家令人尊敬的银行，是因为它矢志成为牧民最值得信赖的银行，是为牧民真正办实事的银行。

《马背银行》一书始终贯穿着三条红线，或者说三个最基本的理念：

一是"命运共同体"理念。在鄂温克蒙商村镇银行的发展过程中，始终注重与各个利益相关者保持一种良好的互动关系，始终注重维护自己与各个利益相关者之间的相互信任和支持关系，这里面包括主发起行,包括各位股东,包括广大的客户(牧民和微型企业)和自己所在的社区,包括当地的政府和监管者,当然也包括所有的员工。鄂温克蒙商村镇银行致力于构建一个相互支持和相互信任的"命运共同体",并通过自己的具体经营活动增进了每一个利益相关者在这一"命运共同体"中的价值与福利。这个"命运共同体"中的每一个主体都是互相依存的,每一个主体的发展都为其他人创造了发展的条件。基于这样一个理念,鄂温克蒙商村镇银行对客户、对社区,都始终充满感恩之情,并通过自己的信贷以及其他金融服务,通过每一个贴心的信贷产品设计,通过都兰·乌若等运行机制的设计,加深与每一个利益相关者的情感沟通,使马背银行这个品牌形象深入人心。他们为每一个员工提供了最适合的岗位和舞台,为他们提供事业发展和价值实现的机会,银行与员工共同成长,营造了一个最人性化的员工文化氛围。

二是"社会责任"理念。 正是基于"命运共同体"理念,鄂温克蒙商村镇银行十年以来特别注重社会责任的实践。他们曾发布了村镇银行领域最早的一份社会责任报告,在业界赢得了很好的口碑,在客户中和社区中赢得了信誉。鄂温克蒙商村镇银行拥有独特的社会责任理念,那就是:社会责任不是银行的负担和包袱,而是银行实现自身价值、加强与客户和社区沟通、赢得社会尊重和理解的根本手段之一;社会责任非但不会给银行带来成本,还会给银行增加巨大的无形资产,使银行的营销活动和服务活动赢得更多的客户认同和更高的社会美誉度,从而有利于银行的长远发展。鄂温克蒙商村镇银行位于中国最北部的边疆,位于相对贫困落后的牧区,这就决定了它肩负的社会责任更重,使命更光荣。在促进民族团结和民族地区经济发展、在扶持少数民族员工成长、在保护和传承当地民族文化方面,鄂温克蒙商村镇银行都堪称典范，受到当地人民的广泛认可和当地政府的表彰。

三是"永续经营"理念。鄂温克蒙商村镇银行在边远的贫困牧区开展业务，其经营环境异常艰苦，其面临的经营困难也是非常突出的。在这种条件下，鄂温克蒙商村镇银行始终秉持着服务牧区、服务牧民、促进民族地区经济社会发展的初衷，不投机，不急功近利，不走捷径，而是一步步稳扎稳打，埋头苦干，以银行的可持续经营为目标，努力打造"百年老店"。"永续经营"意味着银行必须根据当地的信用条件、文化特征和经济结构来设计自己的产品，定位好自己的目标客户，找准自己的战略定位，矢志不渝，初心不改，踏踏实实，不搞歪门邪道。"永续经营"意味着银行要秉持正念，银行的管理者要有长期战略思维，而不是为了眼前的短期利益而改变自己的经营定位，随意偏离正确航道。鄂温克蒙商村镇银行的整个经营活动，都以"永续经营"为前提，在风险控制、成本控制、员工管理、授信体系等方面执行严格的合规准则，在客户瞄准的过程中始终把基准客户定位于牧民和微型企业，不垒大户，不抓快钱，培养了马背银行宝贵的定力和静气。

（四）马背银行：瞩望下一个十年的辉煌

《马背银行》一书有四个定位：

第一，《马背银行》是一部边疆民族地区村镇银行的成长史。我国边疆民族地区的金融服务比较薄弱，金融服务空白地区较多，因此在这些地区设立村镇银行，对我国的区域平衡发展和边疆稳定非常重要。《马背银行》真实记录了鄂温克蒙商村镇银行的成长历程，这一具有档案价值和历史资料价值的记录，不仅对于我们今天研究村镇银行和微型金融机构的发展极为重要，而且随着历史的变迁，这一记录的价值将更加凸显。

第二，《马背银行》是鄂温克蒙商村镇银行企业文化系统的集中展示和企业文化品牌的有力推广。鄂温克蒙商村镇银行的企业文化内容很丰富，其民族特色、地域特色非常突出，这使马背银行的文化可以超越地域的界限，得到更广大的受众的认可，这对银行本身的发展非常重要。《马背银行》这本书的最精彩之处，即在于对鄂温克蒙商村镇银行企业文化的全面剖析，其形象文化、行为文化、制度文化、精神文化、责任文化的探索、构建和表达，相信对其他小微银行会有很好的借鉴意义。

第三，《马背银行》是鄂温克蒙商村镇银行经营管理模式的一次集中的系统化和自我反思。这本书通过员工自己的思考，把十年来鄂温克蒙商村镇银行在经营理念、经营模式等方面的经验进行了系统的整理，这种整理本身就是一种思考，会引领和带动员工加深对本行经营管理机制的深刻认识，深化他们对于本行管理模式的理解。但这本书更是一个反思的机会，我们要以前瞻的姿态，审视我们自己的发展道路和发展模式，在原有的成绩基础上进行再探索、再充实、再创新，把马背银行的经营管理模式推上一个更高的高度。

第四，《马背银行》一书还将成为未来鄂温克蒙商村镇银行培训员工的一本最好的教材。这本书既是给"别人"看的，让社会公众了解马背银行的文化，见识马背银行的魅力，但更是给"自己"看的，尤其是给年轻的员工看的。新进的员工，要以这本书为教材，进行系统的培训，让新员工理解和认知马背银行的整个文化和机制，同时也给新员工一个行动的基准，鼓励他们在这个基准的基础上进一步开拓，再上层楼。

总结过去，是为了展望未来。总体来说，过去十年，鄂温克蒙商村镇银行在企业定位、发展战略、文化形象塑造、社会责任体系构建以及具体业务开展和创新方面，走了一条正确的路子，根基打得比较牢靠。十年是一个重要的、具有历史意义的节点。未来的十年，我们的经营环境会更具挑战性，我们遭遇的困难也许会更多，因此需要全行上下，在以往的坚实的基础上，进一步开拓创新，尤其要注重在以下八个方面进行创新：

第一，未来要注重股权适度多元化。股权的适度多元化，有利于建立比较完善和合理的公司治理结构，建立比较科学的决策机制和运行机制；同时，股权的适度多元化，也有利于吸收更多更好的企业法人以及战略投资者进入股权结构当中，有利于银行深化与当地优秀企业的合作互动关系，有利于银行业务的开展和实现"本地化"。很多村镇银行因为主发起行的关系，其股权结构、管理层结构、业务结构、企业文化等都深深打上了主发起行的烙印，这是全国的普遍情形，这种情况的出现可谓有利有弊。新阶段的村镇银行发展创新，我认为要逐步实现股权的多元化，逐步地适当淡化主发起行在股权结构和管理层结构以及运行体制和企业文化中的作用，要更加强调村镇银行作为一个独立法人的独立性、自主性和经营管理上的"本地化"或"在地化"。要在发挥主发起行重要作用的同时，发挥村镇银行作为独立法人的独立的话语权、灵活的经营权，要适应当地的情况进行创新，绝不能盲目照抄主发起行的经营模式。实际上，鄂温克蒙商村镇银行这十年之所以获得比较好的发展，之所以在经营模式和企业文化上有很多的创新，除了主发起行的大力支持之外，还得益于管理层从一开始就秉承因地制宜、在地化经营、自主探索、自主创新的理念，而不是形成对主发起行的过度依赖性，不是简单照搬主发起行的经营模式，因此在一定程度上具备了一种独立性、自主性和根据鄂温克当地情况进行机制设计的理念。这是很可贵的。未来我们要进一步在股权结构上有所完善，引进当地的优秀企业和战略投资者，这对我们未来十年的发展极为关键。

第二，未来要处理好资产业务和负债业务的关系，要高度注重

银行的流动性管理。近年来，我国中小银行发生局部危机和区域性危机的概率增大，我们要居安思危，未雨绸缪，做好预案，尤其是要高度关注流动性。长期以来，村镇银行在动员当地储蓄方面要弱于农村商业银行（农信社体系），因为毕竟村镇银行刚刚十年左右，与当地企业和政府的联系还不够紧密，其动员储蓄的能力需要长期培育。鄂温克蒙商村镇银行十年来对当地的牧民和中小微企业进行了积极的支持，在资产业务方面大力开拓，但是也存在着负债端较弱、吸收存款能力不足、存贷比较高等问题，影响了流动性管理的效率。在下一个十年，这个问题必须得到充分的重视，要在重视资产业务、加大对牧民的信贷支持力度的同时，注重吸收当地存款，注重开拓新的存款渠道，尤其是对公存款，要逐步把存贷比降低到合理的区间，降低流动性风险。

第三，要处理好合规管理、风险控制和创新的关系，更加注重业务创新、产品创新和机制创新。十年来，鄂温克蒙商村镇银行的各项制度越来越规范，合规管理越来越走向正轨，风险控制的严格程度也逐步提升，这是一个银行从小到大发展过程中必须经历的变化，是银行稳定发展和防范风险的重要机制保障。未来十年，当然还要极大地推动合规管理和风险控制，要高度关注信用风险、操作风险、声誉风险以及其他风险，要做到人人合规、处处合规、时时合规。但同时，我们还要强调创新，不要因为合规和风控而压抑了创新，不要让员工以合规和风控为借口而忽视创新、懒于创新。规矩是服务于业务发展，而不是死的规矩；有些规矩可以在新的技术和新的机制的支持下进行灵活改变，可以对原有的规矩进行一定的创新性的修订与变革。比如针对不同的牧民客户和小微企业客户，其抵押物的性质与结构、信贷产品的定价策略、回收不良贷款的方式、授信的额度和方式等，都可以进行灵活处置，要根据技术条件和客户具体情形进行变通和创新。要鼓励员工在合规基础上的创新，一些重要金融产品和机制的发明人还要（以物质的或者为金融产品命名的方式）进行奖励。我们还要在未来十年注重金融科技，注重技术的创新，比如大数据的应用，自动授信的探索等。

第四，要处理好开展牧民业务和企业业务的关系，未来要更加注重对当地成长性强的小微企业的支持。鄂温克蒙商村镇银行十年来致力于在牧区开展普惠金融，对牧民和牧区的覆盖面很大，有贷款意愿的牧民基本都可以获得村镇银行的贷款。我们设在各个嘎查（村）的"都兰·乌若"金融服务站为牧民的服务可谓无微不至。未来十年，我们要在支持牧民的基础上，开发挖掘更多的当地小微企业客户，比如我们在《马背银行》这本书中就写到鄂温克蒙商村镇银行支持当地民族手工艺品、当地幼儿园等小微客户，我相信，这样的具有成长性（有些还带有社会公益性）的小微企业会越来越多，我们要在营销的过程中多多关注，要支持当地的年轻人创业、妇女创业以及互联网电商企业、牧产品加工企业、手工业、餐饮业、旅游业、文化演出行业等小微企业，与这些小微企业共成长。我们还要扶持当地的牧民合作社的发展，"都兰·乌若"金融服务站也要关注和支持嘎查（村）的合作社的组建与发展，帮助当地牧民实现生产经营的组织化。

第五，未来十年要更加注重企业文化建设的系统性、整合性和机制化。马背银行的亮点在于其独特的文化建设，估计看了《马背银行》一书的人或者亲自到过鄂温克蒙商村镇银行的人，都会对马背银行的企业文化留下深刻的印象。以文化统领经营，这是郭董事长十年来一以贯之的理念。当然，企业文化的内涵很深，范围也极为广阔，需要我们在未来十年更加关注其系统性的表达，未来的企业文化应该在舆情监测、应急公关、形象塑造、员工激励、对外宣传等各方面担负起重任。甚至我觉得有必要建立一个"首席文化官"职位，系统地担负起本行的企业文化建设之责，把《马背银行报》、索伦书院、外界宣传报道和形象推广、舆情管理等方面的工作统一在"首席文化官"底下，使鄂温克蒙商村镇银行的企业文化建设再上一个台阶。

第六，未来十年要更加注重与当地政府、监管者、企业和社区的互动。以往十年，我们在这些方面已经有了非常好的基础，我们在当地的口碑不错，得到当地政府和社区的高度认可，"命运共同体"的建设是实实在在的。未来我们在这些方面还要实现机制化和常态化，在关键的时间节点（比如年末、重要节庆、企业总结大会等），要积极邀请当地政府、监管者、企业和社区参与，从中发现和发掘各种业务拓展的机会，同时也可以增强本行在当地民众中的认知度。在这个万物互联的时代，要加大与周边力量的整合力度。

第七，未来十年要全面提升人力资本，使我们的人才储备能够应对未来十年的挑战。年初，我为马背银行十周年题写了两句话："十年树木，根深叶茂；百年树人，基业长青。"马背银行在人才培养方面是很用心的，董事长一直以"润物细无声"的方式，用心建构无处不在的员工教育体系，这个体系随着时间的推移逐步显示出它的力量。我们的管理层可能是银行业界最年轻的，最有朝气的，这是我们的最大资本。但是我们在人才梯队、人才结构方面还存在很大的提升空间，这些年轻人能否承担未来十年变革创新的重任，能否带领马背银行继续创造未来十年的辉煌，这要取决于他们的能力储备。为此我们要持续不懈地完善"塔拉微金融学社"等内训机制，有计划地对员工进行教育，既可以引进来（外面的专家来授课），也可以走出去（把员工派出去学习），要让员工具备较开阔的视野、扎实的业务能力和对未来发展方向的一种前瞻眼光。

第八，要以更大的格局来展开未来十年的战略布局。在分支机构的设立、多县一行的机制探索、科技引领战略的实施、村镇银行转型升级等方面，要有十年的统筹规划。《马背银行》最后一章对郭董事长的访谈，我用了三个关键词：**格局、愿力、远见**。晓峰行长在讲话时也谈到我在北京大学经济学院毕业典礼致辞中的两句话："**持恒笃志，**

养成气象；弘毅坚忍，放大格局。"今天参会的同仁，都是未来十年的业务中坚，希望大家能够俯下身来深耕细作，不骄不躁，把自己的事情做好，同时又要以开阔的胸怀和长远的眼光，为创造马背银行"2.0升级版"做出自己的贡献。

十二、人格、理念、能力、努力：中小银行文化品牌构建*

文化品牌建设对于农村中小金融机构而言是一个非常值得重视的问题，是决定农村中小金融机构可持续发展的大问题。日本著名企业家稻盛和夫曾经有一个概括企业成功的公式：企业成功 = 人格 × 理念 × 能力 × 努力。我想，我们的中小金融机构的文化品牌建设，也可以从这四个方面来理解。

（一）人格：企业的良知和初心

无论做一个企业还是做金融，核心的东西都是"人"。大家看看"企"字和"金"字，上面不都是一个"人"字吗？一个人成功的根基和关键是人格，只有卓越的人格，才能造就成功的人；一个企业或金融机构成功的根基，就是企业的人格。天津津南村镇银行闫芳董事长谈到的银行的"情怀"，鄂温克蒙商村镇银行郭建荣董事长谈到做一个"有温度"的银行，实际上都是在谈一个银行的人格建设。一个企业的人格，实际上就是这个企业的特有的价值观、企业哲学，这些东西构成一个企业的灵魂，形成这个企业的特殊的气质和魅力，并成为

---

* 本部分是王曙光教授 2017 年 12 月 24 日在"农村中小金融机构文化品牌建设经验交流座谈会（鄂温克）"上的总结发言。

统帅一切企业管理的东西。

余姚农商行沈红波董事长谈到他们在企业文化建设中对王阳明的"致良知"学说的理解,这个"致良知"的哲学是该行企业文化的根源所在。什么是"致良知"?所谓的良知,就是你本来就有的东西,是人人内心深处固有的东西,是人之本心、本性。人的良知如何才能"达到"呢?就是要去掉所有的世俗的遮蔽,返本复初,回到你的出发之点。就是内蒙古电视台首席编导张阿泉老师讲到的"回到初心",回到初心,就是找到了你的"良知"。王阳明讲"致良知",实际上"致"这个字不是一个"努力"的概念,"致"其实是不需要努力的,"致"就是恢复你的良知,只需要你把世俗沾染的不好的东西去掉,就是"去遮蔽",就是把丢失的东西找回来,即孟子说的"求放心"。"回到本源",就是回到本源去思考企业的本质,思考银行的本质,我们才能把企业和银行干好。余姚农商行"道德银行"的实践,鄂温克蒙商村镇银行的"马背银行"的实践,实际上都是把自己的银行实践和企业文化建构建立在反省银行"良知"的基础上,这就是"致良知",这些实践实际上都是这些优秀银行的人格建设的结果,这些银行找到了银行之所以为银行的"良知",也就是银行的人格。我很赞同宁海农商行林嘉良监事长的观点,一个银行不要太浮躁,现在的社会很浮躁,我们作为农村中小金融机构,要回到初心,要静下心来,过一种快乐、简单、不浮躁的生活,这就是致良知,这就是人格建设,就是找回你的初心。阿泉老师谈到了"第一原理思维",这个"第一原理思维"我想就是一种最高的人格建设,就是王阳明的"致良知"。在每一个领域当中,都需要有一种"第一原理思维",回到你的初心,培养你的格局,培养你的境界,培养你的气质。一个人或企业有卓越的人格,实际上做任何事情,都能做得很好。银行首先要具备高的人格,所有的文化建设都要首先打造企业的人格。

（二）理念：企业发展的战略和哲学

第二个关键词就是理念，你有高远的人格境界，你能回到你的初心，发现你的良知之后，那么你还要有清晰的正确的发展理念，才能成功。人如此，企业也是如此。一个中小金融机构，比如一个农商行，一个小贷公司，一个村镇银行，我们应该有什么理念呢？刚才几位都谈到了自己的发展理念，谈得都极为深刻。我几年前在浙江参加中国普惠金融论坛，在那个会上，我记得浙江同仁分享他们的理念，就是"做小不做大"，"做土不做洋"，给我印象很深，这就是小微金融机构应该秉持的发展理念和哲学。

中小金融机构的一个独特优势，就是能够很好地扎根基层，扎根乡土，利用好自己的比较优势。农村的小微金融机构，就是要把乡土社会的地缘、人缘、血缘关系利用好，"三缘"利用好了，你的成本会大量降低，你的风控就会做得很好。这个理念是非常高的，对于一切农村金融机构都适用。宁海农商行林嘉良先生谈到他的"草根银行"理念，"草根"理念就是农村金融机构把所有的产品设计，所有的管理制度设计，所有的文化品牌建设，都跟这个"草根"的定位结合起来，我不照抄照搬那些大银行的做法，我不要"高大上"，我就做自己草根的文化，打造一个"草根银行"。

鄂温克蒙商村镇银行郭建荣先生讲到他们的理念，目标是做"牧区第一信贷机构"，要做独一无二的"马背银行"。马背银行的一切机制设计，都彰显了他们的一个基本理念，就是马背银行要服务好那些处于基层的牧区老百姓，他们的每一个产品设计都为这些文化教育水平可能不高的老百姓来服务。马背银行四个字，就彰显了他们的发展理念，然后用这个理念来贯穿和统领所有的制度设计和产品设计。

余姚农商行沈红波董事长提出的"道德银行"是非常好的金融文化理念，这几年我们一直在不断地学习和体悟这个理念。"道德银行"

不光是对客户来讲的,不光强调客户要讲道德、讲信用,实际上"道德银行"更多的还是针对银行自身来讲的,就是我们银行要做一个道德银行,要做一个有道德、有担当、有操守、有社会责任感、讲究伦理实践的银行,银行要为客户、为员工、为利益相关者、为整个社区乃至为整个社会服务,体现银行的道德和伦理追求,因此,这个"道德银行"的理念十分之高,它可以驾驭余姚农商行所有的产品设计和经营管理方法。

(三)能力:永恒的基础建设

第三个重要的词就是能力。一个银行或者企业有了自己的人格追求和定位,秉着自己的企业良知去经营;然后又有了契合这个定位的发展理念,那么这个银行就具备了长远发展的根基。但是光有人格和理念还不行,一个银行和企业没有能力也不行,没有能力做支撑,你的人格奠基和理念就空了,就没有落地。对于银行来讲,我觉得我们的能力建设非常重要,能力建设首先体现在每一个具体的机制设计方面,要落实到微观的每一个员工的能力上面。能力建设是企业文化品牌建设的落脚点,是需要我们高度重视的。我们千万不要以为企业文化就是一些比较虚的东西,都是一些空洞的哲学层面的、价值观层面的、理念层面的东西;实际上,这些东西都可以外化为我们的制度、我们的机制、我们的流程、我们的产品,从而跟我们银行的能力结合起来。作为一个银行,我们要在人格建设和理念体系的基础上,加强我们的风险控制体系的建设,提高我们的风控能力;我们的信贷员要把每一笔业务做好,要提升自己的操作能力,降低操作风险;我们要提升银行的信用甄别和信用评估能力,在贷款前把握好信用风险,在把贷款发出去之后,加强贷后跟踪与审查。我们还要不断加强员工的能力建设,加强培训,让银行的员工,包括中层管理、高管人员不断加强教育，增强自身的能力。鄂温克蒙商村镇银行的"塔拉大讲堂"、"微金融学社"等机制，就是加强员工教育和培训的好方法，把专家的力量发挥出来。

（四）努力：持久的努力让企业活得更长

第四个要素就是持久的努力。林嘉良先生讲到，要把银行做得"长"一点，我们的追求不是做得"大"一点，而是做得"长"一点，比别人做得"久"一点。这个"做得长一点"，就需要你持久地按照自己的人格操守和企业定位，按照自己确立的理念，遵循你的道德追求，把它恒久地做下去。但是这个持久努力是非常难的，无论做什么，要做得非常长非常久是非常难的，它要求一个企业或一个人要有恒心，要有韧性，要有坚守。当然我希望，不论是津南村镇银行、宁海农商行、余姚农商行，还是鄂温克蒙商村镇银行，都能做成百年老店，可是百年老店不是那么好做的，很多银行或者企业做着做着不行了，它做着做着可能松懈了，或者做着做着就放弃了以前的道德追求和理念，或者在做的过程中不能适应新的环境和变化，于是就没有持久地做下去。

阿泉老师讲到"两碗水"的比喻非常好，就是你要兼顾：既要喝到具有实用价值的一碗水，要把自己弄得滋润一点，不要渴死，还要兼顾具有长远精神价值的那一碗水，让自己活得有尊严，让自己活得精彩，让自己活得有道德和伦理的追求。一个企业或者银行要活得持久，也要兼顾这两个方面，这两碗水一定要平衡的，要兼顾并举，不能只喝一碗水。在银行的实践当中，人格的追求和经营管理以及能力建设，这两碗水实际上是融合的关系，是互相促进的关系，不是非此即彼的关系。

我们要把银行的文化建设和经营管理密切地结合起来，不要两张皮。我觉得郭建荣董事长讲得很好，文化建设一定要跟银行经营融在一起，文化建设不是飘在半空的，企业文化一定要落实在每一个细节当中，落实在每一个行动当中，落实在每一个理念当中，这才是我们的文化建设。比如说我们一进鄂温克蒙商村镇银行的门，看到了门口的奶茶服务，看到到处挂着的蒙文条幅，就感到了这个银行的客户文化，感受到他们对客户的关爱。这就是文化建设，当一个牧民过来喝一碗奶茶，很开心，感到这是他自己的银行，这个企业的文化建设就落到了一个非常微观的层面，很接地气。刚才所有的这些银行家和专家讲得都非常好，非常感谢大家的分享。让我们共同为我们这些农村小微金融机构的文化软实力的提升贡献智慧，让我们的农村小微银行活得更好，活得更长。

十三、穷人的银行家：跟尤努斯学习草根金融文化*

（一）引言：孟加拉乡村银行的草根金融奇迹

孟加拉乡村银行（也称格莱珉银行，Grameen Bank）的名字如雷贯耳，其创建近三十年以来在孟加拉推行的贫困农户小额贷款的成功模式，被复制到很多国家和地区（尤其是亚洲、非洲和拉丁美洲的欠发达国家），在全世界反贫困事业中都引起了巨大反响，其创始人穆罕默德·尤努斯教授（Muhammad Yunus）因而也被视为全世界利用小额贷款向贫困宣战的最具象征性与号召力的人物。这个在美国获得经济学博士学位、在孟加拉吉大港大学任经济系主任的孟加拉上层精英人士，以满腔的激情、虔诚而强烈的道义感去关注那些处于饥饿与赤贫中的穷人，以百折不挠的精神和无比的坚韧挑战传统的金融体系与无效率的官僚体制，从而在短短的三十年中，从 27 美元（借给 42 个赤贫农妇）微不足道的贷款艰难起步发展成为拥有近四百万借款者（96％为女性）、1277 个分行（分行遍及 46620 个村庄）、12546 个员工、还款率高达 98.89％的庞大的乡村银行网络。这一传奇历程一直是我深感兴趣的课题。更为令人惊奇的是，格莱珉的模式不仅在贫困地区得到广泛推行，而且美国等富裕国家也成功地建立了格莱珉网络并

---

* 王曙光：《穷人的银行家和真实世界的经济学》，《北大商业评论》2006 年第 11 期。

有效实施反贫困项目。尤努斯的自传《穷人的银行家——小额贷款与抗击世界性贫困之战》[1]，体现了这位格莱珉银行创始者的经济学与哲学思想，也体现了孟加拉乡村银行的金融文化与经营理念，对我国的中小银行文化建设有很强的启发意义和借鉴意义。

（二）"真实世界经济学"：一个大学经济系主任对传统经济学教条的质疑

尤努斯教授出生于孟加拉最大的港口城市吉大港（Chittagong），这是一个有着三百万人口的较为发达的商业城市。他的父亲是当地首屈一指的制造商和为穆斯林顾客服务的珠宝饰品商人，是一个虔诚的穆斯林。他的母亲出身于小商贸者之家，是一个受过良好教育、对穷人充满同情心、做事有条理有决断的坚强女性，对尤努斯的一生产生了深刻影响。尤努斯在自传中说："是母亲对家人和穷苦人的关爱影响了我，帮助我发现自己在经济学与社会改革方面的兴趣。"在吉大港大学毕业之后，尤努斯在母校当了五年的经济学教师，在这期间，他尝试创建自己的企业并获得了极大的商业成功。1965年25岁的尤努斯获得富布莱特奖学金的资助，赴美国在Vanderbilt大学学习并最终获得经济学博士学位。

1971年孟加拉独立，尤努斯教授放弃在美国的教职与优裕生活，回到饱受战争创伤的祖国参与祖国的建设，在母校吉大港大学担任经济系主任。1974年蔓延孟加拉的大饥荒使成千上万人因饥饿而死。尤努斯感到震撼的同时，开始以极大的热情投入到对贫困与饥饿的研究中。他在吉大港大学周边的乔布拉村尝试进行周密的调研，并倡导实施"吉大港大学乡村开发计划"，试图在学术与乡村之间建立联系。

---

[1] 生活·读书·新知三联书店2006年版。本部分所有引文均来自于此书，不再具体标注页码。

通过这个乡村开发计划，尤努斯鼓励学生走出教室，走进乡村，设计出创造性方法来改进乡村经济社会生活。学生们可以基于在乡村的经历撰写研究报告，并获得大学承认的学分。尤努斯的举动对传统大学的经济学教育提出了挑战。传统的经济学教育是一种被罗纳德·科斯（R. Coase）教授称为"黑板经济学"的教学方式，大学生按照全世界流行的标准美国教科书，每天与那些充斥着繁杂数学模型的教材打交道，不厌其烦地练习那些与真实世界完全不相干的、由经济学教授编造出来的微观经济学或宏观经济学习题。"黑板经济学"使经济学的教育者与被教育者沉湎于一种抽象的虚拟世界和高深的数学游戏中，完全不关注真实世界中发生的活生生的经济事实，而只是在精美但对真实世界毫无解释力的数学模型的构造中自我陶醉与自我安慰。"黑板经济学"扼杀了经济学学生的想象力，使学生们远离真实世界，失去关注底层民众真实生活与命运的激情，从而造就出一大批"空头经济学家"，也使经济学成为一种"无用之物"（罗宾逊夫人语）。

1976年尤努斯开始走访乔布拉村中一些最贫困的家庭。一个名叫苏菲亚的生有3个孩子的21岁的年轻农妇，每天从高利贷者手中获得5塔卡（相当于22美分）的贷款用于购买竹子，编织好竹凳交给高利贷者还贷，每天只能获得50波沙（约2美分）的收入。苏菲亚每天微薄的2美分收入，使她和她的孩子陷入一种顽固的难以摆脱的贫困循环。这种境况使尤努斯异常震惊，尤努斯写道：

> 在大学里的课程中，我对成千上万美元的数额进行理论分析，但是在这儿，就在我的眼前，生与死的问题是以"分"为单位展示出来的。什么地方出错了？！我的大学课程怎么没有反映苏菲亚的生活现实呢！我很生气，生自己的气，生经济学系的气，还有那些数以千计才华横溢的教授们，他们都没有尝试去提出并解决这个问题，我也生他们的气。

尤努斯陷于一种震惊、自责、羞愧的情绪中，平生第一次，尤努斯教授"为自己竟是这样一个社会的一分子感到羞愧"。这个社会竟然不能向几十个赤贫的农妇提供区区总额为几十美元的贷款！同时，大学经济学教育和经济学教授对贫困与饥馑如此漠视，也让尤努斯感到愤慨与不解。在他看来，漠视贫困、漠视真实世界中人的痛苦与愿望是经济学的最大失败，而不能用经济学知识去缓解并消除贫困，是所有经济学学生与学者的最大耻辱。尤努斯以自己的始终如一的行动，以自己的经济学知识，以自己对贫困者的深刻理解与同情，创造了一个不同凡响的格莱珉世界，使成千上万的穷人摆脱了贫困，看到了改变生活改变命运的希望，充分显现出一个经济学家的社会良知，显示出"真实世界经济学"（Economics in a real world）的强大力量。

（三）创建草根金融：格莱珉挑战传统的金融体系与僵化的金融文化

尤努斯教授在深入了解了苏菲亚这样的赤贫者的境况之后得出结论，这些村民的贫穷，并不是因为他们缺乏改变生活消除贫困的途径与能力，更不是因为他们自身的懒惰与愚昧，而是"因为金融机构不能帮助他们扩展他们的经济基础，没有任何正式的金融机构来满足穷人的贷款需要，这个缺乏正式金融机构的贷款市场就由当地的放贷者接管"。这些当地的高利贷放款者，不但不能使这些赤贫的村民摆脱贫困，而且使他们陷于一种更深的贫困泥潭而难以自拔。在几乎所有的贫困地区，穷人被这些高利贷所控制与剥削，他们不能摆脱高利贷，因而甘受高利贷放款者施加给他们的不公平信贷；另一方面，正式的金融体系（Formal Finance）却严重忽视了穷人这一最需要信贷服务的对象，把这些渴望贷款的穷人排除在信贷体系之外，使他们难以用贷款来改变他们的生活。

不仅如此，传统正式的金融体系正在用各种方式制造着穷人接近正规信贷的障碍，那些保守的银行家们，坚持一套他们认为行之有效的、流传了几百年的信贷哲学，而这些信贷哲学，几乎无一例外地把农民与穷人置于最不利的信贷地位。传统信贷体系教导这些银行家，银行的贷款需要接受贷款者提供必要的足够的抵押担保，而穷人（尤其是赤贫者）几乎没有什么抵押担保品，这也就意味着只有有钱人才能合法地借到钱。传统的银行家只是将眼光盯住那些规模大实力强的企业家，而不屑于与那些小额贷款需求者打交道，因为在他们看来，小额贷款需求者的贷款数额小，耗费的贷款成本与未来预期收益不成比例，因而只能使银行亏损。传统的信贷哲学还假定，穷人根本没有还款能力，给他们发放贷款只能是一种浪费，穷人的信用与智慧都不足以使他们利用贷款创造合理的增值，因而银行向这些穷人贷款得不偿失。

尤努斯的行动以及后来的巨大成功证明了这些传统信贷哲学的荒谬僵化与那些传统银行家们的保守无知。尤努斯与格莱珉的信贷哲学试图颠覆这些传统的信贷教条。传统的商业银行总是想象每个借款人都打算赖账，于是他们用繁密的法律条款来限制客户，保证自己不受损失。尤努斯却有相反的哲学。"从第一天我们就清楚，在我们的体系中不会有司法强制的余地，我们从来不会用法律来解决我们的偿付问题，不会让律师或任何外人卷进来。"格莱珉银行的基本假设是，每一个借款者都是诚实的。"我们确信，建立银行的基础应该是对人类的信任，而不是毫无意义的纸上合同。格莱珉的胜败，会取决于我们的人际关系的力量。"也许评论者会说尤努斯是一个彻头彻尾的天真的理想主义者，竟然违背经济学最基本的"自利最大化假定"而去相信"人性善"。甚至，当格莱珉银行面临借贷者确定无法偿还到期贷款时，也不会假想这是出于借款者的恶意行为，而是调查逼使借款人无法偿还贷款的真实境况，并努力帮助这些穷人改变自身条件或周围环境，使他们重新获得偿还贷款的能力。就是依靠这种与传统银行截然不同的信任哲学，格莱珉银行一直保持低于1%的坏账率。

格莱珉银行一反传统商业银行漠视穷人的习惯，而将目光转向那些急需贷款但自身经济状况极端窘迫的穷人，尤其是贫困妇女。至今，格莱珉银行的借款者中，96%是贫困妇女，他们甚至向乞丐发放小额信贷。尤努斯深深理解穷人的处境，从穷人的愿望和需求出发来安排和调整格莱珉银行的贷款计划。为了避免大额还款给穷人带来的还款心理障碍，格莱珉银行制定了每日还款计划，将巨额的还款切割成穷人可以接受的小块，使他们在每日偿还中具备了适当的还款能力，同时形成了按时还款和守信的意识（后来为了便于操作而调整为每周还款）。同时，为了帮助那些根本没有知识与经验的借款者，格莱珉银行不断简化他们的贷款程序，最终他们将格莱珉的信贷偿付机制提炼为：（1）贷款期1年；（2）每周分期付款；（3）从贷款一周后开始偿付；（4）利息是10%；（5）偿付数额是每周偿还贷款额的2%，还50周；（6）每1000塔卡贷款，每周付2塔卡的利息。这种简化的贷款偿付程序被证明是行之有效的。

为了保证小额信贷需求者能够有能力还款，格莱珉银行创建了有效的组织形式，这些创新无一不是出于尤努斯对传统乡村文化与穷人心理的独特理解与深刻把握。基于对孟加拉传统农村社会的理解，尤努斯要求每个贷款申请人都必须加入一个由相同经济与社会背景、具有相似目的的人组成的支持小组，并建立起相应的激励机制，通过这些机制来保证支持小组的成员之间建立起良好的相互支持关系。尤努斯在自传中非常详细地分析了支持小组的巨大作用："小组成员的身份不仅建立起相互的支持与保护，还舒缓了单个成员不稳定的行为方式，使每一个贷款人在这一过程中更为可靠。来自平等伙伴之间的微妙而更直接的压力，使每一个成员时时与贷款项目的大目标保持一致；小组内与小组之间的竞争意识也激励着每一个成员都要有所作为。将初始监管的任务移交给小组，不仅减少了银行的工作，还增强了每个贷款人的自立能力。"贷款支持小组是一种非常巧妙的机制上的创新,它有效地降低了格莱珉银行的监管成本,将来自银行的外部的监督转化为来自成员自身的内部监督;同时,支持小组还在小组内部激发起更大的竞争意识和更强烈的相互支撑意识。

在支持小组的基础上,格莱珉银行还鼓励各支持小组形成更大的联盟,即"中心"。"中心"是村子里八个小组组成的联盟,每周按时在约定的地点与银行的工作人员开会。中心的负责人是由所有成员选出的组长,负责中心的事务,帮助解决任何单个小组无法独立解决的问题,并与银行指派到这个中心的工作人员密切合作。当格莱珉银行的某一个成员村民在一次会议期间正式提出一项贷款申请,银行工作人员通常会向支持小组组长和中心负责人咨询,组长与中心负责人在决定贷款中担负很大的责任,也有相当大的话语权。中心会议上的所有业务都是对外公开的,这有效地降低了来自银行的腐败、管理不当以及误解的风险,并使负责人与银行职员直接对贷款负责。在商业银行频繁爆发内部腐败丑闻的今天,格莱珉银行公开透明的"小组+中心+银行工作人员"的贷款程序是非常有智慧的一种金融机制创新,有效降低了由腐败与无效率带来的金融风险。

更为重要且意义深远的是,格莱珉银行通过这种特殊的机制,极大地调动起借贷者们自我管理的积极性与创造力。这些本来完全没有金融知识的贫穷村民,通过小组与中心彼此联结起来,在中心会议上进行公开的民主的讨论,使他们自然地对管理自身的事务承担越来越大的责任。他们往往比银行职员更能提出创新性的方式来解决问题,因为这与他们自身命运的改变密切相关,他们有强烈的内在动力去寻找新的途径而使自己和其他成员尽快脱离贫困。尤努斯深有感触地说:"我意识到,如果给予机会,人类是多么富有活力与创造力。"在这个过程中,村民在贷款事务上更多地体会到民主管理与民主参与的真髓,使民主的意识深入人心,这与传统商业银行通过层层行政体系来审批贷款的做法形成鲜明的对比。

格莱珉银行和尤努斯完全颠覆了传统商业银行的信贷哲学,而创造了一种崭新的关注贫困阶层、调动培育穷人民主管理观念的金融文化。可以说,格莱珉银行建立起一个可能引发"银行业本质的革命的新型银行架构,一种新的经济概念"。

(四)理解穷人,认识土地:从居高临下的"鸟瞰式视角"到深入民间的"蚯蚓式视角"

尤努斯出身工商世家,又是留美博士、大学经济系主任,在孟加拉这样讲究门第与阶层的极端传统的文化背景下,他能将眼光投注到赤贫的穷人,一生致力于通过向穷人提供优惠的小额贷款而改变千百万穷人的命运,实在是值得景仰与尊重。对于精英阶层而言,出于同情穷人的立场与道义感,他们往往倾向于向穷人提供慈善援助。尤努斯在谈到慈善援助时说:

> 我们利用慈善来回避对这个问题的认识和为它找到一个解决办法。慈善变成了摆脱我们的责任的一种方法。但是慈善并不是解决贫困问题的方法,只是首先通过采取远离穷人的行动而使贫困长存。慈善使我们得以继续过我们自己的生活,而不为穷人的生活担忧。慈善平息我们的良知。

说到底,慈善捐助尽管初衷很好,但是很大程度上仍然是某些精英阶层与富裕者们一种带有优越感的同情心的表现,这些慈善行为为某些精英阶层与富裕者找到一个便捷的手段,可以在完全看不到贫困者悲惨境遇的情况下释放自己的道义压力。这实际上仍旧是一种居高临下俯视穷人的"鸟瞰式视角"(in a bird's eyeview),而不是一种深入民间、深入穷苦人群、切身体会穷人悲惨境遇的"蚯蚓式视角"(in a worm's eyeview)。

尤努斯坚定地站在贫穷的大众中间，倾听他们的愿望，了解他们的生活状况与环境，并尝试用他们的视角与思维方式来考虑问题。他的所有想法以及格莱珉银行的所有运作模式，都是基于对穷人生活与心理的深刻体察，而不是一厢情愿居高临下的臆想。他相信蕴藏在穷人中的创造力。他说："穷人，是非常有创造力的。他们知道如何维生，知道如何去改变他们的生活。他们需要的只是机会，而贷款就是那个机会。"

在这种相信穷人创造力的信念基础上，格莱珉银行的很多做法都与传统的扶贫方式大相径庭。传统的扶贫方式总是要将大量经费用于对获得贷款者的培训，因为他们脑子里总有这样的假定：穷人的贫困乃是根源于他们的愚昧无知，他们缺乏改变生活的基本能力和知识。而尤努斯的理念则完全相反。他相信所有人都有一种与生俱来的能力，即一种生存技能，这种能力自然存在于包括穷人在内的所有人之中，不需要别人来教；发放贷款者不必去浪费时间与财力教给穷人新的技能，而是应该尽最大努力去调动他们的积极性，开发他们现有的技能与潜力。尤努斯总是坚信，"穷人之所以穷，并非因为没有经过培训或者是没有文化，而是因为他们无法得到他们的劳动报酬。他们无力控制资本，而恰恰是控制资本的能力才会使人们摆脱贫穷。利润是坦然地倒向资本的，穷人处于毫无力量的境地，只能为生产资本控制者的利益而劳作。他们为什么无法控制任何资本呢？因为他们没有继承任何资本或贷款，又因为他们被认为没有任何信贷价值而不能贷款"。

尤努斯并非反对一切意义上的培训，而是反对那些强加于穷人的不切实际的培训。对于那些贫穷的村民来说，"正规的学习是一件很吓人的事，那会使他们觉得自己渺小，愚蠢，毫无用处，甚至会毁掉他们的天生能力"。他尤其反对那些用物质刺激来吸引穷人的所谓培训。

他认为只有当穷人积极寻求并愿意为其付出代价或费用的情况下,才适于提供培训,此时的培训,是切合于穷人的真实愿望与真实需求的,是出于他们内心的渴望而不是外部强加给他们的。

格莱珉银行相信穷人是有信用的群体,他们致力于通过贷款培养穷人的自尊与自信。对于孟加拉这样一个自然灾害频仍的国家,格莱珉银行的穷人客户经常可能因自然灾害或个人的不幸而出现还款困难的情况。但是格莱珉银行的一贯宗旨是坚持要借款的村民偿还贷款,哪怕是一周只偿还半分钱。这看起来让一般人难以理解,实际上,这种做法的用意不仅仅是为了保证降低不良贷款率,而是意在激发穷人的自我复原、自我救助、自力更生的意识,激励他们的自尊与自信。尤努斯认识到,"一旦免除一位借款人的偿还责任,则可能要花上好几年的艰难工作,才能恢复他们对自己能力的信心"。格莱珉银行的做法是,如果村庄遭受较大的灾荒,借款者的庄稼与牲畜都被摧毁,则银行会立即发给新的贷款,使他们有能力重建家园;格莱珉银行从来不简单地划销旧的贷款,而是把这些旧的贷款转为长期贷款,以便借款村民可以更缓慢地以更小额的分期付款来偿还。格莱珉银行利用自己的力量为孟加拉遭受灾荒的穷人恢复正常生活与生存的信心做出了巨大贡献。

尤努斯在自传中写道:

> 为了在孟加拉取得成功,我们不得不在许多方面与我们的文化作斗争。事实上,我们不得不去建立一种反传统的文化,珍视妇女的经济贡献,奖励苦干与惩罚贪污。格莱珉银行积极致力于打破付嫁妆的惯例以及对于遮蔽习俗的过于苛刻的理解……在我们自己的祖国里,面对缺乏活力的经济,保守的精英阶层,还有频仍的自然灾害,我们曾不得不去克服多少巨大的障碍啊。

尤努斯教授深深理解贫困村民的需要，并在1984年格莱珉银行会议上将格莱珉的目标与穷人的理想加以提炼，概括为十六条决议，这些决议尽管非常质朴简单，可是读起来那么令人感动，因为这十六条简单的愿望里面浸透着孟加拉贫困人群强烈的改变命运的渴望以及格莱珉银行成员们朴素而坚定的行动信条。这些信条是每一个格莱珉成员都会充满自豪地背诵的，比如：

  在我们生活的所有方面，我们都将遵守并促进格莱珉的四项原则：纪律、团结、勇气和苦干；
  我们不要住在破房子里，我们要修缮我们的房屋，并努力工作争取尽早建造新房子；
  我们要教育我们的孩子，一定要教会他们挣钱谋生，要为他们付学费；
  我们要保持我们的孩子干净，环境清洁；
  我们要修造并使用厕所；
  我们随时准备互相帮助，如果任何人有困难，我们大家都会帮助他或她……。

这些人人皆懂的朴素语言，使格莱珉的信条深入人心，而穷人一旦觉醒并被赋予自主权，便会有改变命运的强大内在动力。

（五）结语：认识草根，铲除贫困，创建草根金融文化

与所有具备社会良知的人一样，尤努斯教授认为容许大面积的贫困延续到二十一世纪是人类的耻辱，面对处于贫困中的人类的悲惨境遇和毫无尊严的生活，我们每一个人理应为此作出努力。经济学家不应该在穷人的贫困生活以及得不到贷款的境遇前无动于衷。尤努斯说：

第二辑　金融即人：金融文化塑造的理念与方法

当银行将被认为是没有信贷价值的穷人拒之门外时，经济学家们为什么会保持沉默呢？……正是因为这种缄默和漠然，银行得以在施行金融隔离政策的同时逃避处罚。但凡经济学家们能认识到贷款所具有的强大社会经济能量，他们或许也能认识到，贷款确实应作为一种人类权利来加以促进。

经济学家还应该将更多的人性的成分带入到经济学教育中。如同20世纪70年代很多孟加拉知识分子一样，尤努斯教授受到马克思经济学的深刻影响，而在美国的导师勒根教授也在他的教学中引入一种令人耳目一新的鲜明的社会学维度。尤努斯认为，"没有了人性的一面，经济学就像石头一样又干又硬"。经济学应该也必须具有深广的人文关怀，应该将关注的目标投向那些在传统经济学教科书中没有任何地位的贫困人群与弱势阶层。

尤努斯也在努力塑造一种新型的企业家理念。在他的理想模式中，企业家不是一群具有特别禀赋的稀有的人群，企业家也不是总以利润最大化作为其终极驱动力。尤努斯认为，所有的人（包括那些赤贫的穷人），都具备成为企业家的潜力，同时企业家也应该具有社会良知，他称之为"社会活动家"。社会活动家也可能有巨大的赢利（甚至比那些单纯以利润最大化为目标的企业家有更多的赢利），但那是他的次要目标，他首先被一套社会目标所激励。尤努斯坚信，通过为社会活动家与企业家中的社会投资家拓展空间，可以创造一个全新的世界。而格莱珉银行的行动正是如此，它反对那种只基于逐利目标的企业，而致力于成为具有社会良知的、为社会目标所驱使的企业。

在很多方面，尤努斯似乎都是一个颠覆传统观念的理想主义者。他挑战保守的银行家和僵化的金融体系，批判新古典经济学教条与远离真实世界的经济学家；他质疑流行的企业家概念与市场经济概念，而将社会良知与关注社会弱势群体作为企业家与市场经济的内在目标；

他改变了孟加拉传统宗教与文化中僵化的部分,使穷人与妇女在改善自身命运中焕发活力。但尤努斯绝不是一个空想主义者,不是一个不切实际的梦想家。他深入民间,站在穷人之中,站在孟加拉真实的泥土上。他的理想,是建立在对土地、对穷人、对草根的真实理解之上,他说:

> 如果我们把与给别人的相同或相似的机会给予穷人的话,他们是能够使自己摆脱贫困的。穷人本身能够创造一个没有贫困的世界,我们必须去做的只是解开我们加在他们身上的枷锁。
>
> ……我们已经创立了一个没有奴隶制的世界,一个没有天花的世界,一个没有种族隔离的世界。创立一个没有贫困的世界会比所有这些成就更为伟大;同时,我们还在巩固这些成就,这会是一个我们大家都能为生活其中而感到自豪的世界。

尤努斯的草根金融体系,是基于对孟加拉农民和农村的深刻理解而建立起来的一整套金融减贫框架。在中国,我们既有与孟加拉相似的地方,但更有与孟加拉迥然不同的国情,所以我们在借鉴和学习孟加拉乡村银行的草根金融文化和经营管理模式的时候,不可能原样照搬。我们学的是尤努斯的银行家文化精神内核和格莱珉的金融文化内核。这一内核,就是充分理解小微客户,充分尊重小微客户,深刻体察小微客户在金融产品服务方面的真正需求,体察他们对银行金融流程的偏好,与他们同呼吸、共命运,帮助他们解决问题,与他们一起创造一种有尊严的、崭新的幸福生活。草根金融文化的精髓,就是银行与人民的融合,就是在银行和人民中形成一个命运共同体。

十四、整合与解构：理解互联网金融文化对社会与金融的影响*

今天，当我们探讨金融文化的时候，已经不能回避互联网金融文化这样一个巨大的现实存在。在中国，互联网对金融业的渗透程度正在与日俱增。互联网金融的创新和发展正在积极地改变整个金融生态，加剧了金融市场竞争，改善了资本配置的效率并使资本流动空前加速，也有力地推动了利率市场化、金融监管模式变革以及银行业的开放。互联网金融已经不再是一个虚空的、存在于人们头脑中的概念和思想，而是已经深刻影响到了整个金融体系以至于我们每个人的生活。

互联网金融（及其背后的技术支撑体系和算法体系）对金融文化的影响是极为深刻的。今天，对于这个汹涌而来的互联网金融的发展趋势，我们不能以掩耳盗铃的方式去自我欺骗和回避，也不能坐视互联网金融以不利于金融业健康规范发展的方式任意泛滥，而是应该以积极的心态面对互联网金融的发展，探索其渗透和介入金融体系的方式及其效应，从而趋利避害，让互联网金融为中国金融体系的革新和转型服务。

为此，学术界和金融业界必须深刻思考互联网金融文化及其背后的思想和哲学，思考互联网和互联网金融对银行业乃至整个金融业、整个社会结构和人类行为模式所造成的深刻影响。我们从以下十个方

---

* 王曙光：《互联网金融的哲学》，《中央党校学报》2013 年第 6 期（双月刊）。

面来探讨互联网金融文化（或者说哲学）及其影响。

（一）开放：通往开放社会的桥梁

开放意味着信息向一切方向和一切客体敞开，意味着整个社会的治理结构和治理方式的深刻变革。在互联网时代，一个人所发出的对某件商品、某个金融服务和某个社会行为的评价的信息，会以极快的速度和极大的渗透力传播到巨大数量的人群与社群，而政府和监管机构的行动也会以极快的速度和极大的覆盖面投射到整个社会和金融体系中来。人们获取信息的成本越来越低，而隐蔽信息和垄断信息的成本越来越高，最终以至于在技术上任何机构和个人都不可能长时间垄断任何信息。在这种情况下，互联网和互联网金融不仅改变了金融业的形态和金融机构获取信息的方式，而且也在潜移默化地改变这个社会的运行规则，从而以更有效的方式塑造一种以个人决策为基础的、透明的、开放的社会形态，它使社会在良性的基础上进行边际的改善（即帕累托改善），以次优的行为选择导致社会的渐进变革，即波普尔在他的《开放社会及其敌人》中所主张的"零星的社会工程"。未来的互联网社会，将是一个信息充分沟通和传递、社会价值有序而多元、文化多样性存在、市场开放和社会政治多极的开放社会。而互联网金融所引致的金融业的开放，是这个开放社会的一个有机组成部分。

（二）共享：信息共享对银行业的影响

信息在金融市场中占据着绝对重要的地位，金融市场是进行资本配置和对资本配置进行监管的一种制度安排，而资本配置及其监管从本质上来说是信息问题；因此，在某种意义上，金融市场就是进行信息的生产、传递、扩散和利用的市场。在互联网金融时代，信息的传递和扩散更加便捷,信息的生产成本更为低廉,信息的利用渠道和方式也越来越多元化,从而更有可能实现信息的共享,这种共享不仅包含着各类不同金融机构之间的信息共享(如保险业和银行业共享信息,银行业和小额贷款公司共享信息),而且包含着金融机构与其他行业之间的信息共享(如银行业与电子商务企业之间的信息共享和数据交换,物流企业与小额贷款机构之间的信息共享等)、金融机构和监管机构以及企业之间的信息共享等。这种信息共享,降低了单个金融机构获致信息的成本、甄别信息的成本,提高了信息利用的效率,使信息的生产和传播极为顺畅,从而极大地降低了信息的不完备和不对称程度。

经济学研究证明,由于市场的不完善和市场中信息的不完美,从总体上来说,竞争性均衡世界中的所谓帕累托效率是不存在的。竞争性市场经济不能提供足够的公共品,而信息恰恰就是一种典型的公共品,具有公共品的非竞争性和非排他性特征。由于信息的公共品性质,使得分配信息收益存在着很大困难,从而使得信息获致有着明显的外部性。由于信息所引致的外部性问题,作为执行信息获取与传递功能的金融市场,就与传统的一般意义上的商品和服务市场迥然不同,存在着大量的市场不完善和市场失败(market failure)。市场缺失和市场不完全的原因在于道德风险和逆向选择这些与信息有关的问题,道德风险和逆向选择意味着这些市场的有效交易成本非常高昂,高昂的交易成本限制了交易和市场的运作。这些论证为传统理论证明政府介入金融市场的必要性打下了坚实的基础,斯蒂格利茨就是从信息不对称出发,系统讨论了政府介入金融市场的前提和方式。但是,互联网金融的产生和迅速扩张、信息在不同交易主体之间的充分共享,在一定程度上极大地降低了信息不对称和不完备,降低了道德风险和逆向选择的概率,从而在一定程度上解决了市场失败问题。电子商务企业往往拥有大量的关于企业的真实而不可更改的信息,这些信息若与银行共享，就可以极大地降低银行的信息搜寻成本、信息甄别成本和信用评估成本，从而降低道德风险和逆向选择。当然，互联网金融永远不可能完全解决和消除信息不对称问题，因而政府的适当介入在任何时候都是必要的。

（三）合作：降低合作成本，实现资源的跨时空组合

"合作"这个词，在西方起源于拉丁文，原意是共同行动或联合行动的意思。《韦伯斯特大辞典》的定义为：合作是一群人为了他们的共同利益所作的集体行动。合作的本质是一群人或一组机构通过各自要素禀赋的充分联合和整合、通过一定的组织架构和内部治理结构，来达到共同目标和共同利益最大化的行动。从传统的合作社范畴来说，合作社的精髓在于成员地位平等，是"我为人人，人人为我"的组织，是一个自然要求民主决策的组织，是成员自觉、自助和自动的结合，要发挥成员自觉、自助和自动的精神。从某种意义上来说，合作是一个伦理运动，对于改善社会的道德形态具有重要的意义。

互联网和互联网金融促进了人们之间的合作。互联网的出现降低了人们交流信息和寻找合作对象的成本，使人们之间更容易实现合作。众筹模式就是通过互联网来达到高效率合作的重要平台，当一个创业者把他的创业灵感公布在互联网平台上之后，所有感兴趣的群体就瞬间在网络上形成一个合作社，这个合作社符合传统意义上的合作社的一切特征，他们共同为这个项目进行"天使投资"。这种在互联网基础之上组成的具有同一目标的合作社或俱乐部组织，其发布信息之快、集合成员投资之快、达成合作目标之快，都是传统合作社很难比拟的。P2P（peer to peer lending）实际上也是基于同样的合作社原理，当一个小额信贷的需求者将其信贷需求量、自己的产业和家庭情况等代表其信用的信息放在网络平台上之后，每个投资者都会及时看到这些信

息，这些人以小额的投入组成一个合作基金，共同资助这个小额信贷需求者。这些成员之间可以互相沟通信息，共同保障信贷的安全性。基于互联网的合作，其成员的沟通成本更低，合作社更有可能突破时间和空间的限制而实现资源的跨时空组合。

（四）整合：消除业界隔离，促进行业之间的渗透

互联网已经渗透到所有的产业形态，正在以极快的速度推动不同业态之间的融汇、互补和整合。如果一个创业者或者金融机构从业者不懂得整合的哲学，那么他就有可能丧失很多创业和投资机会。整合意味着原有的传统的行业之间的隔离和界限的消除和弥合，行业和行业不再有不可逾越的界限和鸿沟，跨界不但成为常态，而且成为唯一可行的金融资源配置方式。在移动互联网时代，传统行业正在利用互联网金融开展大量的金融创新，比如商业银行就开始大举进军电子商务行业，建立自己的电子商务平台；而电子商务企业和互联网企业也正在大举进军银行业，腾讯和阿里巴巴已经在进军银行业方面做出了很多的大胆的实践。阿里金融的出现，意味着传统的电子商务和传统的银行业之间的界限在互联网金融时代已经逐渐模糊，电子商务企业所拥有的巨大的客户数据库为其开展信贷业务、支付业务以及其他金融业务打下了坚实的数据基础。迅猛发展的互联网企业拥有巨大规模的用户数据，他们了解客户在金融服务方面的复杂需求和偏好，其金融服务触角从简单的支付渗透到转账汇款、小额信贷、现金管理、财富管理、供应链金融、基金和保险代理等传统银行业务。因此，不同业态的融汇、业界隔离的消失，对传统金融业的冲击和挑战将会非常大，尽管现在互联网金融还难以撼动巨型银行的垄断地位，但是互联网金融所引发的跨界竞争和金融资本日益高涨的"脱媒"冲动，必将逼迫银行业加速与互联网的联姻，从而直面互联网的挑战。在未来，

各个行业（包括传统银行业和其他金融业态）将利用各自的客户优势和网络优势，开展充分的业界整合，以实现要素配置的效益最大化。每一种业态都要清楚自己在价值链中的定位，要从客户需求出发，充分依赖互联网来开发适合客户的产品，并实现不同行业之间的资源互补，比如最近兴起的微信创业就在整合手机通信、客户资讯管理、互联网信息方面做出了创新，未来很有可能实现在微信基础上的全方位金融开发。

（五）信任：增进金融体系各主体信任，降低信息不对称

金融交易的前提和基础是信任或信用，没有人和人之间的信任，任何交易（包括金融交易）都不会发生。在互联网时代，人们之间的信任是增强了还是削弱了？这是一个非常复杂的问题。一方面，互联网的出现带来海量信息，似乎在整个社会经济生活中我们随时可以获得大量信息，人和人之间的信息完备程度正在大幅度提升，从而可以极大地降低欺骗的概率，似乎人们之间的信任程度在增加；但是另一方面，互联网由于隔绝了人类的物理连接方式，使得人们在甄别这些海量信息的真实性方面花费更多的成本，人们对这些信息以及信息提供者的不信任也在增加。这种矛盾困扰着互联网时代的人类，也在困扰着互联网金融的发展。如果没有基本的信任，互联网金融就会崩溃，互联网金融企业以及运用互联网开展金融业务的金融机构就会面临极大的运行成本和风险，可以说，互联网金融所进行的一切努力的核心，正是在于消除互联网金融供求双方的不信任，降低信息不对称的程度。信任无疑是互联网金融的生命。然而我们也看到，随着互联网的发展和信任机制的不断完善，互联网金融有可能比传统金融更能增加信任，从而降低道德风险。比如阿里金融以商家在淘宝或天猫上的现金流和交易额作为放贷评估标准，这些信息是绝对准确且不可更

改的,比传统银行的信贷员的线下调查结果可靠得多,从而建立了无担保、无抵押、纯信用的小额信贷模型,从申请贷款到发放只需要几秒钟,这种信贷模式和信息汲取模式增加了信贷供给方和需求方之间的信任,使得欺骗成为不可能。在P2P中也可以建立相应的机制,把线上的信用评估与线下的实地调查相结合,从而降低网络信息失真的可能性。

实际上,网络上的信任关系如同现实世界一样,必然经过一个漫长的演进过程,各个主体之间要经过漫长而复杂的博弈,才能最终在学习的过程中获得相互的信任,减少道德风险。经济学家从博弈的角度来理解道德和信任的形成。道德和信任作为一种制度的生成很大程度上是出于行动者对自己利益的计算,当交易双方出于自利的动机而在长期的动态的博弈中选择道德和信任行为时,长远的功利主义计算就会抵挡住短期的机会主义的诱惑,从而道德和信任行为得以延续,而不道德和欺骗行为慢慢被摒弃。经济学的博弈分析乃是建立在个体的理性选择的基础之上,只有当按照道德和信任原则进行交易的长期收益大到足够超过短期机会主义行为带来的收益时,交易者才会选择道德行为。但道德一旦形成,则会形成一种路径依赖的现象,即道德会形成一种外在的专制性的约束,逼使社会中的人遵守其中的规范。而社会中的人也会在重复的交易中感受到遵守交易道德所带来的收益,并体会到不遵守交易规则带来的惩罚和损失。在互联网金融时代,由于互联网技术的出现,可以设计出更为科学和高效的识别参与者信用的方式,并设计出更为有效的失信惩罚和信用激励方式,以规范网络交易的参与者,从某种意义上来说,互联网基础上的金融交易的道德约束力可能比非网络交易更强,更有效。

（六）共同体：形成虚拟化的社区和价值共同体

互联网的最大功能是创建了网络上的各个"共同体"。"共同体"或"社区"是一个英文字 community 的不同翻译，不过"社区"这个译法比较着重于其原始意义，而"共同体"这个译法则着重于其本质含义。从地域上来说，共同体中的成员虽然一般是在一个地域内活动的，但是这种地域上的规定性并不是必然的。比如说，在世界各地生活的华人虽然其居住的地方不同，却有着大致相同的文化传统和行为准则，因此属于同一个比较抽象的共同体，而互联网上建立的共同体也突破了地域的界限，成为一个虚拟的共同体。因此，我认为，共同体的更为本质的特征是具有共同的交往规则、价值体系和文化传统，也就是说，构成共同体的要素是共同的价值观，而不仅仅是地域上的封闭性和清晰界限。《韦伯斯特大辞典》对"共同体"这一概念有四个方面的界定：第一，共同体是由不同的个体组成的团体；第二，共同体的成员通常具有共同的利益，并享受共同的权力，因此具有共同特征和共同抱负的人更容易组成共同体；第三，同处于共同体中的不同个体之间一般具有互动关系，而不是孤立存在的，相应地，共同体中的每一个人都必须遵守共同的规则或法律；第四，共同体中的成员一般都是居住在同一个地方，但是这不是必要条件。第二个和第三个界定具有比较重要的意义，在第二个界定中，共同的利益关系成为构成一个共同体的最基本的动力和根源，而第三个界定中，共同体赖以维持的先决条件是共同遵守和认同一整套价值观念和游戏规则。

虚拟化的社区或共同体的构建是互联网金融兴起和发展的社会结构基础，比如微信平台所形成的各种"群"就成为创业融资的平台，而 P2P 所建立的虚拟社区是互联网小额贷款的平台。虚拟共同体（社区）的信任关系的形成，决定了互联网金融的效率和风险，就像我们在上一部分中探讨的那样。共同体中的个体活动总是受到共同体其他个体行为和共同体作为一个行为单位的目标的影响，个体需要在学习和模仿中体会什么是共同体内部的"合宜"的行为，什么行为最适宜于个体的生存概率的提高以及共同体作为一个行动单位的效率的提升。随着个体不断调节自己的行为，共同体就形成一种有利于个体和共同体的行为规范。网络共同体内部的成员互相交流信息的过程中，他们会形成一些共同的规范，这些规范经由网络技术外化为提供激励和约束机制的一系列技术，从而为规范网络行为提供了技术基础。虽然网络共同体都是无形的、虚拟的，但这并不意味着这个共同体是没有秩序的、杂乱的、没有伦理约束的。相反，网络共同体的约束机制可能更为有效，违反网络共同体价值观的行为所受到的惩罚也许比现实世界中的惩罚更为严重。比如在网络借贷中失信的信贷需求者可能永远再也无法获得来自网络成员的信任，他永远难以利用网络来借贷，随着大规模的共享型的征信体系的形成，互联网金融领域的欺骗将变得成本高昂。未来互联网虚拟社区（共同体）将与现实中的社区（共同体）相结合，共同构造一个互联网金融平台，比如北大1898咖啡厅就有可能成为一个巨大的连接线上与线下、连接虚拟与现实的创业投资平台。

（七）"云"：促进金融体系的大数据和云计算，重塑金融生态

"云"是互联网时代的最基本的象征符号，也是互联网金融的核心哲学。云计算、大数据已经解构了整个世界的运行秩序和方式，同时也在构建新的运行秩序和方式，成为我们发现世界和建构行为的基础。所谓大数据（big data），也被称为巨量资料，指的是所涉及的资料量规模巨大到无法通过目前主流软件工具，在合理时间内加以撷取、管理、处理并整理成为帮助企业经营决策的资讯。所谓云计算，根据

Wiki定义是一种通过Internet以服务的方式提供动态可伸缩的虚拟化的资源的计算模式；而根据美国国家标准与技术研究院（NIST）定义，云计算是一种按使用量付费的模式，这种模式提供可用的、便捷的、按需的网络访问，进入可配置的计算资源共享池（资源包括网络、服务器、存储、应用软件、服务），这些资源能够被快速提供，只需投入很少的管理工作，或与服务供应商进行很少的交互。

云计算的核心特征是其对于大数据的挖掘、便捷而灵活的信息获致，以及由此获得的对于这个复杂世界的洞见。通过互联网技术而进行的云计算和大数据挖掘，可以使我们预测某种流行病的基本趋势，可以使立法者精确知晓行人和车辆的复杂行为规律从而为交通立法提供准确信息，可以使商家发现客户和消费者的复杂需求和消费习惯从而开发新的产品和服务，也可以使金融机构获得大量的数据以精准定位和评估潜在的资金需求者。云计算的产生对传统商业银行和保险公司等金融机构的数据挖掘和客户搜索产生了深刻的影响，使得拥有大数据的电子商务企业、互联网企业、物流企业等可以通过与传统金融机构的大数据交易而产生巨大的金融效益。电商企业和互联网企业在数据和客户方面的比较优势与传统银行业在网点、金融产品开发和客户网络方面的比较优势完全可以互补。同时，云计算的哲学思想也必将极大重塑传统银行业现有的客户管理体系、信用甄别体系、风险管理体系以及后台系统。

（八）普惠：从微观、中观和宏观三层面构建新型普惠型金融体系

互联网金融的核心哲学之一是"普惠"，互联网金融的发展对于构建普惠金融体系是非常有益的。普惠金融这个概念来源于英文"inclusive financial system"，即"普惠金融体系"。"普惠金融体系"于

2005—2006年由联合国和世界银行"扶贫协商小组"(CGAP)正式提出并见诸相关出版物。"普惠金融体系"的基本含义是,金融体系应该具有包容性的特征,应该以有效方式使金融服务惠及每一个人、每一个群体,尤其是那些通过传统金融体系难以获得金融服务的弱势群体。联合国希望通过微型金融的发展,通过传统金融体系的创新与转型,促进这样的金融体系的建立,从而进一步促进全球的反贫困事业。构建"普惠金融体系",强调两个方面的意义:一方面是如上所说的,普惠金融强调金融体系要为所有人服务,金融体系应该是包容性的、普遍惠及于人类各阶层群体的,包括在传统上难以获得金融服务的低收入人群和微型企业;另一方面,普惠金融体系意味着要把微型金融整合到整个金融体系当中,使它成为金融体系的不可或缺的组成部分,在法律政策上给予微型金融更广阔的发展空间,使其不再处于边缘化地位。"普惠金融体系"这个概念确立了一种全新的金融理念。这个理念与"包容性增长"是一致的,即要在经济增长和金融发展的过程中,使每一个人都能够得益于这种经济增长与金融发展,而不是被经济增长和金融发展所排斥。

互联网金融使得普惠金融体系的构建具备了新的可能性和新的途径。与传统银行业的高门槛不同,互联网金融的门槛较低,这就使得大量民间资本可以以互联网为载体进入金融业,从事信贷、保险、支付、财富管理等传统上由金融机构垄断的业务,这就在很大程度上增加了金融市场的竞争,加大了金融市场中的资金供给量,从而提高中小企业和农户的信贷可及性。很多互联网金融企业,天然就是服务于中小微客户的,这就为这些在传统金融体系中很难获得融资的弱势群体提供了新的融资渠道。同时,互联网金融的参与者很多都是提供短期和小额资金的普通投资者,在P2P模式和众筹模式中,资金提供者都是工薪阶层,他们提供几千元到几万元的小额资金,从而以互联网为依托进入了金融业庞大的供给市场中,大众的参与使得互联网金融更具有普惠性，对于动员社会闲余资金非常有益。

互联网金融从微观、中观和宏观三个层面构建了新型的普惠型金融体系。在微观层面，从客户一方来说，低收入客户、中小微企业和创业者是互联网金融体系资金需求的中心，互联网金融给他们提供了新的低成本的融资渠道。而互联网金融中的资金供给者也是零散的小额资金的持有者，他们通过互联网企业这个中介平台，向微型客户提供零售金融服务和微型金融服务，有些互联网金融服务的末端直接通往穷人和低收入者。在中观层面，互联网金融通过网络建立了系统的基础性的金融设施（如网络支付平台、庞大的征信体系和信用评估体系），使金融服务提供者实现降低交易成本、扩大服务规模和深度、提高技能、促进信息透明的要求。互联网金融未来将催生更多的基于网络的审计机构、信用评级机构、专业行业协会、征信机构、结算支付系统、信息技术、技术咨询服务、培训等等，这些服务从总体上提升了金融体系的效率。在宏观层面，互联网金融提供了更为方便的融资渠道，能够促进居民收入的提高与宏观经济增长，使得宏观上的金融体系深化程度得以提高，并促进了政府在金融体系开放和深化方面的立法进程。

（九）解构：对传统金融业商业模式和运作机制的重塑

互联网金融的核心思想之一是通过互联网技术对传统金融业的商业模式和运作机制进行重构或者解构。这种重构或者解构虽然没有也不可能改变传统金融业的本质属性，比如互联网金融永远也改变不了信贷产品供求双方的借贷本质，也改变不了保险契约双方的权利义务关系属性，但是互联网金融却可以深刻地改变传统金融业的信息处理模式、客户筛选模式、风险控制模式和信用甄别模式。互联网金融的云计算和大数据的思维模式和营销模式已经极大地颠覆了传统银行业的运行模式，其蓬勃而灵活的运用物联网和大数据技术的创新能力、强大的数据挖掘能力、整合产业链上下游的能力等，都对传统银行业提出了挑战甚至带来颠覆性影响。互联网金融对传统银行业的重构和解构使相当多的新兴客户群体游离于传统银行体系之外，以一种更为人性化和个性化的方式参与到银行业务中来，这一方面导致大规模的脱媒现象，另一方面也极大地缩减了传统银行业的版图。但是，这并不意味着传统银行业没有任何比较优势，相反，在互联网金融与传统银行的竞争和合作的历史进程中，传统银行业的核心优势——如严密的线下信用评估体系、紧密的客户关系、物理网点对客户的高度黏合性、对贷款客户资金流向的有效监督等，都是互联网金融难以比拟的优势。因此，面对互联网金融的大举进犯，银行业要审时度势，发挥比较优势，充分借鉴互联网金融思想中的精华，以互联网来武装自己，克服自己在个性化和定制化服务、客户精准定位、信息搜集和甄别以及在产业链整合方面的劣势，如此就可以在互联网金融时代立于不败之地。

（十）创新：通过互联网实现金融产品创新、金融业务流程创新和金融机构创新

互联网金融的核心特征是无处不在、无时不有的创新，可以说，在互联网时代，金融创新是全天候的、全方位的创新。这种创新主要体现在互联网金融通过迅速的时空转换，实现金融产品创新、金融业务流程创新和金融机构创新。在金融产品创新方面，即使是最经典意义上的信贷产品（即资金盈余方向资金稀缺方提供资金所引起的债权债务关系），在互联网时代也以完全不同的方式出现了，P2P借贷中出现的"一对多"（一个贷款人可以把自己的盈余资金分散配置给若干借款人）和"多对一"（多个贷款人以各自零散的盈余资金配置给一个

借款人）的借贷方式，比传统的银行信贷模式更容易分散风险，也更易筹集资金。在金融业务流程创新方面，互联网金融的出现使得传统的单纯依赖线下调查的方式来甄别客户信用的方法被彻底颠覆，电子商务、物联网以及移动支付所提供的大数据极大地降低了传统银行业的信息甄别成本和信息搜集成本，使业务流程更为简易和快捷。在金融机构的创新方面，由于互联网金融而催生出来的新机构几乎每天都会产生，这些新型机构广泛涉及征信体系、支付体系、数据挖掘体系、物流体系、电子商务体系、移动互联网体系等种类繁多的领域，未来还可能更深入地渗透到更为广义上的服务业。未来互联网金融必将以其创新精神继续重构整个金融体系和经济社会体系，同时其运作的规范性和合法性也将进一步提升。

综上所述，互联网和互联网金融必将对人类社会产生全方位的影响。具体到银行业来说，互联网和互联网金融将极大地改变金融业的运行机制和组织形态，改变以往传统的信息处理方式、风险处置方式和客户管理方式，从而重塑银行业的业务流程和组织体系，对银行业的整个文化形态产生深远的影响。银行业一定要顺应这个变化，理解和洞察互联网金融的文化本质，从而为银行的文化转型和制度转型提供助力。

第三辑

温故知新：从上海商业储蓄银行看近代银行文化塑造

在近代中国，曾经活跃着一个对整个社会经济极具影响力的群体，他们大都有着良好的教育背景和丰富的金融业从业经验，掌握并实践着现代化的金融理念，更为重要的是，还显示出了过人的经营与管理才能，他们就是中国最早的一批新式银行的经营者。正是这个特殊群体不断的探索和努力，成就了近代华资银行业的迅速崛起，他们关于商业银行的许多理念和做法至今看来仍是值得借鉴的。本部分，我们将追溯一位曾在近代银行界充当着领军人物的银行家的传奇事迹，并回顾他在银行经营方面的真知灼见，这个人就是被誉为"中国摩根"的陈光甫。

一、中国的摩根：陈光甫其人

作为我国近代银行家的代表人物，陈光甫先生的银行经营思想对我国金融界产生了深远的影响，今天这一影响仍未消失。上海商业储蓄银行从一个"小小银行"发展壮大为一家举世闻名的卓越银行，其创造的金融奇迹至今仍为人津津乐道。今天，上海商业储蓄银行已经不在了，然而陈光甫先生所创造的金融哲学和金融文化，还富有生命力，还对我们当下的银行经营与银行文化塑造有宝贵的借鉴价值。

陈光甫，原名辉德，江苏镇江人。和其日后在金融界显赫的地位与声望相比，他的出身几乎微不足道。1881年，陈光甫出生于一个普通的商人家庭。12岁起，他便在汉口祥源报关行当学徒。近七年的学徒生涯让这位勤奋好学的少年收获不少，除了接受了基本的商业训练之外，他还主动地利用业余时间苦习英文以应付报关行的日常工作，这为其日后的发展奠定了良好的基础。机遇总是青睐那些对未来有着精心准备的人，18岁时，陈光甫顺利地通过考试，成为汉口海关的职员，后因不满英籍员工藐视华人的态度而辞职，改入汉阳兵工厂工作。1904年，因为通晓英文与商务，他在岳父景维行的推荐下，由当时的湖广总督端方委派，以译员身份随湖北省代表团赴美参加圣路易斯国际博览会。半年多的博览会结束后，早有留美深造之意的陈光甫没有立即回国，而是留了下来，不久，他幸运地得到了华盛顿中国公使馆的资助，先后进入艾奥瓦州（Iowa）印第安纳镇（Indianola）的Simpson学院和俄亥俄州（Ohio）的Ohio Wesleyan学院学习，1906

年转入著名的宾夕法尼亚大学沃顿商学院（Wharton School of Finance and Commerce, University of Pennsylvania, Philadelphia, Pa.）[1]，三年后学成归国。

回国之初的陈光甫先是在端方筹办的南洋劝业会任职，后得到了江苏巡抚程德全的赏识。1911 年，程德全采纳了陈光甫的建议，由省政府创设江苏银行，并任命陈为总经理。任职期间，陈光甫不仅将江苏银行的总部迁往当时的经济贸易中心上海，借以避免政府对银行的过多干涉，还采取了一系列新的商业银行的经营做法。比如聘请外籍会计师定期查账并对外公布以增强银行信用；采用新式簿记方法；设立货栈办理押款以提倡对物信用；聘请外商银行买办担任银行董事，加强与外商银行的业务联系并借鉴其经营方法；大力提倡发展储蓄业务；训练行员、提高办事效率等等。[2] 他甚至以停止解付庚子赔款为条件迫使外商银行接受江苏银行的票据[3]，从而使江苏银行成为第一家能够参与外商银行票据交换的华资银行。[4] 江苏银行让陈光甫的经营才干得到了最初的施展，然而，他的商业化运作理念在这家官方银行中却无法得到全面的贯彻。1914 年，陈光甫因为不满新一任政府官员对银行经营的横加干涉，辞职离开了。

这一段经历让陈光甫清醒地意识到要获得更大的发展，必须保持商业银行的相对独立性，这坚定了他自己创办银行的决心。1915 年，陈光甫在庄得之等人的帮助下，筹资创办了只有 7 万元实收资本和 7 名员工的上海商业储蓄银行。他个人投资 5000 元，其中一部分还是庄

---

[1] 姚崧龄：《陈光甫的一生》，台北传记文学出版社 1984 年版，第 5 页。
[2] 姚崧龄：《陈光甫的一生》，第 11—12 页。
[3] 当时，在本国的银钱业间，是可以进行票据交换的，如有往来，相互划账即可，而外商银行仅和在华的外国同业相互轧账，他们并不接受华商银钱业的票据，所有往来必须用现银结算，这对华商银行业务的开展造成了很多不便。
[4] 徐矛、顾关林、姜天鹰等主编：《中国十银行家》，上海人民出版社 1997 年版，第 144 页。

得之垫付的。① 即使和同期的传统金融机构钱庄相比,这一资本规模也显得少了些,以至于当陈光甫拿着一万元的股本存入永丰钱庄并要求开立往来账户时,竟遭到了钱庄老板的嘲讽。② 尽管如此,在陈光甫的悉心经营之下,上海商业储蓄银行还是迅速地成长起来。不过十余年的时间,这家昔日的"小小银行"就跻身于著名的南三行之列。到20世纪30年代,它已经发展成为实收资本规模高达500万、拥有大小42个分支机构、通汇处遍及国内外233个地方的大银行③,各项业务均在华资银行中处于领先地位。而陈光甫本人不仅一直担任着上海商业储蓄银行的总经理,还连续数年在上海银行业公会中担任要职,成为当时金融界举足轻重的人物,他以自己出色的金融才干在近代中国华资银行的发展史上写下了浓墨重彩的一笔。

---

① 吴经砚:《上海商业储蓄银行历史概述》,载吴经砚主编:《陈光甫与上海银行》,中国文史出版社1991年版,第3页。
② 徐矛、顾关林、姜天鹰等主编:《中国十银行家》,第142页。
③ 参见中国银行总管理处经济研究室编:《中国重要银行最近十年营业概况研究》,商务印书馆1934年版。

二、日新其德：以永恒的创新精神打造商业银行的核心竞争力

和许多其他商品不同的是，金融产品往往具有同质性。换言之，同一类金融机构所能提供的产品多半是十分相似的。以现在为例，虽然商业银行有很多，但我们在不同的商业银行所能享受到的金融服务却几乎是一样的，它们各自的金融产品大同小异，甚至没有任何差别。近代的华资银行也面临着同样的问题，银行之间"颇多交相模仿，……譬之，一家办理储蓄，则无一家不连带以行之。又譬之，一家举行保险，则无一家不相率以为之。甚至贷款农村、提倡国货、补助工厂、奖励出口以及如何运用资金、如何设筹进行，一家优于为之，转瞬间即如群蝇逐腐，争相效颦"①。在这种情况下，金融创新就显得尤为重要，因为任何产品的更新、服务的改进——哪怕只是在时间上抢占了先机，对于银行而言都可能意味着更多的市场和收益。

富于开拓进取和强烈的创新精神是中国近代许多银行家所具有的特点，陈光甫是其中较为突出的一位，他不止一次地强调"凡事须有新方法，有新思想，方能发展"，而"一种事业之管理，不仅以维持现状为足，必须兼筹继续进行之策，否则二三年后即有人起而取代其位"②，这种改革创新的精神正是一个企业乃至一个社会经济发展的原动

---

① 汪叔梅：《二十二年度我国银行业之回顾》，《银行周报》第十八卷第五期，1934年2月13日，第4页。

② 中国人民银行上海市分行金融研究室编：《上海商业储蓄银行史料》，上海人民出版社1990年版，第873页。

力。根据熊彼特的观点,采用新的产品、新的生产方法、开辟新的市场、控制原材料的新的供应来源、实现一种新的组织(比如通过托拉斯造成垄断地位)①等等都可以被视为企业的创新。但近代华资银行的创新不仅表现在它们对产品、服务、市场或组织方式的创新上,还表现在它们有时候会将一种新的理念引入到社会生活中并切实地对公众和社会经济产生影响。在陈光甫看来,身为银行业的从业者就"必须放开眼光,不断注意世界之新技术、新工具、新方法、新趋势","必须终日孜孜,抉发种种新可能,在社会一般人士未思未觉之先,发出惟我独到之政策与业务"②。而这种适应、引领甚至是创造社会需求和潮流的精神是陈光甫的银行经营策略中最值得我们关注的地方。

(一)业务品种的创新:从"一元储蓄"看客户群体的培育

陈光甫所领导的上海商业储蓄银行在业务品种的拓展上是极具开创性的,储蓄业务的迅速发展是一个典型的例证。中国人素有勤俭积蓄的习惯,但在传统社会中,由于缺乏相应的金融机构,人们的资财多只用来"贮藏以待不时之需,未能贮蓄以收孳生之息。其较能利用储金者,唯置田宅长子孙而已"③,也有人将现款存于典当铺或商店内,"然不甚普遍"④。我国历史上第一家专营储蓄的现代金融机构就是成立于清光绪三十二年(1906)的私营银行——信成银行。"其时吾国工业化逐渐发展,上海得风气之先,各种工厂争相设立,人口集中之现象,渐为识者所注意。工人日获之资,所积甚微,存储无地,不免耗

---

① 〔美〕约瑟夫·熊彼特:《经济发展理论》,商务印书馆 2000 年版,第 73—74 页。
② 中国人民银行上海市分行金融研究室编:《上海商业储蓄银行史料》,第 870—871 页。
③ 徐可亭先生序,参见王志莘:《中国之储蓄银行史》,新华信托储蓄银行 1934 年版。
④ 《储蓄机关史概观》,参见王志莘:《中国之储蓄银行史》,第 1 页。

散,商人周廷弼氏等有鉴于此,……筹集资本五十万元,设信成银行,首订储蓄存款章程,以开风气。"① 信成银行因而成为华资新式金融机构中最早的小额储蓄的经营者,但遗憾的是它只存在了很短的几年时间就破产了。

1. 小额储蓄业务的推出

直到民国初年,小额存款仍然是不被重视的。当时的中国货币并不统一,银两与银元并行。作为最重要的传统金融机构,钱庄就并不是特别重视小额储蓄,因为和数额较大的贸易、商业融资比起来,小额储蓄并不能为它们带来较多的利润。钱庄甚至不接受银元存款,要想存入钱庄必须折算成银两才行,这样不仅便于钱庄操作,还可以通过银两和银元之间的兑换给钱庄带来一笔不小的收益。这样的规定尽管并不利于小额存款者,但就像"霸王条款"一样不容改变。

陈光甫恰恰从这种局面中看到了商机,他先是让上海商业储蓄银行开办了支付利息的银元存款,以便利客户,后来又首创一元开户的储蓄业务,即储户只要持有一元钱就可以在该行开立账户,对于储蓄不满一元者,可领用该行专门制作的储蓄盒,使储户将日常积蓄之"铜元银毫积贮其中","一俟储有成数,送交本行收账",目的在于"使公众了解储蓄之功效,鼓舞储蓄之兴趣,俾社会散漫资金能由斯而汇集"。这一举措现在看来也许没什么特别之处,但在当时却是非同凡响的,因为它完全打破了整个银钱业的经营惯例,接待数量众多的散户,单手续费一项就会给上海商业储蓄银行增加不少开支。在业务开办之初,陈光甫的做法受到了同业的讥笑,更有甚者,"曾有某地钱庄以100元来索开储蓄折100扣以事讥讽"②,即便如此,陈光甫也不以为意,指示员工耐心接待,按照客户的要求办理。让同行们惊讶的是,

---

① 《储蓄机关史概观》,参见王志莘:《中国之储蓄银行史》,第1—2页。
② 中国人民银行上海市分行金融研究室编:《上海商业储蓄银行史料》,第111页。

正是通过这样的方式,上海商业储蓄银行吸引到了大量的社会闲散资金,存款数量一再提高,到 1936 年底,该行拥有储户 15.7 万余户,储蓄存款 3800 万元[①],在所有的华资银行中位居前列。而众多中小储户的存款和大户比起来要更加稳定。不过十余年后,一元即可开户已经成为银行业的普遍做法,陈光甫以其独到的眼光成为小额储蓄业务中的引领者。

2. 对消费者消费习惯的引导与培养

除了"一元储蓄",上海商业储蓄银行还开发出了各种各样名目众多的储蓄产品,比如活期储蓄、礼券储金[②]、零存整取、整存零取、整存整取、团体储金、教育储蓄、婴儿储蓄、旅行储蓄等等[③],"一切办法,再四修订,以便迎合时人心理"[④]。为了招揽存款,还专门成立了"储蓄协赞会",在社会上广为宣传,"以坚大众对于储蓄之信仰"[⑤]。他们不仅印制了精美的宣传品定期地发送给银行客户和社会公众,以使外界了解银行不断推出的各种新的产品和服务,还以"提倡储蓄,培养俭德"为主旨,在各大、中、小学举办奖励丰厚的储蓄征文或演讲比赛,目的在于学生乃是"将来之主人翁","最宜于学生时代养成其储蓄之习惯"[⑥]。

这些举措在为上海商业储蓄银行带来巨额存款的同时,也扩大了

---

① 张继凤:《陈光甫创办上海银行及其经营特点》,载《旧上海的金融界》,中国人民政治协商会议上海市委员会文史资料委员编:《上海文史资料选辑》第六十辑,上海人民出版社 1988 年版,第 144 页。

② 上海商业储蓄银行的礼券储金不仅有一定的利息优惠,可直接用于到当时的各大公司购物,还可以随时到该行的各个分支机构兑取现金或转成其他形式的定期存款,十分便利实用,因此推出之后颇受欢迎,参见中国人民银行上海市分行金融研究室编:《上海商业储蓄银行史料》,上海人民出版社 1990 年版,第 113 页。

③ 上海商业储蓄银行档案 Q275-1-1624 本行历年存放款研究,转引自薛念文:《上海商业储蓄银行研究(1915—1937)》,中国文史出版社 2005 年版,第 126 页。

④ 中国人民银行上海市分行金融研究室编:《上海商业储蓄银行史料》,第 110 页。

⑤ 中国人民银行上海市分行金融研究室编:《上海商业储蓄银行史料》,第 110 页。

⑥ 中国人民银行上海市分行金融研究室编:《上海商业储蓄银行史料》,第 432—433 页。

它在社会上的影响力。储蓄——在现代人的生活中早已成为深入人心并被广为接受的一种金融产品或服务,而在金融家们最初要将这一理念灌输给社会公众的时候却是煞费了一番苦心的。作为银行的最高管理者,陈光甫的高明之处就在于他一方面敏锐地体察到了市场与公众的潜在需求并开发出与之相适应的金融产品或服务,而另一方面他也在积极地为自己的产品培养着消费者,通过提供便利、利润分享、简化手续、长期规划(如教育储蓄、婴儿储蓄)等种种手段引导着人们的需求,从而为新的金融产品开拓市场。

(二)经营领域的创新:增收渠道的拓展与银行特色服务的社会效应

陈光甫的创新精神并不单纯地表现在业务品种的推陈出新上,还表现在对经营领域的拓展上。他总是积极地寻求和捕捉着能够为上海商业储蓄银行带来收益和发展空间的信息与途径。

1. 勇于竞争:努力进入已由外资银行垄断的国际汇兑领域

近代华资银行所面临的一些困难是很多今天的国内银行不曾遇到过的。到 1897 年第一家中国人自己的银行中国通商银行成立时为止,外资银行已经进入中国长达半个多世纪,它们早期最主要的在华业务就是发展国际汇兑,到华资银行起步时,国内的国际汇兑基本上已经被外资银行完全垄断了。当时的华资银行"所集资金未能丰厚,所立信用亦嫌薄弱,如欲自办国外汇兑,本身既不能向国外分设行处,必须仰赖外国银行之代理收解,而外国银行素不重视吾国之银行,如欲求其代理,虽先有款项存在该行,仅托代为收解,亦难邀其垂诺"[①]。

---

① 中国人民银行上海市分行金融研究室编:《上海商业储蓄银行史料》,第 194 页。

第三辑　温故知新：从上海商业储蓄银行看近代银行文化塑造

为了与外资银行竞争，在上海商业储蓄银行创办两年后，陈光甫还是开始了进入国际汇兑领域的尝试，先从周转快、风险小的套汇业务做起。每一次的改革创新，他都是不惜成本的。为了更快地开展业务，陈光甫以每年12000两的高薪聘请德国专家柏卫德为顾问，相继派送大量高级职员赴美学习外汇业务，在很多国外的重要商埠（如伦敦、纽约、旧金山、新加坡等地）设立代理处①，以便利的服务吸引客户，并通过各种渠道充实外汇资金，再汇往国外与一些英美银行建立代理关系。而长期的合作使上海商业储蓄银行的信用不断提升，1921年纽约欧文国民银行给予上海商业储蓄银行的透支额度由最初的5万元提高到50万元。②到1923年，上海商业储蓄银行外汇资金超过300万两。1928年在上海几家经营外汇业务的华商银行中，承做进口押汇，亦以上海商业储蓄银行为最多，每年约600余万元③，从而打破了外资银行垄断我国国际汇兑业务的局面，使华资银行在这一领域获得了一席之地。

2. 农村小额贷款：为银行资金运用寻求新的途径

到20世纪的20年代末30年代初，随着连年的战乱和世界经济恐慌的发生，中国的经济陷入了一个低谷。而与此同时，大量的资金开始由内地涌入通商大埠，一些重要的商埠城市集中了国内的大部分资金，上海尤为突出。当时上海银行业的现银存底，如果以1926年为100的话，1933年6月底即已增至44676万元，指数为303.19，1934年6月底再度上升，达58289万元，指数上升为395.58。④银行的可支配资金迅速提升，而工业经济乃至整个国民经济的凋敝却使投资途径的匮乏成为所有华资银行面临的难题。

---

① 中国人民银行上海市分行金融研究室编：《上海商业储蓄银行史料》，第195—200页。
② 中国人民银行上海市分行金融研究室编：《上海商业储蓄银行史料》，第202页。
③ 张继凤：《陈光甫创办上海银行及其经营特点》，载《旧上海的金融界》，《上海文史资料选辑》第六十辑，第144页。
④ 黄鉴晖：《中国银行业史》，山西经济出版社1994年版，第160页。

为了给银行找到一条新的放款途径，一向以"服务社会"为口号的陈光甫最先将目光投向了农村，投向了农业贷款。上海商业储蓄银行"自民国十八年即注意农村经济，曾托南京金陵大学放款与乌江合作社"①，此后他们不仅在总行设立了农村合作贷款部（后改为农业部），在南京、郑州、长沙三地设立分部，还聘请了曾任东南大学农学院院长的邹秉文等一批专业人士负责开展农村贷款业务。这项业务一经开展，就受到了广大农民的欢迎。随后的几年中，上海商业储蓄银行的农业放款区域不断扩大，由江、浙两省交通便利区域逐步"扩充至陇海路沿线，以及长江各埠"②，而放款方式也逐步丰富，先后推出了信用合作社放款、小麦生产合作贷款、烟叶生产合作贷款、棉花产销合作社贷款、蚕业生产合作贷款、蔗农生产贷款、农业储押放款、农产仓库放款、农民抵押贷款等等。③1935年上半年是上海商业储蓄银行农业放款的"黄金时代"，贷款总额已由最初的十余万元增至五百余万元，贷款回收也取得了不错的成效。④几年间该行贷款之合作社及仓库达九百余处，与银行发生金融关系之农民多达二十余万人。⑤

近代华资银行发放农业贷款，可以说是上海商业储蓄银行的首创，在它的带动下，不过几年时间，"各银行均皆注意及此，政府亦特设农本局，纷纷投资于农村，使农民方面，得获相当之实益"⑥。抗日战争的爆发使中国的经济迅速进入到一个非常态的发展阶段，对于上海商业储蓄银行发放农业贷款的长期效果我们已无从评价了，但不得不承认的是，在探索放款方式和途径方面陈光甫的确作出了有益的尝试，为

---

① 上海档案馆馆藏档案 Q275-1-449，转引自薛念文：《上海商业储蓄银行研究（1915—1937）》，第160页。
② 中国人民银行上海市分行金融研究室编：《上海商业储蓄银行史料》，第586页。
③ 中国人民银行上海市分行金融研究室编：《上海商业储蓄银行史料》，第601页。
④ 中国人民银行上海市分行金融研究室编：《上海商业储蓄银行史料》，第600页。
⑤ 姚崧龄：《陈光甫的一生》，第44页。
⑥ 中国人民银行上海市分行金融研究室编：《上海商业储蓄银行史料》，第602页。

当时缺乏资金消化渠道的华资银行找到了一条新的出路，而农村经济的恢复对于整个社会经济和商业银行的长远发展无疑是有利无害的。

3. 旅行服务：开拓特色业务争取顾客

陈光甫经常鼓励自己的员工，"当依据时代进化之情形，随时研究社会上有无需要本行之处，如何可以革新，如何可供社会之需要"①，中国旅行社的成立与发展是他所领导的上海商业储蓄银行的另一个创举。最初，上海商业储蓄银行为了"便利顾客藉增交易起见"，率先设立了旅行部，并于1927年独立出来，更名为"中国旅行社"，沿沪宁线、沪杭线、津浦线、辽平线、平汉线、武长线、广九线、漳厦线等国内重要铁路干线建立了众多分支机构。中国旅行社开展的业务有很多，比如与国内外各轮船、铁路、航空、交通机关签订代售客票之合同；经理各国银行发售的旅行支票；筹设国外机构，为华侨及战时出入国境之旅客与货物服务；为学生、华侨代办各种出入国境所需手续等等。② 同时，还与英商通济隆公司、苏联国营旅行社等国外著名的旅行机构建立合作代理关系，使国人出国后只要持有中国旅行社的介绍信即可得到国外旅行机构的相应服务。

中国旅行社的发展推动、促进了我国近代旅游业的成长，而从微观层面来讲，它更重要的作用在于极大地提高了上海商业储蓄银行作为一家私营银行的社会知名度和影响力，为它赢得了更多的客户和业务。旅行社的设立"既为社会便利计，又为本行宣传计。此种宣传力甚大，人人知有旅行社，即知有上海银行"③，"本行欲往某地发展，先在某地办旅行社，取得社会一部同情后再设银行，故谓旅行社为银行

---

① 中国人民银行上海市分行金融研究室编：《上海商业储蓄银行史料》，第880页。
② 中国人民银行上海市分行金融研究室编：《上海商业储蓄银行史料》，第831—832页。
③ 此处"上海银行"即"上海商业储蓄银行"。

之先锋队"[1]。正如陈光甫所说的,"盖天地间事物有重于金钱者,好感是也,能得一人之好感,远胜于得一人之金钱,今旅行社博得社会人士无量数之好感,其盈余为何如耶?"[2]

像农村贷款、旅行服务这些具有开创性的业务其意义已经远远超过了产品本身,而是具有了一定的"外部性",产生了特殊的社会效应,不仅提高了银行的声誉,也扩大了银行的影响力。当然,举办旅行社是一个稍显特别的例子,它显然已经超出了一般意义上的金融创新的范围,我们很难用今天的标准去简单地评判银行家陈光甫的这种经营模式是对还是错,但他勇于尝试开拓、不断创新的精神却是值得学习的。

"所谓生意云者,新意生生不息之谓也。我行做生意,当天天发生新意,方可站住脚跟,一日不进则退"[3],这是陈光甫经常用来提醒自己和员工们的话。小额储蓄、农村贷款、国际汇兑等等这些对于今天的商业银行来说几乎都已是经营惯例的业务,在当时却是银行家一次又一次金融创新的结果。在陈光甫的经营策略中,商业银行的金融创新似乎可以分为两种,一种是迎合、满足社会需求型的,因为商机往往就孕育在那些存在着潜在需求但很多人却并未关注到或不屑为之的领域;而另一种则是挖掘、培养需求型的金融创新,也就是说,银行可以在推出新的金融产品的同时,采取各种方式和手段为自己的金融产品主动地培养消费群体,也许在早期银行需要为此支付大量成本,但从长远来看,稳定的、不断增长的客户群可能带来远远高于成本的收益。而这些都是以银行家的胆识、魄力为前提的。

---

[1] 《陈光甫先生言论集》,转引自中国人民银行上海市分行金融研究室编:《上海商业储蓄银行史料》,第826页。

[2] 中国人民银行上海市分行金融研究室编:《上海商业储蓄银行史料》,第827页。

[3] 陈光甫1930年12月14日日记,引自邢建榕、李培德编注:《陈光甫日记》,上海书店出版社2002年版,第112页。

三、融入新潮：以现代化的经营管理理念把握战略先机

除了具有强烈的创新精神，陈光甫还有一套完整的现代化的经营管理理念，他的这套思想在上海商业储蓄银行得到了全面的贯彻，使得该行很快成长为近代华资银行中的佼佼者，而陈光甫的许多做法也成为其他华资银行竞相模仿的对象。不论是组织架构、管理制度的设计还是银行的日常运营，陈光甫的不少理念至今看来仍然是不落伍的，今天的商业银行经营者可以从中得到很多有益的启示。

（一）构建高效精良的现代商业银行组织系统

在深入地学习并了解了美国的金融制度之后，尽快地为自己的银行建立起一套完善、科学的制度体系成为陈光甫内心最迫切的愿望。"从今日起，我行须倾向科学化，极力与新潮流接近，更须真心诚意向改良方面进行，今日不能改良，尚有明日，总期循序进行，达到与美国银行一律之目的。"然而，对美国银行管理模式的推崇并不是完全的拿来主义，在陈光甫看来，制度的引进不能"专以外国之办法为根据"，而应"介绍外国各种之规程办法，而加以精密之研究，择其可用者用之，不可用者置之，此种研究即为我行之生命"①。在这一理念的

---

① 中国人民银行总行金融研究所金融历史研究室编：《近代中国金融业管理》，人民出版社1990年版，第144页。

指导下，他很快为上海商业储蓄银行打造出了一个现代化的组织体系。

1. 规范而富于效率的组织系统

上海商业储蓄银行的组织系统，单就形式而言，它与现代企业的组织框架已没有什么明显的区别。按照现在较为常见的划分方法，企业的组织结构一般可以分为直线职能制[①]、事业部制[②]、矩阵制[③]、网络型结构[④]等几种类型。上海商业储蓄银行的内部组织结构，基本上实现了直线职能制与事业部制的有机结合，在其中我们可以看到三条管理主线：呈直线排列的各级主管、各种职能部门以及按照经营业务不同而专门设立的各个事业部。虽然在银行的组织系统表中，事业部与各职能部门是以并列的方式出现的，但在银行的实际运作过程中两者之间显然有交叉之处，这意味着上海商业储蓄银行的内部组织已经表现出了矩阵式结构的某些特征，这种制度设计在当时是非常先进的。事实上，我们很难将某一个银行的组织结构单纯地归为某种类型，直到现在，许多金融机构的组织体系都是多种组织形式的混合体，近代的银行也是如此，值得注意的是，其内部已经形成了一个相当完善的组织体系。

---

① 至今仍为许多企业所采用，特点在于将直线制与职能制有效地结合在一起，企业内部有垂直系统排列的上下各级主管，同时又有按照人事、生产、财务等各项具体职能成立的部门，这样一来既保证了直线领导的集权，又实现了各职能部门的专业化管理。

② 企业根据自己产品、业务、客户或经营区域的不同划分出若干事业部，每个事业部都有自己的经营管理队伍，它们一般都要独立核算、自负盈亏，既有自己的生产计划与目标，同时又必须在组织经营等各方面遵循最高管理机构制定的一些基本原则。虽然施行事业部制会使企业的权力出现一定程度的分散，但一些重要权力，如人事任免权、财务管理权、战略决策权还是掌握在总部手中。

③ 企业内部既有按职能划分的垂直管理系统，又有以事业部形式存在的横向管理系统，二者结合出现了多个交叉点，从而形成一种"二维"的结构。

④ 近年兴起的一种组织结构模式，不同的主体以一种相对松散的方式结合在一起，相互分工协作以共同完成企业的经营目标。在该模式下，企业的边界相对模糊，企业有很强的适应性和自主性。

2. 区域性管理中心——管辖行制度的确立

除了与现代商业银行十分接近的组织系统之外，上海商业储蓄银行还有一项制度安排引人关注，即管辖行制度的确立。20世纪90年代以后，西方的金融服务业中出现了企业组织扁平化的倾向，其"商业银行普遍采用总行——（地区性管理中心）——分行的管理模式"①，比如著名的德意志银行至今仍采用这一模式进行管理，其总部下设18个负有管理职能而自身也经营各项业务的管理行，而分行以及其他分支机构在管理行的直接领导下开展工作，同时也与总行保持密切的关系。这种设置区域性管理中心的制度在我国近代的具有一定规模的银行内部已经出现，上海商业储蓄银行是其中的典型代表。该行早年曾实行过区制，1928年和1930年相继在汉口和南京成立了第一区经理处和第二区经理处②，"区经理处"的建立已有了地区性管理中心的色彩。1934年上海商业储蓄银行对组织机构进行了再一次调整，正式废除区制而代之以管辖行制度，调整后，上海商业储蓄银行的"本埠分行监督处改为本埠分行管辖部，……管辖本埠分行十处；汉口分行改为汉口管辖行，统辖鄂、湘、沙、宜各行及汉口汉景街、长沙中山路二办事处及各寄庄；南京分行改为南京管辖行，统辖下关、北门桥、大行宫及芜、皖、镇各支行及各办事处寄庄；蚌埠分行改为蚌埠管辖行，统辖临、板两支行及各办事处寄庄；天津分行改为天津管辖行，统辖北平支行及石家庄办事处；九江分行改为九江管辖行，统辖赣行及南昌德顺路、九江牯岭二办事处；济南分行改为济南管辖行，统辖院前街、济宁两办事处；无锡分行改为无锡管辖行，统辖苏、常两行及苏、常、锡各办事处；郑州分行改为郑州管辖行，统辖汴行及陕县、彰德两办事处及各寄庄；广州分行改为广州管辖行，统辖永汉路及香

---

① 魏春旗、朱枫：《商业银行竞争力》，中国金融出版社2005年版，第141页。
② 中国人民银行金融研究所编：《近代中国金融业管理》，第171页。

港两办事处；此外南通、青岛两分行及莫干山夏令办事处，则划归总行直辖"①。自此，上海商业储蓄银行的管辖行制度得以正式确立。管辖行的设立是总行管理职能的延伸，许多管理方面的职责——比如查核辖区内各分支机构之营业人事、调度辖区内各分支机构之款项、考核及研究辖区内各分支机构间及其与总行间之连贯业务并将与辖区外本行其他分支机构之连贯业务陈报总经理核准办理、查阅辖区内各分支机构之经理月报及各种报表等等②开始由管辖行承担起来。同时，管辖行作为区域性的管理中心也成为连接总行与基层经营网点的一个重要纽带。

（二）组织内部的管理与协调机制

企业内部各个环节或部门之间是否具有良好的协调机制直接影响着企业的日常运营及其配置整合资源的能力。与上海商业储蓄银行完善的组织体系相配套的是其独特的管理与协调机制。陈光甫历来主张"人嫌细微，我宁繁冗"，为此他在各地遍设分支机构，甚至有人将他的经营模式称为"地毯式"经营③，就规模而言，陈光甫的上海商业储蓄银行在当时的华资私营银行当中是数一数二的，这个庞大的机构之所以能够比较有效率地运作，与其内部一系列的制度设计和保障密不可分。

1. 管辖行与组织结构的扁平化

管辖行制度的推出是上海商业储蓄银行一项重要的制度创新，总行的很多管理职能因此而得到分流。但是，这并不意味着分行与总行

---

① 中国人民银行上海市分行金融研究室编：《上海商业储蓄银行史料》，第681—682页。
② 中国人民银行金融研究所编：《近代中国金融业管理》，第171页。
③ 徐矛、顾关林、姜天鹰等主编：《中国十银行家》，第199页。

之间的关系变得疏远起来，相反，上海商业储蓄银行在设立管辖行的同时，还建立了各种制度以保证总行对分行及其他分支机构的影响和控制，比如：第一，设立视察员制度。银行内部设有若干视察员，其职责即为"辅助总经理和总行副经理视察全行事务"①。而陈光甫本人也多次到各地分支机构督促视察工作，以此及时了解行内各个经营网点的动态信息。第二，在审核制度方面同时推行"总行审核制"与"赴外审核制"。总行"总揽全行审核事宜，逐日审核各分支行处之会计报告，凡不合者即加以制止或纠正"，而且，"惟分支行处业务真相如何，会计上、业务上是否正常，不能全凭书面尽信一切，故另须常派检查员赴外实地审核，以求贯彻"。除了这两种制度外，还有"就地审核制"，即由总行派出审核人员常驻各分支机构直接办理审核事务。②第三，成立专门的检查科，分析研究各分支机构的经营状况、为各分支机构设计经营方针并统筹全行进展计划是检查科的重要工作内容。第四，在组织机构调整即确立管辖行制度后增加了检查的力度，以往是"每一分行每年检查一次"，改组后，"将分行划成四区，每区派检查员一人，再派助员二人帮同办理，各自划分负责，由各检查员自行核定，每年查一次或两三次，临时规定"③。检查常常是突击性的，事先连分行经理都不通知，而且也不是采用听取汇报的方式，一般是由检查者亲自查看各分行处的金库及各项账册。检查内容共有一百多项，既有经营方面的问题，如放款可靠性、与同业合作情况等等，也有服务态度以至行员签到制度的执行等等。④第五，保证信息的及时沟通：规定总分行于每周行务会议中宣读之星期营业报告，应印成多份，

---

① 参见《上海商业储蓄银行总分行组织大纲》，上海市档案馆藏上海商业储蓄银行档案：Q275-1-178，第117页。
② 中国人民银行上海市分行金融研究室编：《上海商业储蓄银行史料》，第761页。
③ 中国人民银行上海市分行金融研究室编：《上海商业储蓄银行史料》，第756页。
④ 童昌基：《我所知道的陈光甫与上海银行》，载吴经砚主编：《陈光甫与上海银行》，第121页。

分寄其他各行，使相互可"明了内部之营业情形"，此外，总分行应尽量考察当地之商业情形及金融状况，与调拨款项情形互相报告以资参考等等。① 这些规章制度的执行保证了总行对各分支机构的控制能力并没有因为管辖行的成立而减弱。

　　管辖行协调着总行与分行之间的关系，但它并不是一个单纯的只负责信息上传下达的中层管理机构，由前面引用的资料可以看出，管辖行一般是由分行改组而成，也就是说它们在分担了总行的部分管理职能的同时，自身还要经办各种业务，比如收受存款、办理汇兑、放出贷款等等，这使得银行的管理成本并不会因为管辖行的设置而增加。设立管辖行是近代华资银行推出的一项十分有效的管理制度，它实际上相当于在一定程度上扩大了总行的"管理跨度"，可以协助总行更有效地实现对基层分支机构的控制，另外，也减轻了总行的管理压力，一些并不是十分重要的事情可以由管辖行进行解决，而总行通常又会以各种其他辅助制度确保自身与众多一线分支机构的密切联系。这种协调机制使得近代私营银行内部组织结构出现了一种扁平化的倾向，总部与基层分支机构之间并没有被过多的管理层级分割开来，而是实现了信息迅速及时的传递。这与现在国有商业银行推行的总行—省分行—地区分行—支行—营业网点的分级管理模式是有很大区别的。

2. 特殊的"会议机制"与银行内部信息的有效传递

　　上海商业储蓄银行的组织体系内还有一个非常特殊的环节，即被列为总行工作四个重要组成部分之一的"会议部分"。在其他三个部分中我们看到的或者是职能机构或者是业务经办部门，而唯独"会议部分"不同，它是由各种定期或不定期的会议组成的，正是这些会议协调着银行内部各个部门或各个分支机构的关系。按照规定，各种会

---

① 中国人民银行上海市分行金融研究室编：《上海商业储蓄银行史料》，第792页。

议的职能如下①：

总行行务会议：报告总行各部及管辖行分支行处寄庄之营业情形，并研究关于营业一切事务，每星期三下午五时举行；

总行管理会议：研究关于全行管理之一切事务并报告管理及调查一切情形，每星期三晨举行；

放款委员会：每日举行报告及研究关于放款及投资一切事务；

棉业研究委员会：研究关于棉业及纱厂一切事务，每星期二晨举行会议一次；

营业员聚餐会：每星期五中午举行，由营业员报告市况及本行营业情形，并由各部报告放押款及国内外汇兑情形；

行员聚餐会：每星期四晚举行，由人事处主持，联络行员彼此情感，不限讨论范围，随便谈话；

国外汇兑委员会：研究关于国外金融及汇兑一切事务，每周举行会议一次；

各处部行务委员会：报告及研究各本处事务，普通每周或二周举行会议一次。

除此而外，还有不定期举行的会计委员会、旅行社委员会、农业研究委员会、国货研究委员会等，在总行以外还有每周定期举行的本埠分行经理聚餐会、各分支行行务会议以及其他诸如各分支行放款委员会、各分支行员聚餐会等等，各项会议的召开时间与具体内容都以制度的形式被确立下来。陈光甫不断向员工们灌输这样的思想，"行务会议，极为重要，不可视为虚应故事之举。会而不议议而不行，但有会议而少实行，为官僚之恶习，我等须力除之"②。而且，"总经理视事务之需要及各业之变迁或由总行副经理考核陈准总经理得增设或解散委员会

---

① 中国人民银行上海市分行金融研究室编：《上海商业储蓄银行史料》，第688—689页。
② 陈光甫1930年12月13日日记，引自邢建榕、李培德编注：《陈光甫日记》，第110页。

或会议"[①]。规律而务实的会议制度有效地保证了信息在银行各部门内部和各部门之间的及时沟通与传递。在规范健全会议制度的同时，上海商业储蓄银行还充分发挥了文书工作的纽带作用[②]，经常向各分支机构发送各种通函、行务会议报告、经理月报以及总行每月发行一册用以刊载报道行务动态的《海光》月刊等内部文件，并严格规定各行间相互要抄寄星期报告，通过这些举措保证银行内部的交流与协调。

概括而言上海商业储蓄银行组织内部的协调机制都是在为两个目的而服务：信息的有效传递与全行上下的步调统一。不论是其管辖行制度的建立、总分行联系的加强，还是其会议制度的规范与内部书面通信的不断完善等等都在发挥着相同的作用，从而强化了总部对于一线经营网点的控制，也确保了中高层管理者对于银行内部各种信息的及时掌握。

（三）银行资产负债管理中的独到智慧

发展初期的近代华资银行并不像今天我们所看到的商业银行那样拥有众多成熟而丰富的业务品种，它们甚至没有多少中间业务，进入每一个新的业务领域都需要付出比现在的商业银行更多的努力和成本，对资产和负债的管理——更简单地说，是对放款和存款的管理——构成了当时银行日常经营最主要的内容。

1."不以利小而不为"：银行与客户的双赢

负债业务是银行资产业务的基础所在，换言之，银行作为一种金融中介要想获得一定的"债权"，它必须首先拥有相应的"债务"。因

---

① 参见《上海商业储蓄银行总分行组织大纲》，上海市档案馆藏上海商业储蓄银行档案：Q275-1-178，第121页。
② 中国人民银行金融研究所编：《近代中国金融业管理》，第148页。

此，我们的分析也先从负债开始。银行不同于一般的企业，除了创办时的实收资本之外，储蓄是其扩张资本规模的又一个重要途径，特别是对于上海商业储蓄银行这样一个初创时规模很小的银行而言尤其如此。深谙此理的陈光甫从银行创办之初起就一直奉行着十分积极的负债管理策略，他不止一次地教导自己的员工，要"不厌琐碎，不避劳苦，不图厚利，为人所不屑为，从小处做起"①，通过包括金融创新在内的各种途径去拓展自身负债的来源。

前文中在分析陈光甫的创新精神时曾提到上海商业储蓄银行是最早提出"一元开户"服务理念的近代银行，这一举措使得他成功地吸引到了大量社会游资和零星散户。为了更多地吸收储蓄，他还采取了多种多样的办法，比如制定较高的利率；举办团体储蓄、婴儿储蓄、教育储金等"以广招徕"；改进柜面操作、实行小柜制并使用机器记账以提高服务质量、加快办事速度，"使顾客无久待之苦"；鼓励行员创新，根据储户需要开发新的储蓄品种等等。② 甚至还表现出了细分市场的经营理念，他会根据不同的客户群体制定出不同的策略和产品价格。为了吸引储户，上海商业储蓄银行就曾命令各分支机构要根据不同市况及对象确定存款利率而"不必拘泥于总行定例"③。相比于可能获得的收益而言，所有这些举措在推行之初都需要上海商业储蓄银行为其支付不低的成本，正因为如此，在该行推出的关于储蓄的各种产品没有获得广泛的社会认同之前，很多金融机构由于觉得收益太少而不愿意提供同类的金融服务。

但陈光甫恰恰是一个不以利小而不为的银行家，他认为，"凡经营事业者，对于顾客有两种之方法，一曰刮，但知刮取顾客之利益，而不顾其他；一曰培，为顾客培养气力，使其本身得有盈余，而后分其

---

① 中国人民银行上海市分行金融研究室编：《上海商业储蓄银行史料》，第61页。
② 中国人民银行上海市分行金融研究室编：《上海商业储蓄银行史料》，第431—435页。
③ 中国人民银行上海市分行金融研究室编：《上海商业储蓄银行史料》，第97页。

利润……银行在培上取得立足点,即在服务上取得根基"①。陈光甫的这种理念是颇具启发意义的,他希望借助于短期的投入而达到银行与客户双赢的结果,虽然在新产品面世的最初一段时间中,银行只能在消费者身上获得微薄的回报,但客户群体的不断扩大和客户自身力量的增长都将给银行带来巨大的收益,而这种双赢的局面正是两者关系得以持续的重要保证。

2. 对客户权益的维护:储蓄业务独立与公示制度、准备金制度的设立

吸收存款只是银行负债管理的第一步,如果银行不能维护客户权益、保证资金安全并盈利的话,这种信任关系是难以为继的,上海商业储蓄银行在成立后不久就设计出了一系列的制度以确保储户特别是中小储户的利益不受损害。

近代华资银行有一个比较突出的特点,即大部分的银行内储蓄部都是独立的。这与政府的监管不无关系,当时"银行办理储蓄呈请政府立案时,政府每以三事相责。三事者:一资本划分,二会计独立,三董事监察人经理连带负责是也。划分资本之义,使储蓄业务不为一般业务之附庸;会计独立之义,亦犹是;董监经理连带负责,实为储蓄保障最后之壁垒。我国专办储蓄之银行为数甚少,商业银行兼办者居其什九。政府为此办法,盖于现实状况中寓以储蓄独立之精神。最后鹄的,亦在保障储款之安全而已"②。而实际上,一些规模较大的银行早在政府出台相关的规定之前就已经建立了自己的保障储户权益的机制。上海商业储蓄银行是较早实行储蓄部独立的银行之一,它在成立三年之后(即1918年)就"改储蓄为专处,另拨资本,与商业部

---

① 陈光甫1930年12月26日日记,引自邢建榕、李培德编注:《陈光甫日记》,第125页。
② 王志莘:《中国之储蓄银行史》,戴立庵序。

划分清楚,为会计独立的准备",同时,又组织了储蓄协赞会,协赞会不仅有鼓励大众储蓄的职能,还发挥着监督储蓄资金管理和使用的作用。①

在 1933 年由中国银行编印出版的《中国重要银行最近十年营业概况研究》一书中不仅可以看到上海商业储蓄银行历年的资产负债表,还可以看到它的储蓄部的单独的资产负债表,这也是当时许多大银行的通行做法。不仅如此,上海商业储蓄银行还执行着严格的公示制度,它不仅像其他一些规模较大的银行那样定期将自己的营业报告刊登在《银行周报》上公示,还定期公布账目,实行"储蓄公开",陈光甫"以本行既为服务社会性质,应令社会明了本行之内容,并无投机及一切危险性质,所投资金,皆甚稳妥,则此后信用可以益臻巩固,现已议决,令储蓄处独立,拨给资本 50 万元,自 9 月份起,所有本行储蓄处贷借对照表,每三月在各大报宣布,实行公开,而各种投资之类别,亦均明晰登载,制成简表,俾观者得以一览无遗,并将此种表式放大后,张诸本行及储蓄处以示公开之意"②。公示的做法不仅为私营银行赢得了储户的信任,还具有一定的广告效应。而诚实、守信、稳健的公众形象的树立对于作为金融中介的银行来说显然是非常重要的。

准备金制度的形成是防范风险、保障储户资金安全的另一个重要措施,上海商业储蓄银行"对于存款准备向极注意,……以前之存款准备率,除本埠行庄 50% 准备,及已到期之定存定储按照 60% 准备外,余均按 20% 准备,但自去年 5 月起,已一律改为 30%",并将自己的准备金区分为第一准备、第二准备等等。③ 在领用其他银行发行的兑换券时同样确保准备充足以避免提存挤兑的风险,如上海商业储蓄银行与上海中国银行签订的领券协议中规定上海商业储蓄银行在领用

---

① 中国人民银行上海市分行金融研究室编:《上海商业储蓄银行史料》,第 110—111 页。
② 中国人民银行上海市分行金融研究室编:《上海商业储蓄银行史料》,第 431 页。
③ 中国人民银行上海市分行金融研究室编:《上海商业储蓄银行史料》,第 423 页。

兑换券时"应缴现金六成保证准备金二成整理案内中央政府公债按照市价折核抵缴（市价变动随时补足）或以上海房产道契抵缴（道契须经中行认可并须按照估价七折计算扣足而成，估价如有低落亦须随时补足）如数交付中行"。如果领用浙江兴业的兑换券，则现金比例更高，需"备现银圆七成整理案内公债票面三成每次按成照交发券行收存以作准备"①。从查阅到的相关资料来看，各发券行所要求的领用行提供的现金准备至少要五成，高的可达七成半②，这是当时银行风险意识不断增强的一个重要表现。而充足的准备在很大程度上提高并维护了银行的信誉。

3. 注重信息的研究与调查：银行把握商机的长效机制

作为一个银行家，陈光甫的精明表现在他总是能够及时地把握住商机，而这种敏锐的洞察力直接得益于他对各种信息研究和调查的高度重视。陈光甫说过，"在社会上凡作一事，欲求成功，必须先有精密之研究，与努力实行，方可达其目的，故研究者，成功之母也。研究社会上需要本行与否，应归纳本行环境及社会情形，悉心推求领异标新之经营方法，必使本行在社会上之地位，日趋重要，各商号及社会上对于本行，均有彻底之了解与信任；更须明了当此兴新时代，建设时期，即如汉口市政，自马路开辟后，水电一端，已需用甚广，人口益多，商店林立，生产增加，且粤汉路行将完成。如此种种情事，无不与本行全部有密切之关系，须以健全之脑力，运用新知识，改善营业方针，以供社会之需要，庶免其他起而代之也"③。他总是随时关注着

---

① 参见《上海商业储蓄银行领用上海中国银行兑换券双方协议》、《上海商业储蓄银行领用浙江兴业银行兑换券办法》，上海市档案馆藏上海商业储蓄银行档案：Q275-1-875，第1—4页。
② 参见上海市档案馆藏上海商业储蓄银行档案 Q275-1-880 中收录的多份领用暗记券合同稿。
③ 陈光甫1931年1月18日日记，引自邢建榕、李培德编注：《陈光甫日记》，第142页。

第三辑　温故知新：从上海商业储蓄银行看近代银行文化塑造

与银行有关的各种消息。

上海商业储蓄银行有明确的规定，"凡与吾行营业一切有关系者，均须详加注意，尤应以调查为先。本行曾经添设调查部，专为调查明晰分类详录备查为宗旨，以期获效于将来。……如定活期抵押放款、定期放款、往来透支及贴现放款，押汇借款等，均须分别填写调查表"①。在建行四年之后上海商业储蓄银行成立了专门的调查部，负责"调查工商行家金融机关以及个人之营业资产信用；会同视察员、业务处、检查处、营业部、进展部研究调查之方法；派员自往或随同视察员赴各处实地调查；关于放款事前之调查事项；随时调查放款各户之营业状况；……"等各项职能。他们还编有自己的"顾客总目录"，所有"与本行有债权债务关系之顾客，均为记载"②。在国外部，也承担着一部分信息调查的职责，当时的国外部专门租用了英国路透社的电传机，以随时了解世界各地的金融信息、市场动态和经济新闻。国外部中的业务信用调查部门，还通过外国同行调查一些与上海商业储蓄银行有业务往来企业的信用状况，同时又向国外同行提供相关中国商家的财务情况。③

上海商业储蓄银行各项调查的缜密程度是现在很多银行所不能及的，从留存的一些书面资料中即可略窥一斑。因当时银行多做棉纱业放款，该行的调查部曾专门研究编印出版了《上海之棉纱与纱业》一书，书中对上海棉纱的种类、供求、运销、交易、价格以及上海的纱厂、纱业之金融、纱业之团体甚至纱业改善之方针等问题都有详细的论述。④自1931年至1935年，调查部共编印了《米》、《棉》、《纱》、《茶》、《布》、《桐油》、《面粉》、《糖与糖业》、《烟与烟业》、《煤与煤

---

① 中国人民银行上海市分行金融研究室编：《上海商业储蓄银行史料》，第61—62页。
② 中国人民银行上海市分行金融研究室编：《上海商业储蓄银行史料》，第741—742页。
③ 郑焱、蒋慧：《陈光甫述评》，《湖南师范大学学报（社会科学版）》2004年11月，第84页。
④ 参见上海商业储蓄银行调查部编印：《上海之棉纱与纱业》，1931年10月出版。

业》共计十册商品丛刊。此后，还每周发布抵押商品述要一种。① 陈光甫希望银行的一举一动"皆应与商情合拍"，而每个行员，上自董事、经理，下至行员、练习生，都必须努力"认识商品"，要"研究其来源、去路、品质、产量、交易习惯以及各种陋规"等等，尤其是一些日常生活必需品，像棉花、棉纱、米、麦等，更要列为不可一日忽略的调查研究项目。② 不仅如此，上海商业储蓄银行还要求各分行填写统一的调查表，其中包括"本地交通及繁盛乡镇略图"、"本地市面调查总表"、"本地出产调查详表"、"本地进口货调查详表"、"本地商号调查详表"、"本地工厂调查详表"等等③，力求全面了解分支机构所在地的各种情况，为日后业务拓展做好充分的准备。

4. 放款管理：与贷款者的长期联系和"跑街"制度

在决定发放贷款时，上海商业储蓄银行一般会要求贷款方提供充足的抵押品，倡导对物信用而不是对人信用成为当时银行与钱庄等传统金融机构最重要的区别之一。同时，银行还非常注重抵押品的品质及可流动性，规定"抵押放款之抵押品，以流动易售为主，对于承做之折扣，必须审慎订定，对于抵押品之市价，尤当随时注意，逐日之市价，按日审核一次，列为日常之课程"④。

而更为重要的是，上海商业储蓄银行倾向于在放款之后保持和客户的长期联系，它们通过很多方法甚至包括直接介入的方式监督企业对资金的运用。陈光甫一直强调，"大凡作事最忌死呆而无生气，守株待兔，愚者所为，本行业务之进展，尚在萌芽发展之时期，尚需向各

---

① 中国人民银行上海市分行金融研究室编：《上海商业储蓄银行史料》，第743页。
② 张继凤：《陈光甫创办上海银行及其经营特点》，载《旧上海的金融界》，中国人民政治协商会议上海市委员会文史资料委员会编：《上海文史资料选辑》第六十辑，第149页。
③ 参见上海商业储蓄银行《总字通告第六号（二十年一月廿七日）》，上海市档案馆藏上海商业储蓄银行档案：Q275-1-295，第18—22页。
④ 中国人民银行上海市分行金融研究室编：《上海商业储蓄银行史料》，第498页。

方面寻觅出路，不可略存自满之心，而交臂坐守，须脚到街头，拼命设法，与顾客接近，将本行基础，建筑于民众之上，方可得一坚固之地位"①。这种"脚到街头"的理念直接决定了上海商业储蓄银行在放款管理方面的一些行为准则。

上海商业储蓄银行在与一些企业签订借款合同之后，会制定详细的驻厂稽核、会计人员工作细则。一般而言，借款企业的全部现金收付及本埠、外埠商品出售"账款之拨汇动用，其单据均须经银行派驻稽核盖章后方能入账"，且一切账目进出及银钱收付都应由"会计员严密管理及核对"等等。②即使不派员进驻企业，行里也会对贷款用户保持高度的关注。比如明确规定一旦承接了信用放款，则营业员必须"从事每月循环调查报告：（一）该户一月间放出账面情形；（二）该户所办期现货数量及贩卖情形；（三）该户是否从事交易所投机。至对内管方面亦须有严密之组织，如开户之时，须注意审查核准等手续之完备，开户之后，则须审查每日欠户之积数及其来票去票之来源与去路是否适合，其经营之范围果越其范围者，则不免有投机或受意外亏折之行为，我人得以预有防范之机会，此乃主管员及经理之责任，不可不谨慎从事也"③。值得一提的是，包括上海商业储蓄银行在内的当时的许多华资银行还有一种特殊的制度安排——跑街制度。这一名字就已经形象地概括出了这一角色的职责。"跑街"是银行内部很特别的一个员工群体，他们不仅了解银行的业务，还对某一个领域的工商企业相

---

① 陈光甫1930年12月11日日记，引自邢建榕、李培德编注：《陈光甫日记》，第109页。
② 参见《上海银行、江苏银行派驻大生三厂稽核办事细则》、《海门大生第三纺织公司银行派驻稽核职权细则》、《海门大生第三纺织公司银行派驻会计员职权细则》、《海门大生第三纺织公司银行派驻出纳员职权细则》等，上海市档案馆藏上海商业储蓄银行档案：Q275-1-605，第1—6页。事实上在上海商业储蓄银行关于各工厂放款合同摘要的记载中可以发现，几乎每一笔放款合同中都有行方驻厂管理的相关规定，参见上海市档案馆藏上海商业储蓄银行档案Q275-1-792中收录的各"工厂合同摘要"。
③ 中国人民银行上海市分行金融研究室编：《上海商业储蓄银行史料》，第498页。

当熟悉。他们"不但须跑往来透支各户,且须跑押款押汇各户,以及与银行有任何关系之户,均须跑街员时时前往接洽"①。"跑街先生"的主要任务是两个,一是拉拢客户招揽存款,二是经常性地亲自前往视察关系户的营业情形并制成报告作为银行放款决策的依据。"跑街"制度的出现与旧式金融机构的影响不无关系,基本上是从票号和钱庄中沿袭而来的。上海商业储蓄银行往来部的经理李芸侯,就像是上海金融市场信用往来的活字典,他不但对所有往来的行家、厂店的财产信用情况了如指掌,甚至对一些比较重要行家的负责人的性情、习惯、嗜好都记得很清楚。② 跑街先生的努力大大地提高了上海商业储蓄银行发放贷款的安全性,使银行对于借贷者的资信、偿债能力和各种其他相关信息有了深入的了解和掌握。

---

① 中国人民银行上海市分行金融研究室编:《上海商业储蓄银行史料》,第 749 页。
② 资耀华:《我与陈光甫》,载吴经砚主编:《陈光甫与上海银行》,第 51 页。

四、作育英才：陈光甫的人力资本管理思想

"凡百事业，咸以人才为根本，譬如大厦之有栋梁，呼吸之有空气，商业亦然，银行尤盛。"① 商业银行的竞争，从本质上讲是人才的竞争，这使得人力资源管理成为银行组织管理制度中一个相当重要的组成部分。在银行界打拼了多年之后，陈光甫曾发出过这样的言论："任何银行之力量，并不在其资本之雄厚，或其存放款之众多，……银行之真正力量，在于人事之健全程度……积二十余年之经验，益知办理银行，必以人事健全为无上要素。"② 陈光甫是善于用人的，在他的眼里，世上无完人，可也绝无废人，各有所长，各有所短，要任用人才就应当用其所长，避其所短。③ 在他的领导与激励之下，上海商业储蓄银行以人才济济而闻名于金融界，而这正是这家"小小银行"能够迅速崛起的一个重要原因。

人力资源的管理包括所有"用来提供和协调组织中的人力资源的活动"④。这一定义虽然宽泛，但却十分具有包容性，因为我们很难找出一个确切的定义可以概括出"人力资源管理"的全部内涵。就具体内

---

① 中国人民银行金融研究所编：《近代中国金融业管理》，第148页。
② 《陈光甫先生言论集》，转引自中国人民银行上海市分行金融研究室编：《上海商业储蓄银行史料》，第878页。
③ 资耀华：《世纪足音——一位近代金融学家的自述》，湖南文艺出版社2005年版，第67页。
④ 〔美〕劳埃德·拜厄斯、〔美〕莱斯利·鲁：《人力资源管理》，华夏出版社2002年版，第3页。

容而言，对人力资源的管理一般包括员工的吸纳、维持、开发和激励四个方面①，也有学者有其他概括，只是名称不同，而内涵大同小异。我们不妨就从人才的选拔任用、培训开发、约束激励以及员工的日常管理与业绩考核四个层面着手，对陈光甫的用人思想做一个全面的梳理和分析。

（一）员工的选拔与聘用："用人之要，在乎慎选"

在近代中国社会的经济生活中，很多企业还是在按照传统的经营方式运行着，人才的选用制度也不例外，像钱庄等旧式金融机构就基本上还是凭借地缘、血缘或亲缘上的关系去招募员工，熟人推荐是企业吸纳员工的重要途径。而新兴的银行在这方面则有所突破，它们在短短的十几年成长过程中慢慢地形成了一套日趋标准化的、规范的员工选拔与聘用制度，看重人才的陈光甫就是其中的一个先行者。

1. 以公平的招考方式吸纳人才

上海商业储蓄银行是较早地以考试的方式录用员工的银行之一。行中明确规定"在进用新人前，负责主持者，首先应抱定'大公无私'之宗旨，否则徇情通融，一切人事设施即无法收效。至于罗致人才之方法，或登报、或发信与学校、或托熟人介绍，均无不可，但必须经过下述三个步骤"：其一，笔试。"应考者或系大学毕业，或系中学毕业"，考试内容可能涉及中英文书信、珠算、笔算、中文簿记、西式簿记、估看银元、英文默写等等。② 目的在于了解应考者"思想是否纯

---

① 董克用、叶向峰编著：《人力资源管理概论》，中国人民大学出版社2003年版，第30页。
② 《上海商业储蓄银行招考初级行员规则》，参见《银行周报》第四卷第四十三号，1920年11月16日。

正，见解是否准确"以及其"理解能力和基本智识程度"。其二，口试。全面了解应试者的"整个人才"及应变能力，其头脑反应迅捷与否、仪容、态度、谈吐、服装、体格皆作为口试时的评判标准，同时还要了解其过去之工作与经验、家庭状况等等。其三，体格检查。"健全之精神寓于健全之身体……银钱业所需要之人员，必须德智体三育具备者。"① 以开放性的姿态出现在社会公众面前，通过公平的招考方式挑选人才，这样的做法不仅扩大了上海商业储蓄银行的社会影响，也确实吸引了大量年轻的优秀人才。

2. 银行业从业者的综合素质

"用人之要，在乎慎选，理想之银钱业从业员，须具强健之体格、灵敏之头脑、丰富之学识以及热烈之服务精神"，因为"具备此种条件之人材"方可作"经营事业之基础"。"银行行员日与各界人士接触，如仅知持筹握算作机械式之工作，而于现代知识，缺然未备，则应付环境，必不免有时而穷。"正因为如此，上海商业储蓄银行在选拔人才的时候，还十分注重对其综合素质而不是单纯的业务知识的考察。作为银行业的从业者，员工应该具备的素质是多方面的，比如良好的道德品质、对其他领域的了解、与他人的沟通能力、对经济现象或经济环境的洞察及分析能力、强烈的敬业精神等等。这些素质的重要程度丝毫不亚于专业知识，基于这样的考虑，上海商业储蓄银行在聘用员工时采用了宽口径的选才机制，它们所招募的员工"不必限于银行系、会计系、经济系出身之学生，考题亦不宜陷于一隅"，因为银行对于"各种人才均有需要"②。

通过宽口径的考试制度，上海商业储蓄银行向各类有志于从事金

---

① 中国人民银行上海市分行金融研究室编：《上海商业储蓄银行史料》，第795—796页。
② 中国人民银行上海市分行金融研究室编：《上海商业储蓄银行史料》，第794—795页。

融业的人才敞开了大门，而后者也为这家银行日后的发展奠定了坚实的基础。

（二）员工的培训："银行训练班"与先进的人力资源开发理念

招募到优秀的人才还只是人力资源管理的第一步，而如何能让每一个员工尽快熟悉自己的工作岗位并发挥更大的作用是企业面临的又一个重要问题，只有那些长于开发、挖掘人力资源潜能的企业才可能获得最大的收益。陈光甫是当时的上海滩上最舍得花成本培训员工的银行家之一，他的一些做法和理念与今天的大银行相比也毫不逊色。

"银行事务纷繁，非经训练，难期通晓"，1923年上海商业储蓄银行成立了以"训练银行专门人才"为目的的实习学校，第一批学员19人，期限6个月，期满经考试合格后被陆续派入行中实习，这可以说是该行培训行员的开始。6年后，实习学校改为银行传习所，不论是选择教材、聘任教员，还是录取学生"皆采严格主义，取精重质"。此后不久，传习所改称训练班，由行中重要职员专责办理，目的更加明确，因为"行员对于银行本身之学校，与银行有关之业务，如仓库、保险、运输等，均应受相当之指导，俾可增加其办事上之效力，我国教育对于社会现状及农工商之真实情形，尚未能尽量灌输，入学之士虽多，仍有才难之叹，欲求其能治上述诸学于一炉，而适合本行之需要者，事实上更难办到，自行训练，万不可缓"。除了严格招生程序外，训练期限延至三年，也就是说，一名被录取的学员在正式成为行员之前要接受长时间的训练。培训课程包括服务意义、实践银行学、国外汇兑、英文、商法、高等会计学、商业地理、企业组织、仓库学、保险学、旅行部事务等等，其中重要功课都是本行自编的讲义，切合

第三辑　温故知新：从上海商业储蓄银行看近代银行文化塑造

实用。①

而除了知识上的学习与灌输之外，还有两方面的训练亦同时进行：（1）职务训练：训练班学员在前半年实习时间不多，而在半年后，到行中各部门各分行进行实地见习成为最主要的事情，以此巩固课堂上所学的知识；（2）修养训练：培养学员团结协作、大公无私、热爱本职等工作精神，实为对学员思想品德的培养与引导。②行中不仅有专门为新入行员工准备的培训，还有针对所有员工的英文补习班、不定期举行的训练班，"不论新旧同人，对于银钱业学术方面感有进修需要者，均可加入上课"，而教材多以"提纲挈领之方法，完全着眼于实际事务，例如如何兑付支票，如何承接汇款，如何办理放款手续，如何调拨头寸"等等。③全面而富有针对性的培训使得员工们很快就能在自己的岗位上驾轻就熟地开展工作了。

而这些还只是针对初级行员的培训，对于高级行员上海商业储蓄银行有另外的方法。陈光甫本人十分注意对行内经理襄理级别行员的培训，由人事部门专门组织，他还要求他的各分行经理每年外出旅行一个月，"无论欲往何处，均听自由，本行供给旅费"，目的只在放宽目光，增加见闻。④创办之初，陈光甫即将一批行员派往国外，比如蒋惠先、金宗城、叶起凤、杨介眉、马少卿、宣艾候等人相继赴纽约欧芬银行（Irving Trust Co.）等当时美国的一些大银行实习，后来制定了详细的《选派行员赴外国实习简章》，使这一做法成为行内培养高级行员的重要方式。⑤而且，还会经常性地挑选一些高级行员出国攻读学位，一切费用由行中负担，如资耀华、李桐村等人即先后赴美

---

① 中国人民银行上海市分行金融研究室编：《上海商业储蓄银行史料》，第805—807页。
② 中国人民银行上海市分行金融研究室编：《上海商业储蓄银行史料》，第798页。
③ 中国人民银行上海市分行金融研究室编：《上海商业储蓄银行史料》，第797页。
④ 中国人民银行上海市分行金融研究室编：《上海商业储蓄银行史料》，第877页。
⑤ 参见上海商业储蓄银行：《选派行员赴外国实习简章》，上海市档案馆藏上海商业储蓄银行档案：Q275-1-1305，第1—2页。

深造。用在人才培养上面的投入也为上海商业储蓄银行带来了不少的回报,这批受到了良好的专业知识训练并具备丰富的实际经验的金融人才在回国后有相当一部分都成为上海商业储蓄银行日后的骨干与中坚力量。

"凡百事业,以人而兴,而新陈代谢,尤愿继起有人,俾可维持事业于永久。……故今后欲求本行业务之发展,必以充实人事训练人员为第一要务。"[①] 从银行创办之日起,陈光甫就一直在以培训为手段开发和挖掘人力资源的价值,上海商业储蓄银行在员工培训制度方面表现出了两个比较明显的特征:首先,其培训开发的对象是企业的全体员工。不论是刚刚录用的练习生,还是正式的行员,乃至高层管理人员,都要接受不同程度、不同内容的培训。其内容既可能涉及企业的规章制度、业务知识,又可能涉及企业的经营策略、战略规划,培训内容因人而异,但从根本上讲它们都取决于银行的具体需要和长远目标。其次,对员工的培训十分强调实效性。在现代企业的员工培训中有两个非常流行的概念,即"在职培训"(on-the-job training, OJT)和"学徒式培训"(apprenticeship training),前者是指员工在接受培训时并不完全脱产,受训者多半的时间是在其他高级员工和管理者的协助、监督之下进行实际的操作,在实践中不断学习,而后者是指由资深的员工或专家对新员工或普通行员同时进行理论和实务的双重指导。而它们的相似之处在于都非常强调员工的实际操作能力,切实提高行员的业务素质是银行进行培训最主要的目标之一。在陈光甫对人力资源的管理中,这样的理念已经显而易见了。

---

① 中国人民银行上海市分行金融研究室编:《上海商业储蓄银行史料》,第878页。

（三）员工激励机制：任人唯"才"与"银行是我，我是银行"

为了保证员工有足够的动力更好地完成工作，陈光甫通过各种各样的方式对员工进行激励：

1. 等级差薪制

上海商业储蓄银行将行员分为初级试用助员、助员、办事员、职员五个级别。其中，试用助员分3个等级，工资由35元到45元不等，级差5元；助员分为9个级别，工资由50元到95元不等，级差也是5元，办事员分为10个级别，工资由100元到190元，级差为10元；职员亦分为10个级别，工资由200元到380元，级差为20元。[①] 一般情况下，初级试用助员及试用助员在工作半年后即可按照办事成绩决定去留及加薪，而助员、办事员和职员则一年晋级加薪一次。但是，并不是每个员工都可以获得同样的晋升。除了银行当年的营业状况外，个人在工作中的表现是影响晋升与否以及晋升幅度的重要因素。在初级试用助员和试用助员晋级时，表现最优者可直接升为三等三级助员（助员中的最低级别），次优者得升级加薪，表现平常者则不升加。助员、办事员、职员也是如此，每逢年终评定，最优者得升两级，次优者得升一级，平常者不升，有特殊贡献者经总经理特许可逾格提升。对于稳定的并且有可能不断提高的收入的预期成为行员努力工作的一个动力，而有差别的工薪制度也促使行员更加投入地为银行服务。

2. "苟有优秀之才能，必予以相当之地位"

职位的提升和加薪一样，也是一种重要的激励员工的方式。上海

[①] 中国人民银行上海市分行金融研究室编：《上海商业储蓄银行史料》，第818—819页。

商业储蓄银行在人才的选用和提拔方面是相对公平的,不论资排辈,也不像传统的企业或金融机构那样存在着过多的裙带关系,一个人只要精明能干就可能在银行里获得升迁的机会,才能——而不是其他因素是这里考量员工的最重要的标准。让陈光甫一直引以为荣的是"本行用人……素一秉大公,不论何人,苟有优秀之才能,必予以相当之地位"①。他经常鼓励行员开动脑筋,为银行出谋划策,凡是"能筹划新办法,以谋营业上之出路者;能除旧布新,力图进取者;能研究有得,开拓业务者;以及对行务有特别贡献者"均可被破格提升②,员工的提案只要有利于银行发展就有可能被采纳。陈光甫手下的很多银行高层管理人员都是从毫无背景的、业绩突出的员工中挑选、提拔起来的,他们的成长和升迁本身就是对其他员工的鼓舞。

3.行员持股与员工的归属感和责任意识

为了增强企业自身的凝聚力,陈光甫很早就提出了"银行是我,我是银行"的口号,并不断地向员工灌输这一理念。1930年上海商业储蓄银行的存款超过九千万,为了避免实收资本过低,与巨额的吸纳存款量不相符,股东会决定再次增资扩股,此次扩股共250万,而其中一半是由行员认购的。因为,陈光甫认为全体行员都应"设法使咸为本行之股东,使行员与行,成为一坚强之组织,……既有切肤关系,办事自能勇往直前,而达到本行标语'银行是我,我是银行'之意,故本行股东有增加之必要。……将来诸君子皆为本行之股东,并皆有得为董事之望,与参与管理行务之机,前途无量,愿各自奋勉"③。在这次扩股中,即使是"茶房"等一些低层的职工,陈光甫也会分给

---

① 陈光甫1931年1月7日日记,引自邢建榕、李培德编注:《陈光甫日记》,第132页。
② 中国人民银行金融研究所编:《近代中国金融业管理》,第156页。
③ 陈光甫1930年12月26日日记,引自邢建榕、李培德编注:《陈光甫日记》,第121页。

他们一些股票[①]。虽然股票最终还是被集中到部分高级职员的手中,但这种做法在推行之初却极大地增强了员工的归属感和责任意识,调动了他们为银行服务的积极性。

4. 给予员工良好的福利与保障

上海商业储蓄银行很注重员工的福利和生活保障,以确保行员能够安心工作,和当时的许多企业相比,这些福利是很具有"竞争力"的,吸引了许多优秀人才到银行工作。除了不惜花费巨资为行员创造良好舒适的工作和生活环境、举行各种各样的活动以丰富员工的业余生活之外,上海商业储蓄银行还专门设立了"特别储金"制度,条件十分优厚:凡是月薪在35元以上的行员每月必须将收入的十分之一存入行内自己的特别储金账户,行里会赠送相同数额一并存入,不足一定年限不能提取。[②] 这种特别储金的作用有两个,第一,优惠的利率和不菲的赠送相当于一笔额外的收入,本身就是对员工的物质激励;第二,可以在一定程度上约束行员的行为,因为如果行员犯有过失或有舞弊亏空等行为,则行内将直接扣留特别储金用以抵偿。对于那些在行内工作达到一定年限的职工,退休之后还可以按月领取由行里提供的养老金。在国民政府统治后期,该行为了照顾职工生活,甚至采用自编生活指数、核发津贴,通过补助职工子女教育费、报销本人及家属医药费等方式为员工解除后顾之忧。如此稳定、优厚的待遇在近代中国动荡不安的社会环境中是极具吸引力的。

陈光甫对于员工的激励并不局限于单纯的物质手段,除了最常见的加薪、奖金之外,他还以其他的各种方式增强员工对银行的参与意识和归属感,并以良好的福利为员工提供切实的保障。这些举措和理

---

① 资耀华:《陈光甫的成功道路》,载吴经砚主编:《陈光甫与上海银行》,第129页。
② 参见上海商业储蓄银行:《行员特别储金》,上海市档案馆藏上海商业储蓄银行档案:Q275-1-1309,第21—24页。

念,有效激励了员工为银行创造更大的价值。

(四)员工的日常管理与考核

1. 完善的人事组织与制度:员工与职务的双重档案

"人事管理内最重要之技术,厥为调度得当。简言之,使每人担任最适当之工作,同时每一工作均有最适当之人员担任",否则,"必致办事效率减退"①。现代人力资源管理中有一个重要的内容即"工作分析",又被称为"职务分析"、"岗位分析",根据相关学者的定义,"工作分析是确定和报告与一项具体工作的本质相关联的有关信息的过程,它确定工作所包含的任务及工作的承担者成功地完成工作所需的技能、知识、能力和责任"②,而其最基本的作用就是为人力资源的管理和统筹安排提供依据。值得关注的是,在上海商业储蓄银行中已经有了类似的制度设计。

银行人事管理的主要目的是"以科学方法获得最高之办事效能",按照上海商业储蓄银行的规定,有两项工作是该行人事部门必须完成的:(1)人事记录。在每一个行员进行之初,即为其设立个人专档,"记录其过去一切情形,举凡家世、出身、学历、婚姻、特长、熟识亲友等等,并附粘像片。以后对其职务调动、升迁、功过、奖惩、主管人员考语,以及加薪、请假等项,亦随时络续登记"。在每个人的档案中除员生成绩考核表、行员薪给记录、职务记录、奖惩记录外,甚至还有其家庭经济情况的详细调查表,对行员的每月开支及大概用途都有统计。③这样一来以后如有需要随时翻阅,即可对其概况有全面的

---

① 中国人民银行上海市分行金融研究室编:《上海商业储蓄银行史料》,第796页。
② 〔美〕劳埃德·拜尔斯、〔美〕莱斯利·鲁:《人力资源管理》,第49页。
③ 参见上海商业储蓄银行行员人事资料记录,上海市档案馆藏上海商业储蓄银行档案:Q275-1-991 至 Q275-1-1145,该行关于员工情况的档案资料有一百余卷,其中对每名员工的个人资料都有详细的记录。

了解;(2)职务解析。即将担任银行内部各种职务(诸如记账员、收款员、汇划员、核对员、办理放款员、办理押汇员、会计员以及各级襄理副理经理等等)所须具备之条件一一加以分析记载,"例如职务之内容、特点、责任、速度标准、对外有无接触、经办人员所需之教育程度、性别、应具性格、经验学识、人员来源、晋升途径以及其他有关因素等,作一系统之记载,如是则应付何项事所需何种人员,均有切实之根据与查考"①。

通过员工个人资料与各个工作岗位所需条件的档案的建立,银行相当于为自己准备了两个详细的数据库,"人事记录"可以让银行充分了解自己的员工并及时掌握他们的各种相关信息,而"职务解析"的作用则更为重要,它不仅为员工的选用、培训开发、绩效考核等人力资源管理活动提供了依据,还有助于管理者以及员工本身对企业内部的各个职位和环节形成明确的清晰的认识。人事记录与职务解析对于主管人员而言"犹如两部天书,按图索骥,了如指掌,可使人与事为最适当之配合,而无脱节之虞"②,这在无形之中提高了企业的效率。

2.严明公正的员工考核

"行员办事成绩,贵乎缜密考核,以为升降奖惩之准绳,考核务求严明公正,办之极精,俾顽者廉而懦者立,然后始能上下振奋。"③在任何一个企业中,考核的合理、公平与否都直接影响着员工的工作情绪和努力程度,商业银行更是如此。上海商业储蓄银行对员工的考核分为经常考核和年终考核两种,就前者而言,一般人员由上一级主管负责,总行各部经理、主任及分行经理和副理则由总经理负责,从办事效力、思想作风、举止行动、社会关系等各个方面进行考核,随时注

---

① 中国人民银行上海市分行金融研究室编:《上海商业储蓄银行史料》,第796—797页。
② 中国人民银行上海市分行金融研究室编:《上海商业储蓄银行史料》,第797页。
③ 中国人民银行上海市分行金融研究室编:《上海商业储蓄银行史料》,第899页。

意其表现。年终考核则与年终奖金结合起来，能够得到多少奖金将直接取决于各个行员当年的业绩。考核的标准分为三类：第一类，优秀分子——身体健康、耐苦耐劳、气质纯良、头脑敏锐、办事有条理、有事业欲望、视行事如己事、抱在行终身服务之志愿、工作速度敏捷、办事勤奋、学习能力强、不怕困难、能得同人之敬爱、以培植人材为己任、肯负责任，对于职务能胜任愉快，可任较重之职；第二类，可用分子——身体正常、无不良习气、头脑清楚、办事虽不能有条有理但尚属按部就班、虽无事业欲望但能重视职务、虽不能视行事如己事而力求办事有交代、虽无终身服务之情绪但亦非不安于位、工作速率平常、不勤奋也不怠惰、有相当学习能力尚属可教、应付能力只及于日常环境、学识理解尚属平正、对于责任只求交货通过、对于职务尚属称职；第三类，成问题分子——身体孱弱、精神萎靡、习气下流、头脑不清楚、办事杂乱无章、对于职务抱混饭宗旨、自私自利、见异思迁、以银行职务为过渡阶梯、工作迟缓、办事疏懈怠惰、学习能力已消失无余、不合作、应付乖张、沮丧同人意志、敷衍塞责、对于职务未能尽职。考核的结果与员工的聘用、升迁、加薪、奖金等等都有直接的联系。这种定期的相对规范客观的考核制度有助于在银行内部树立起一种良好的公平的竞争氛围，考核结果在人事档案中都会有详细记载，为日后的人员任用提供参考。

总体而言，陈光甫所领导的上海商业储蓄银行在人力资源管理方面的举措和安排是具有一定的科学性和规范性的，这体现在几个方面：首先，在员工的聘用上，它初步建立起了一套标准化的选拔录用程序，通过公平的招考方式挑选人才，注重考量应聘者的综合素质和能力，地缘、亲缘上的联系，家庭背景、各种裙带关系不再是聘用人才时考虑的最主要因素，这使得一批优秀的金融业人才得以进入私营银行工作。其次，十分注重人力资源价值的开发与充分利用，有自己的完善的员工培训机制。"在职培训"、"学徒式培训"等方法即使对于现在的银行而言都是行之有效的。再次，在员工的日常管理和使用方面，有完善的人事组织和相关制度，对员工既有鼓励也有严格的约束。与此同时，还体现出了一定的"人本管理"的理念，其很多举措是非常人性化的，比如关注员工的个人发展，关注员工的生活及困难，尽可能地为员工创造良好的工作条件并切实地为其解决后顾之忧，从而确保员工们能够安心工作等等。陈光甫的人力资源管理制度最终是为银行的盈利目标服务的，客观而言，其中所体现出来的科学的成分和先进的管理理念至今看来都是具有借鉴意义的。

五、文以化人：上海商业储蓄银行企业文化的构建

人们对于"企业文化"的关注发端于战后日本企业的迅速崛起及其丰富的管理实践，但这并不意味着此前各国的企业管理实践中不存在企业文化的构建。按照西方组织文化研究专家沙因（Schein）的定义，文化"常常处于一个形成和变化的过程"，它"倾向于涵盖人类活动的所有方面"[①]。或许是因为特殊的成长背景与环境，中国近代企业在其产生和发展的历程中表现出了一些非常独特的经营理念和经营哲学，这一点在近代的华资银行中体现得更为明显，而这种独特的经营理念和哲学其实就是银行的企业文化。

鉴于其复杂而丰富的内涵，学者们对"企业文化"给出了各种各样不同的定义，但其中不乏一些相同的理解，即"企业文化"是指企业在长期经营运作过程中所表现出来的独特的价值观、经营意识、指导思想、员工所共有的信念和行为模式等等。正如约翰·P.科特和詹姆斯·L.赫斯克特所指出的，"在较易察觉的层面上，文化体现了企业的行为方式或经营风格"，而所谓的"企业文化"通常是指"一个企业中各个部门（至少是企业高层管理者们）所共同拥有的那些企业价值观念和经营实践行为"[②]。作为一个著名的银行家，陈光甫有许多独特

[①] 转引自石伟主编：《组织文化》，复旦大学出版社2004年版，第11页。
[②] 〔美〕约翰·P.科特（John P. Kotter）、〔美〕詹姆斯·L.赫斯克特（James L. Heskett）：《企业文化与经营业绩》，中国人民大学出版社2004年版，第4、6页。

的经营理念和精神,尽管其中的很多内容可能并未以正式制度的形式确立下来,但却一直实实在在地影响和左右着上海商业储蓄银行的发展,这些要素构成了上海商业储蓄银行独特的经营风格。从这个意义上讲,认识作为非正式制度的企业文化是我们认识陈光甫及其一手打造的上海商业储蓄银行的一个重要途径。

(一)信用文化:"办银行者第一在于信用"

"办银行者第一在于信用。"① 和其他领域的企业相比,信誉对于银行的重要性是不言而喻的。近代的华资银行是在夹缝中成长起来的一个群体,论实力,它们不如有着雄厚基础的外商银行,论资历,它们比不上早已对人们的商事习惯和传统社会的金融服务驾轻就熟的钱庄,在激烈的竞争和动荡不安的社会环境中,银行家们对于银行自身的信誉是高度关注的,因为公众的认可和信任来之不易。

上海商业储蓄银行一直坚持着稳健谨慎的经营作风和恪守信用的经营原则。在陈光甫的眼里,"银行经营,首重稳健,若意存侥幸,惟利是图,未有不趋于失败者",因此"一切经营之方法,以资金安全为第一要义"②,要"以保护存款人士之利益为最大天职"③。通过前文的论述,我们知道陈光甫在负债管理方面的一个重要举措就是执行严格的公示制度,他不仅对外公布上海商业储蓄银行的营业报告,还每三个月公示一次该行储蓄部的"贷借对准表",让公众了解上海商业储蓄银行对于储蓄存款的使用及风险情况。同时还奉行"脚到街头"的经营策略,不仅注重商情和信用调查,通过对贷款用户的长期、高度关注确保资金使用的安全,还厚积准备以备不时之需。而所有这些举

---

① 杨桂和:《陈光甫与上海银行》,载吴经砚主编:《陈光甫与上海银行》,第87页。
② 中国人民银行上海市分行金融研究室编:《上海商业储蓄银行史料》,第871—872页。
③ 中国人民银行上海市分行金融研究室编:《上海商业储蓄银行史料》,第871页。

措的目标都是为了博取存款者对于银行的信任。

在维护银行的信誉方面,陈光甫是十分用心并谨慎的,他从不轻易地将银行置于风险之中,即使可能以牺牲一部分眼前的收益为代价也在所不惜。在近代中国的金融市场上,有一个很特别的现象,即很多银行(包括外商银行)都拥有货币发行权,市场上流通着各种各样的兑换券。兑换券其实是由发行银行开出的一种支付凭证,持有者可以凭借兑换券向银行索取等额的金银或铸币。由于众多的持有者不太可能同时要求兑现,发行银行也就因此占有了大量的信贷资金从而获取厚利。在华资银行发展初期,发行兑换券是某些银行赚取利润的一个重要途径,晚成立的一些银行都极力向政府争取发行权。而陈光甫深深知道其中可能面临的风险,早在经营江苏银行时,他就因意识到在没有确实准备的情况下"发行省钞调剂省府财政"的危险性而决定"不以发行为其业务之一"①。在上海商业储蓄银行成立后,为了避免提存挤兑的风险,陈光甫直接放弃争取发行权,需要时只领用其他银行的兑换券②,如前文所述,领用时也严格按照对方的要求提供充足的现金准备。

在涉及银行信誉的问题上,陈光甫是不涉险的,但这并不意味着在危险发生时他不愿意承担责任。兑换券发行权的放弃在很大程度上降低了上海商业储蓄银行自身的风险,但因为领用其他银行的兑换券使它同样可能遭遇挤兑问题。1927年,以汪精卫为首的武汉国民政府由于财政问题强令各银行停止兑现,这导致武汉市场钞票的巨幅贬值。在这种情况下,陈光甫要求汉口分行拒不执行政府的停兑令,规定凡停兑前存入的,一概支付现金,停兑后存入的,亦按存款日钞票市价支付,仅此举动就使上海商业储蓄银行多支出了200多万元现钞。③虽

---

① 姚崧龄:《陈光甫的一生》,第10页。
② 薛念文:《上海商业储蓄银行研究(1915—1937)》,第112页。
③ 徐矛、顾关林、姜天鹰等主编:《中国十银行家》,第156页。

然蒙受了巨额损失，但在面临挤兑时勇于担当的表现却使上海商业储蓄银行赢得了当地广大存户的信任。良好的信誉为上海商业储蓄银行创造出了更为广阔的发展空间。

（二）服务文化：银行"所恃为命脉者，即为'服务'二字"

"银行业务，不若他种商店有陈列货物可以任人选择，银行之货物即为服务，故我行一无所恃，可恃者乃发挥服务之精神。"① 在近代金融家里，陈光甫对于"服务"意识的强调是颇为突出的，在几十年的经营实践中，他不停地向员工们灌输自己的这一理念，强烈的"服务"意识也因此而成为上海商业储蓄银行企业文化中一个独特的组成部分。

1. "服务无差等"——客既来行，则其惠顾之厚意已可感谢

近代中国的金融市场上活跃着种类丰富、数量众多的金融机构。以银行为例，从1912年到1927年十六年间，仅新设立的华资银行就高达304家。② 激烈的竞争迫使每一个银行家都不得不使尽浑身解数以为自己的银行赢得一些立足之地。"服务"是陈光甫打出的一块响亮的招牌，"本行所恃为命脉者，即为'服务'二字"③。

在谈及上海商业储蓄银行的资产负债管理时，我们曾经提到，该行已经表现出了一些细分市场的理念和做法，比如在吸引存款时他们会根据不同的客户制定不同的策略和价格。但是，不论对哪一个客户

---

① 中国人民银行上海市分行金融研究室编：《上海商业储蓄银行史料》，第870页。
② 这一数字并不包括同期新设立的传统金融机构钱庄和外资银行。数据引自汪敬虞主编：《中国近代经济史 1895—1927》下册，人民出版社2000年版，第2198—2199页。
③ 中国人民银行上海市分行金融研究室编：《上海商业储蓄银行史料》，第870页。

群体,他们提供的服务是"无差等"的。陈光甫多次在对员工的讲话中强调,"顾客之生意,无论巨细,即百元以及一元,客既来行,则其惠顾之厚意已可感谢,即无一元生意之客,亦须恭慎款待"①。金融业从本质上讲是一个服务行业,不论在何种条件下,"务求顾客之欢心,博社会之好感"②都应是银行力争达到的目标。曾有一名顾客因衣着朴素而被上海商业储蓄银行的茶房拒绝,不准其参观银行的保管箱,陈光甫知道后不仅派分行经理亲自登门赔罪,还专程邀其来行参观以示歉意。陈光甫说过,"本行以服务社会为使命,无论贫富贱贵,视同一律,必须实现平民化,为多数平民服务,方可视为已达到目的"③。况且"一行之美誉,非少数人所能阿私,全赖普通顾客之满意而传播,一传十,十传百,行员能获顾客之满意,则顾客不招自来"④。

对于银行而言,这种"无差等"的服务意识并不会带来边际成本的大幅度增加,也许在很多情况下只是需要员工以一样和蔼、热情的态度去接待每一个光顾银行的消费者——不论是重要客户还是普通客户,但由此可能给银行带来的收益却是不能估量的。消费者的好感和信任对于从事授信和受信业务的银行来说永远都是一笔不可多得的财富。

2. 人性化的、注重细节的服务方式

"服务社会,第一不可自满,本行虽蒙社会信用,然仍须时时警惕,不存丝毫骄傲之心,于进步中再求发展,尽量发挥其服务社会之能力,方能博得社会之好评,营业发展之基础即在于是。"⑤除了一视同仁的服务态度之外,陈光甫还努力倡导一种注重细节的、人性化的服

---

① 中国人民银行上海市分行金融研究室编:《上海商业储蓄银行史料》,第870页。
② 吴经砚主编:《陈光甫与上海银行》,第219页。
③ 中国人民银行上海市分行金融研究室编:《上海商业储蓄银行史料》,第885页。
④ 中国人民银行上海市分行金融研究室编:《上海商业储蓄银行史料》,第813页。
⑤ 中国人民银行上海市分行金融研究室编:《上海商业储蓄银行史料》,第870页。

务方式。这体现在很多细微之处。比如他主张对待顾客，首当"谦恭和悦"，最忌"呆板之容貌，刻薄之言词"，"和悦愉快之精神，尤宜流行于银行中，盖吾人之愉快，足以引起顾客之愉快"[1]，使人见面之时即有好感。同时，还当"面手清洁，衣服整齐"，遇有顾客咨询，不论与营业有无直接联系，都应和颜悦色，"善为答复"[2]。办事手续当务求敏捷，"以宝贵顾客之光阴"[3]。经理襄理要在营业室的柜台外面办公，一方面使顾客有亲切之感，另一方面也可更为直接地听取意见、接洽业务等等。

在陈光甫的心目中，银行应该是一个"处处予人以便利"的机构。他要求各地的员工必须会说本地话，因为"我等在当地办事，最要使当地人毫无异感，而言事说理，能透达明白，不可稍有言语上之隔阂"[4]。在经营中也尽可能地多考虑客户的需求，比如上海的淮海路分行曾专门办过"夜金库"，商店可将夜间营业收入的货款封包投入，银行次晨入账，以解决商户夜间保存大量现款问题等等。[5] 1931年，上海商业储蓄银行的新行址落成，为了大楼内部的布置安排，陈光甫不惜重金从美国请来经验丰富的银行业内人士 Wallace 为顾问，因为他希望上海商业储蓄银行首先在"布置建设"上就能够"引起顾客快感与印象"，"凡安设桌椅等等，均需在适当地位，为顾客立谋便利，为行员兼谋办事上之敏捷，使顾客均有信托与美满之倾向"[6]。为了接近普通民众，陈光甫甚至要求各分支机构的大门要开得较一般银行小，目的在于使处于社会中下层的民众不致望而生畏，不敢接受银行的服务，

---

[1] 中国人民银行上海市分行金融研究室编：《上海商业储蓄银行史料》，第813页。
[2] 吴经砚主编：《陈光甫与上海银行》，第219—220页。
[3] 中国人民银行上海市分行金融研究室编：《上海商业储蓄银行史料》，第817页。
[4] 陈光甫1930年12月17日日记，引自邢建榕、李培德编注：《陈光甫日记》，第114页。
[5] 袁熙鉴：《陈光甫的一生与上海银行》，载吴经砚主编：《陈光甫与上海银行》，第109页。
[6] 陈光甫1931年1月17日日记，引自邢建榕、李培德编注：《陈光甫日记》，第139页。

总行大楼为此还特别封闭了几米宽的大门，出入改走偏门。正是这种注重细节、处处为顾客着想的人性化的服务方式使得近代私营银行在众多的金融机构中独树一帜，受到了人们的关注与青睐。

3. "我为社会服务后，社会对我自亦有相当之酬报"

"本行之设，非专为牟利计也，其主要宗旨在为社会服务，凡关于顾客方面有一分便利可图者，无不尽力求之，一面对于国内工商业，则充量辅助，对于外商银行在华之势力，则谋有以消削之，是亦救国之道也。"① 特殊的时代背景使近代华资银行的处境和今天的国内银行不尽相同，除了银行自身的一些问题之外，它们还面临着社会经济发展水平相对落后、人们对于银行这一新式金融机构的认同感不高、中国逐步地开始由传统步入现代等其他因素对银行发展造成的障碍。似乎正是这些成就了近代银行家特殊的社会责任感，他们愿意去尝试一些至少在短期看来并不能给银行带来巨大收益的金融服务。比如辅助国内刚刚起步的民族工商业、在城市发放平民小额信用贷款等等。所以陈光甫在创办上海商业储蓄银行时才会将"服务社会、辅助工商实业、发展国际贸易"定为行训。②

对于陈光甫来说，在这样的社会条件下，经营银行不必"急于近利"，而"最要使柜上客人有热闹之气象。顾客心理，往往群趋热闹之地。热闹之肆，必为人所信用，故不可因徒劳无利而存嫌恨之心。吾辈本为社会服务，即无利亦需为之。吾辈所事，未必无利乎"③。他会随时思考上海商业储蓄银行的服务还有什么可改进的地方。在一次视察过旅行社之后，陈光甫就指出，"现在旅行社只招待一二等客人，而对于三等客人，毫无招待之方，殊觉失宜。三等客人守候火车，餐风

---

① 中国人民银行上海市分行金融研究室编：《上海商业储蓄银行史料》，第869页。
② 中国人民银行上海市分行金融研究室编：《上海商业储蓄银行史料》，第58页。
③ 陈光甫1930年12月18日日记，引自邢建榕、李培德编注：《陈光甫日记》，第115页。

饮露，而宿于车站者甚多。为服务社会计，为谋人群福利计，皆宜设一备有浴室卧所之招待所，使风尘劳顿之旅客，得藉安适之卧房，温暖之浴水，削减其劳乏，恢复其精神。旅行社能如此设备，方可稍达服务社会之目的，方能于社会上有立足之地"。当然，他并不是单纯地为了"服务"而服务，而是要"以为社会服务之精神，博社会上之信用"①，陈光甫坚信，"我为社会服务后，社会对我自亦有相当之酬报"②。而这样的做法恰恰为银行日后的长远发展奠定了更坚实的基础。

"银行所售者，并非商品，而为信用与服务。……其服务精神之周到，可以增加原来信用不少，循环相生，绵延无尽。"③即使对于今天的银行经营者而言，这样的经营哲学依然是适用的。

（三）环境文化：充满朝气的企业"内环境"的营造

陈光甫的成功并不是偶然的，作为一个企业家，除了具有杰出的经营谋略之外，他还有一项特殊的才能，就是善于在企业内部营造一个积极的、充满朝气的"内环境"。良好的工作氛围使得他和他的员工们总是以饱满的热情和精神姿态投入到工作中去。陈光甫说过，"凡人任事，不当有退却之念，而当有勇迈之气，倘他人所不能为者，而我亦畏缩不前，则难事将无人肯任。必当不顾一切，毅然行之，行之失败，亦不过如行路之颠仆，颠仆之后，仍跃然自起再行前进，具此毅力乃有成功之望，若或以水土不宜而挫勇气，或以办理困难而灰壮志，则是弱小而无能力者所为。吾人必自奋起，勿为阻力所抗，方可称为特别之精神"④。在上海商业储蓄银行发展了十余年、于金融界已经

---

① 陈光甫1930年12月11日日记，引自邢建榕、李培德编注：《陈光甫日记》，第108页。
② 陈光甫1930年12月26日日记，引自邢建榕、李培德编注：《陈光甫日记》，第125页。
③ 中国人民银行上海市分行金融研究室编：《上海商业储蓄银行史料》，第812页。
④ 中国人民银行上海市分行金融研究室编：《上海商业储蓄银行史料》，第881页。

颇有名气的时候,他依然告诫自己的员工,"我等事业,一切尚在草创之中,今后各事总宜用心研究,逐步攻进,不可稍存敷衍苟安之心"①。陈光甫将银行的成长比喻成几个阶段,"初开办时,如人在青年时代,有勇猛精进之心。迨开办多年,金融界已有相当之基础,社会上已有稳固之信用,即如人到中年,经验较深,眼光较确,对于进展事务,能权衡利害,稳健进行。不复如青年时代之一往直前,倘在此不存勉励之心,转抱骄矜之意,则如老年人之精神颓敝,只求敷衍,不尚事功,此之谓血枯症,是银行之大忌"②。安于现状、缺乏开拓意识是导致银行停滞不前的一个重要原因,也是银行在成长过程中最忌讳的事情,即使对于那些已经具有一定规模和影响力的银行来说也同样如此。在竞争日趋激烈的条件下,保持积极进取的精神才是银行得以不断发展的前提。

"我等从事银行业界,有何所恃而可以骄人耶?故官僚习气,最宜戒除。"③陈光甫最不希望看到他的企业内部充斥着官僚习气而丧失了一个商业银行所应当具有的活力。企业的积极进取最终是要由员工来实现和推动的,因此,陈光甫在很多场合下都十分注意鼓励自己的员工,培养后者积极创新、奋发图强的敬业精神。他不止一次地通过在行内的各种讲话向员工们传递着相同的信息:各同人"凡于行务有认为应行改革及举办之事,如有怀抱利器者,尽可尽量发挥其建议,他人幸勿从中破坏,俾其远见卓识,得以贡献于本行。虽各有专司,不宜越俎。而本行对于行务上之建议,自当博采群言,以资借助,对于同人建议之确有见地者,更当以闻善则喜,若决江河之态度,尽量容纳,藉收交换知识,裨益进行之实效"。他觉得作为员工,就当"抱定自强不息四字,为作事之基本观念,万勿作在行服务不过为糊口计之论

---

① 陈光甫1930年12月15日日记,引自邢建榕、李培德编注:《陈光甫日记》,第112页。
② 中国人民银行上海市分行金融研究室编:《上海商业储蓄银行史料》,第880页。
③ 陈光甫1930年12月11日日记,引自邢建榕、李培德编注:《陈光甫日记》,第108页。

调,以障碍求进之精神……否则在此兴新时代中,事业经营,如无进化之方,则社会无所需要之时,亦将受自然之淘汰,而不能自存于社会也"①。与此同时,陈光甫还尽可能在行内营造出一种平等的工作环境。比如学习外国银行的经验,不辟经理室,副经理、襄理等一些中高层的管理人员都要与普通行员一样,坐在大办公室办公并负担一些具体工作②;提拔并重用那些真正有才能的经营人才等等,有效地调动了员工的积极性。在他的领导下,从上海商业储蓄银行很快成长起了一批优秀的经营管理人才,像后来的中国国货银行总经理朱成章、交通银行总经理唐寿民、中国实业银行总经理奚伦、湖北省银行总经理周苍伯、上海女子商业银行总经理严淑和等等都曾供职于上海商业储蓄银行。他们的脱颖而出与陈光甫搭建的良好的工作平台是分不开的。

在激烈的竞争面前,陈光甫并没有采取退却的态度,他曾经说过这样的话,"外商银行与华商银行并立,伺机竞争,人人认为可虑,余独认为可喜,盖外商银行与吾人并立,不啻为华商银行之监督机关,足令华商银行自动生其戒惧谨慎之心,而防止不宜之行动,讵非佳事? 故余不以为忧,而以为可喜"③。他应对这种挑战的一个重要方法就是将自己的企业打造成一个充满活力和朝气的、积极进取的竞争主体。对于中国今天面临着 WTO 框架下金融业开放的众多银行而言,这似乎仍然是一个行之有效的经营原则。管理学家埃德加·H. 沙因曾经说过,"领导者所要做的惟一重要的事情就是创造和管理文化,领导者最重要的才能就是影响文化的能力"④,陈光甫在上海商业储蓄银行中发挥的正是这样的作用。

---

① 陈光甫 1931 年 1 月 18 日日记,引自邢建榕、李培德编注:《陈光甫日记》,第 143 页。
② 童昌基:《我所知道的陈光甫与上海银行》,载吴经砚主编:《陈光甫与上海银行》,第 122 页。
③ 中国人民银行上海市分行金融研究室编:《上海商业储蓄银行史料》,第 879 页。
④ 转引自张德主编:《企业文化建设》,清华大学出版社 2003 年版,第 265 页。

六、温故知新：以陈光甫为榜样建构中国自己的优秀银行文化

本部分主要从创新精神与商业银行的竞争力、现代化的经营管理理念、人力资源的管理及银行企业文化的构建四个层面入手，系统地梳理和阐释了一代银行巨子陈光甫先生的经营与管理思想。尽管由于时代演进的原因，一些具体的银行管理方法已经不再具有现实性，然而陈光甫在上海商业储蓄银行的经营管理方面所渗透的管理理念、管理哲学仍然对当下的银行经营有重大的启迪意义。"一元储蓄"中所包含的对储蓄者心理的深刻的洞察和体贴、农村小额贷款事业的开创背后所包含的金融家的开拓精神与巨大魄力、中国旅行社的创办中所蕴含的企业家的变革精神与适应竞争环境的奇思妙想、大刀阔斧变革银行组织结构与创建各种会议制度中所包含的金融领袖的独到眼光、培育银行人才中机制构建的匠心独具与高瞻远瞩、银行危机时刻为了全力维护银行信誉建立诚信文化而表现出的刚决果断，所有这些经营管理的细节，都表现出陈光甫作为金融巨子的高度的管理艺术，反映出他对金融本质的深刻体察，同时也体现了他作为金融家所具备的独特人格魅力。这些事迹，尽管过去近一个世纪了，但是其中所包含的银行哲学永远不会过时。今天，我们应当以陈光甫先生为榜样，温故知新，鉴古开新，与时俱进，创造适应于当下金融环境的卓越银行文化。

在此，我们不妨以陈光甫先生的一段话作为本部分的结束语："天生我等，非令我等仅作饭囊衣架，……人生社会之中，有一种真正快

乐之事，非拥有巨金华厦，饱食暖衣，消遥无事，即为快乐；亦非有钱有势，即为快乐；是树一目标，创一事业，达到目的地及成功为最快乐，……其因此而得其快乐，乃从艰险困苦中来，尤为永久，尤为有纪念价值，始得谓之真快乐。"[①]

---

① 陈光甫1930年12月26日日记，引自邢建榕、李培德编注：《陈光甫日记》，第122页。

第四辑

与时偕行：从天津金融史看近代金融文化之嬗变

一、天津金融业的前世今生 *

天津是我国近代金融史上最引人注目的金融中心之一，在近代金融史上占据着非常显赫的地位。明末清初以降，天津工商业的快速发展为金融业的兴起创造了物质基础和制度前提，尤其天津开埠以来，中外资新式银行和保险公司等金融机构纷纷设立，在近百年的历史长河中创造了天津金融业的辉煌时代。现在，当我们走在天津解放北路的金融街上，看着一栋栋鳞次栉比的饱含历史沧桑的中外银行大楼，仿佛在观看一个近代金融业的历史影像长廊，从而自然产生一种历史兴亡之感，追昔抚今，别有一番感慨。

清嘉庆二年（1797），山西商人雷履泰在天津经营的日昇昌颜料铺，首创异地汇兑业务以解决异地偿付调拨款项，并于道光二年（1822）正式改组为日昇昌票号，因此天津成为山西票号和我国汇兑业的发祥地。咸丰三年（1853）义恒银号的创立，标志着天津近代金融业的帷幕正式开启。咸丰十年（1860）天津被迫开埠，英国汇丰银行等外资商业银行和保险机构纷纷登陆天津并广设分支机构，同时我国民族资本主义银行业和保险业也开始在天津兴起，其中肇始者为光绪二十四年（1898）在天津设立分行的中国通商银行。

此后 40 年间，我国私营银行业快速发展，尤其是 1915 年后，盐业银行、金城银行和大陆银行先后在天津设立总行，中南银行在津设

---

* 王曙光、王丹莉：《天津金融业的前世今生》，《金融博览》2018 年第 6 期。

立分行,从此"北四行"以及一批重要私营银行云集天津,天津金融业可谓实力雄厚,足以在中国金融界呼风唤雨。1932 年末,天津的 22 家银行存款余额为 25578.8 万元,占全国 122 家银行存款总额的 18%;1933 年末,天津 22 家银行存款余额为 40451.5 万元,占全国 123 家银行存款总额的 15.4%;至 1934 年末,天津有华商银行 29 家,银号 269 家,典当 88 家,外国银行 17 家。当时天津的金融机构无论在数量、规模以及业务辐射范围,都仅次于上海,居全国第二位。在银行、保险等金融机构发展的同时,天津的证券交易所也有很大的发展,与南方的上海证券交易市场遥相呼应,黄金市场、外汇市场、白银市场、同业拆借市场等也有很大的发展,在全国占有重要地位。

天津近代银行业的发展是经济史学家们最感兴趣的话题之一。"北四行"在天津金融业居于执牛耳之地位。二三十年代,是天津银行业发展的黄金时期,天津边业、大生、裕津等总行相继在津成立,同时国内一些重要银行也纷纷到天津开设分支机构,其中比较著名的有浙江兴业、中孚、新华、中国实业、东莱、明华、国民商储、中国垦业、中国农工、上海商业储蓄等。可以说,从 1915 年到 1935 年大约 20 年间,是天津近代金融飞速发展的 20 年,可以称为鼎盛时期的"黄金 20 年"。1937 年 7 月天津被日寇占领后,天津银行业的发展步伐受到阻碍,1945 年抗战胜利后,中央、中国、交通三行以及此后设立的中国农民银行、中央信托局、中央合作金库、邮政储金汇业局,形成"四行二局一库"的官僚资本金融垄断体系,控制了天津的金融市场,民族资本银行日益萎缩。新中国成立之后,私营银行业和银钱业等都逐步融入了国家金融体系,成为支撑新中国工业化建设的重要力量。

在中国近代金融史上,天津成为无可争议的北方金融中心。辉煌的历史地位为天津塑造了一种无形的悠久的金融文化,这是天津值得骄傲和珍惜的宝贵历史财富。然而如何把历史资源和文化财富转化为现实的金融竞争力,使天津在未来争取重振金融业的雄风,复兴天津在全国金融体系中的北方金融中心地位，确实是一个非常凝重且紧迫的课题。近年来，天津金融业有了飞速的发展，各类金融机构纷纷落户天津，天津本土的中小金融机构也在不断崛起，为天津营造了一个非常好的金融生态。随着京津冀一体化的迅速深入推进，天津金融业迎来了一个不可多得的黄金机遇期。相信随着创新文化的逐步完善、政府配套机制的逐步落实和金融机构改革的逐步深入，天津的区位优势和金融历史文化优势将进一步结合起来，从而为天津成为最具竞争力的金融中心创造更好的氛围、环境和条件。

本部分将对天津近代金融史上的重要金融机构、重要金融事件以及重要金融家进行详尽的回顾和梳理，尤其关注金城银行、大陆银行、中南银行、盐业银行等北四行的发展过程及其企业哲学，对周作民、谈荔孙等优秀银行家的管理理念等着墨尤多。我们还特别探讨了在近代天津金融史上扮演独特角色的四行储蓄会、四行准备库，探讨了作为同业协调服务机构的天津银行公会和天津钱业公会等机构的运作方式，同时关注到天津近代历次金融危机中各金融机构为摆脱危机而采取的各种因应措施。这些探讨，旨在借古鉴今，为我们今天的金融创新提供历史参照。

二、近代天津金融史上的创举：四行储蓄会和四行准备库*

在天津金融史上，"北四行"（中南、盐业、大陆、金城）声名显赫，但是与"北四行"拥有同样巨大声誉的，还有一个特殊的机构，那就是"四行储蓄会"，时人誉之为"四行一会"。四行储蓄会是当时北四行之间形成的一种联合信用组织，它的出现，是中国金融史上一个极为引人注目的特殊现象，可谓天津金融史乃至中国金融史上的一大空前创举，其意义极为深远。

为什么北四行要通过这种极为罕见的特殊形式进行合作？说到底，还是与20世纪20年代中国私营银行业的实力有关。那个时候刚刚诞生不久的华资银行，处在众多实力雄厚的外资银行的碾压之下，在市场竞争中处于弱势地位。而外资银行在中国金融市场上呼风唤雨，它们垄断国际汇兑、控制对外贸易、大规模吸收存款、发行钞票、开展商业银行业务，当你走在天津解放北路上经过那些豪华气派的各国银行大楼时，就可以想象一百年前中外资银行之间的竞争是何等惨烈。

当然，当时华资私营银行内部的竞争同样激烈。民国初年，特别是第一次世界大战前后，私营银行业迎来了第一个发展的黄金时期，1925年全国实存私营银行130家，实收资本从1912年的747万元增

---

* 王丹莉、王曙光：《近代天津金融史上的创举：四行储蓄会和四行准备库》，《金融博览》2018年第7、8期。

加到9308万元。为了争取储户，新设的华资银行之间不得不进行"恶性竞争"，大家纷纷高息揽存，致使华资银行的经营环境日趋恶化。正是在这样的条件下，一些私营银行开始对自身经营模式进行反思。为了"抱团"与外资银行竞争，为了结束华资银行之间的恶性竞争，四行储蓄会这样的合作联营机构应运而生。

1921年，位于天津的盐业、中南、金城三行决定"协议联营"，制订了《三行联合营业事务所简章》以及《联合营业规约》，规定联合营业之范围，以"不侵害各行各自之营业为限"，并规定三行联合后有"互相协助之义务"。1922年大陆银行加入，从而形成四行联营之局面。1923年1月四行代表在北京开会，决议在四行联合营业事务所之下设立四行储蓄会，"储蓄会之营业，完全独立，与各行之盈亏无关"。也就是说，四行储蓄会是一个独立于四行之外的机构，既要实现四行之间的优势互补与信用联合，又要切断与四行之间的风险传递关系，使四行储蓄会可以保留比较独立、超脱的地位，防止四行的不当介入。

四行联营的形式，除了四行储蓄会之外，还有一个重要形式，就是四行准备库。北四行中只有中南银行一家因系华侨资本，获得了钞票发行权，而其他三家均无此权力。四行联营后，"中南银行为慎重政府赋与发行权及保持社会流通之信用起见，特将本行发行钞票规定十足准备之章程，联合盐业、金城、大陆各银行设立四行准备库，公开办理，以昭核实"。这就是四行准备库的由来。而"准备库职务专办钞票之发行、准备金之存储以及印票兑现一切事务，不兼做其他营业"。而且，四行准备库有专门的机构，"无论在何地方均须特立机关设置于四银行之外"。可以说，成立四行准备库、联合发行中南银行钞票是北四行联营后做出的一个重大决定，而这一举动对于增强四行的社会信誉起到了重要作用。

北四行联营集团的构建是近代华资私营银行的一个重要的制度创

新，在一定意义上，我们可以将其视为私营银行发展初期的信用联合。其合作的初衷，是希望在外资银行的夹缝中寻求华资银行的立身之地，通过合作来实现华资银行的壮大。不得不说，这是中国金融史上特殊的历史时期"被逼迫出来"的金融智慧。通过这种合作，不仅提高了参与联合的私营银行的信誉和实力，还极大地降低了它们本应独自承担的运营风险，为华资银行谋求了更大发展空间。这段天津金融史上中国银行业组建"联合舰队"抱团出海的创举，值得今天借鉴。

四行准备库和四行储蓄会是大陆、中南、盐业、金城四家银行联营的核心内容。四行准备库有利于中南银行钞票的发行。四行准备库成立后，相继在上海、天津、汉口三地设立分库，办理发行及兑现一切事务，由四行委派专人负责，规定所有库内资金不得移作他用，且账目独立并定期将发行准备检查报告登载于《银行周报》及各大报刊公示。而各行在领用钞票时都必须严格执行"十足现金准备"的约定，后来这一标准虽然有所降低，但各行仍须以至少六成的现金和至多四成的保证（如放款押品的地契、证券等）向四行准备库换用钞票。北四行的合作使中南银行发行的兑换券很快赢得了社会公众的信任，其发行额也逐年递增。1922年四行准备库成立之初，发钞额为250万元，在当年的全国重要发行银行总额中仅占2.12%，1923年发钞额即上升为1407万元，占10.01%，而当年交通银行发钞额为3852万元，占27.4%，到1935年时四行准备库印钞多达1.03亿元，其中流通券7728.24万元。在当年全国重要发行银行发钞总额中占12.28%，高于占11.86%的交通银行而位于中央银行及中国银行之后，排在第三位。直到1935年底国民政府执行法币政策，收回普通商业银行货币发行权时，四行准备库才宣告结束。

四行储蓄会的创办同样可以被视为当时私营银行的一种经营创新，因为它与各行下属的储蓄部经营方式有明显的区别。其时"国内储蓄大都偏重抽签给奖，储蓄者历久不中，已生厌心"，四行领导人认为这正是提倡正当储蓄的大好机会，于是才有了四行储蓄会的创办。四行储蓄会实行会员制，盐业、金城、中南、大陆四行为基本会员，各出资二十五万元，作为储蓄会的基本储金，而其他储户均为会员，他们除了可以得到按周息七厘计算的固定利息外，还可以分享红利。储蓄会每半年决算一次，"除去各项开支及储金七厘利息外，如有盈余，应先提公积一成，余作十成分配，以五成为红利"，如果没有盈余甚至有所亏损的话，则由基本会员"负保本保息之责"。即不论怎样，都可以确保储户的固定利息收入。

当时的四行储蓄会主要经营五种储蓄存款，其计息和分红方法都与一般的银行不同：（1）活期储金——即一般银行的活期储蓄存款，分存折、支票两种，利率为周息4厘及3厘，此种存款不参加年终分红。（2）定期储金——定期两年，一次交纳50元者为一份，按份存储，周息7厘，连同应分红利每年复利一次。（3）分期储金——每月缴纳2元，至25个月满期者为一份，得存半份。周息7厘，每次结算时可按存款多少分享红利。（4）长期储金——定期十年，每份50元，按份存储。周息7厘，1926年以前每年计息1次，后改为每半年复利一次。（5）特别储金——原则上本金须在万元以上，期限须在一年以上，金额和时间由会员自定，利率仍为周息7厘，其他计算方法同长期储金。而且，四行储蓄会的章程中对于存款的用途也有严格的规定，为确保安全，储金几乎不参与工商业放款，而主要用于以下投资："国家或地方有确实基金之债票购入或抵押；各繁盛商埠之地产及房产押款；生金银及外国货币押款；本会储蓄证为抵押之押款"等等。四行储蓄会以其良好的信誉和较高的回报吸引了大量存款，其增幅令人惊叹。而它的成功运营无疑对提升北四行的社会形象和信誉有很大帮助。

除了四行准备库、四行储蓄会以外，北四行还曾共同设立过四行信托部、四行企业部、四行调查部等联营机构。信托部主要是经营信托和商业银行业务，而企业部和调查部则是为四家银行和储蓄会办理一些信用调查等方面的工作。但这些机构的影响都不如四行准备库和四行储蓄会。

四行联营对于北四行业务的拓展、对于北四行提升对外国银行的竞争实力、对于增强北四行的信用，都具有重要的意义。四行联营的成功有其主观条件，北四行高层领导人之间的密切关系为联营的实现奠定了基础。比如说中南银行经理胡笔江和金城银行经理周作民曾是交通银行的旧同事，周作民与盐业银行经理吴鼎昌曾为北京政府财政部的先后同僚，三人关系非同寻常，且同为金城的发起人，只不过后来吴、胡二人又加盟其他银行。而大陆银行经理谈荔孙与吴鼎昌在日本东京高等商业学校就读时就是同学，私交甚好，回国后又都曾供职于中国银行，谈与周还有亲属关系，这种彼此之间千丝万缕的联系使得四行的合作更容易达成。然而，对于提高信誉、扩展业务、增强实力的迫切要求才是促使四行最终走向联合的关键要素。

北四行的联营可以看作是近代华资私营银行发展初期进行信用联合的一次尝试。就当时的发展水平而言，银行的业务主要可以被分为"受信"与"授信"两大类，这其中"受信"是基础，如果不能获取公众的信任并有效地将社会上的闲散资金集中起来的话，银行的"授信"业务根本无从开始。四行联营两个最主要的表现形式是四行准备库和四行储蓄会，前者是以四行共同信用为担保联合发行中南银行兑换券，而后者则是通过四行共同出资、推广保底储蓄的方法来大量吸引存款。北四行为什么在合作之初选择准备库和储蓄会作为经营核心是值得思考的。不难发现，不论是四行准备库，还是四行储蓄会，都是为了"受信"而服务的，事实上是借助于四行的联合来提高声誉，赢取公众的信任。正是在这个意义上讲，我们将北四行早期的合作定义为"信用联合"。

不能忽略的历史背景是，大部分华资私营银行都成立于民国初年，它们的发展在当时应该说才刚刚起步，处于初创阶段，而面临的对手却是资力雄厚、经验丰富的外资银行。在这种境况下，要争夺外商银行的市场份额、为自身树立起一定的社会信用并不容易。由于单个银行的力量过于弱小，因而北四行的合作从为"受信"服务开始也就在情理之中，这是它们在市场竞争中的必然选择。四行联营放大了北四行的信用，使北四行在很短的时间内能够立足津门，并成为全国实力最强的一批银行。

具体来说，四行联营的积极作用表现在三个方面：第一，它提高了社会公众对于联营组织以及四家银行本身的信任程度。从中南银行兑换券历经几次挤兑都依然信用昭著和四行储蓄会不断增长的存款总额来看，北四行的联营确实达到了预期目的。以相关数据为例，单就储蓄存款而言，1934年四行储蓄会的存款总额已高达114246029元，在当时重要的华资银行中名列榜首，而金城、中南、大陆、盐业四家银行也位居前列。第二，通过联合降低运营风险。早在联营之初，它们即已确立主旨："1. 在平时联合，如共同投资于实业，可使范围扩大；2. 在有事时联合，可使危险减少。国家银行实际既不可恃为后盾，经营商业银行自不得不与同业携手。"在近代银行产生、发展的最初三四十年里，我国并不存在一个真正意义上的能够承担起监督、管理、担保等职能的中央银行，这里所谓的"国家银行"指的是具有一定官方银行色彩的中国银行和交通银行。由于和一些私营银行的特殊联系，它们常能在后者遇到困难时提供一定的援助，但这种帮助是随机性的，缺乏制度上的保证。四行准备库的出现事实上就是对央行部分职能的替代，只不过作为一种保障和抵御风险的机制，它还只是局限在一个比较小的范围之内，但却足以为北四行提供必要的信用支持，减少了可能面临的挤兑风险，而联合开展业务也利于各行经营风险的降低。第三，联营有助于壮大四行的实力。这不仅表现在四行储蓄会为它们赢得了更多的可支配资金，更重要的是，联营增强了四行彼此之间的协作和互助，从而在拓展业务的同时减少了一些不必要的开支和成本，提升了它们的整体竞争力。

北四行的联营是近代华资私营银行组织与经营方式的一次重大创新,在天津近代金融史上书写了辉煌的一页。四行联营的很多制度设计和制度创新,直到今天仍具有一定的启发和借鉴意义。

三、金城银行的命运沉浮[*]

金城银行是中国近代金融史上最为知名、经营规模最大、业绩最为优异、影响力最大的华资私营银行之一,在中国近现代金融史和经济史中占据重要地位,堪称中国近代银行业的翘楚和领军者。金城银行是近代天津"北四行"联营集团的核心力量和主要支柱,对天津近现代的工商活动产生了广泛的影响,同时也对整个中国的商业贸易和工业发展产生重要影响,是研究中国近现代工业化进程和民族工商业变迁不可忽略的重要研究对象。

金城银行成立于北洋政府时期。其"行史稿"载:"民国初元,经济社会趋于新式,国人均以发达工商业为职志。其时适欧洲大战期中,银涨金跌,各外商银行因资力及战事关系,均无暇经营中国事业,而中国工商业也有勃兴之势。……平津一带,产业渐兴,需要金融机关,于是商业银行遂应运而生。本行发起人乃于民国六年[1917]春开始组织。"[①]这一段可以说把金城银行初创时的国际背景和国内工商业发展背景讲得极为清楚。1917年成立之时,发起者为这个"新生儿"起名"金城","盖取金城汤池永久坚固之意也"[②]。从1917年奠基到1952年私营金融业全行业公私合营,金城银行共历35年。其中1917年至

---

[*] 王曙光、王丹莉:《金城银行的兴衰沉浮(上)》,《金融博览》2018年第9—11期。

[①] 中国人民银行上海市分行金融研究室编:《金城银行史料》,上海人民出版社1983年版,第5页。

[②] 金城档案:《金城银行创立二十年纪念刊》,1937年印行,第119页。

1937 年抗战爆发为前期，这 20 年为迅猛发展的时期；1937 年至 1952 年社会主义改造为后期，为艰难曲折发展时期，最后经社会主义改造，金城银行融入新中国金融体系。这 35 年，金城银行历经北洋政府时期、大革命时期、南北统一后经济复兴时期、抗战时期、国共内战时期、新中国社会主义革命时期，经历了中国近现代史上最艰难困苦和曲折动荡的时期，也见证了此一时期中国工业化和金融现代化的艰辛历史进程。

金城银行是当时的军阀官僚资本和金融资本相结合的产物。金城银行的创立者大概可以分为两类：一类是安福系，一类是交通系。所谓安福系，即皖系军阀官僚及与其有重要社会关系的人士，包括安徽省督军倪嗣冲（以其子倪幼丹出面）、安武军后路局督办王郅隆、陆军部次长徐树铮、天津造币厂监督吴鼎昌、长芦盐运使段谷香、山东财政厅长曲荔斋、陆军部负责军饷发放的陈星楼等；所谓交通系，就是与军阀官僚有密切关系的交通银行当权人物，包括总行协理任振采、北京分行经理胡笔江、总行稽核课主任周作民。从金城银行的资本来源来看，其最大的出资者是军阀和官僚，其投资比重在 1917 年为 90.4%，到 1919 年时占比为 82.1%，其中倪和王两家的投资占总额的 56% 和 34.85%。[①]

军阀和官僚在金城银行发展初期起到主要的作用，他们不仅是金城银行资金的来源，而且为金城银行带来大量的业务，金城银行的大量存款来自于这些军阀和官僚以及与他们有千丝万缕关系的相关人士，银行的贷款也很大程度上投到了与这些军政界人士有关的企业和产业。金融与政府和军界的关系过于紧密，这反映出华资私营银行在近现代发展的一个重要特征，即华资私营银行作为金融资本，在很大程度上得益于官僚资本和军政权力的庇护与支持，同时金融资本也在其金融经营活动中有力地支持了官僚资本和军政权力的扩张，他们之间是一

---

① 《金城银行史料》，前言，第 1、7 页。

而二、二而一的关系,彼此不可分离,互利共荣。当然这也是近代华资私营银行的一个内在弊端,银行尚未成为独立的经营实体,还受到官僚军阀的控制、利用和约束,当中国军事政治局势动荡且发生重大变局的时候,金融体系就会受连累而遭受重大危机。从下表所显示的1927年金城银行的大股东来看,其中所列的都是大军阀、大官僚,且不乏吴佩孚、孙传芳这样的顶级军阀,令人惊异的是曾任大总统的徐世昌、黎元洪,以及曾任国务总理的梁士诒和熊希龄也赫然在列,这就充分说明当时金城银行在军界和政界的后台是多么强大了。

1927年金城银行大股东及其入股金额

金城银行股东	任职	入股额
倪嗣冲	安徽省督军	89.1万元
王郅隆	安武军后路局督办	24.1万元
徐树铮	边防军总司令	11万元
吴光新	长江上游总司令	5万元
王占元	湖北省督军	11.9万元
卢永祥	浙江省督军	6.6万元
王承斌	直隶省督军	5万元
吴佩孚	巡阅使	10万元
孙传芳	五省联军总司令	5万元
萧耀南	湖北省督军	5万元
田中玉	山东省督军	6万元
鲍贵卿	陆军总长	2万元
徐世昌	大总统	11.4万元
黎元洪	大总统	1万元
梁士诒	国务总理	5.1万元
熊希龄	国务总理	5万元
曹汝霖	交通总长	3.3万元
周自齐	财政总长	2万元
朱启钤	内务总长	0.5万元

数据来源:《金城银行史料》,前言,第8—9页。

1920年安福系失败，这给金城银行的业务带来很大的冲击。大股东并兼任金城银行第一任总董的王郅隆在安福系失败后被通缉，1923年在日本因地震死于横滨。为了应对安福系失败带来的影响，金城银行董事会改组，交通系的梁士诒代理总董，而周作民也辞去交通银行的职务，专任金城银行的总经理，并采取紧急强硬措施改组银行，加强总经理的权力，从而使金城银行转危为安。在这个过程中，金城银行在股权结构上也采取积极措施进行改善，北洋军阀的股权比重明显在减少，而工商业者和买办的股权比重增加较多。比如在1922年金城银行资本收足500万元时，军阀官僚股本在资本总额中的比重由1919年的82.1%剧降为1922年的62.71%，工商业者比重和买办的比重则分别由3.65%增至18.66%、0.75%增至5.14%，这个股权结构的变化反映了当时军阀势力下降、工商业勃兴的事实，也反映了金城银行本身的战略转变，就是要更大力度地加强工商业者股东，尤其是增加中小股东。应该说，这一举动，对于金城银行后来的发展意义重大，金城银行在股权结构上的大胆和果断的调整，可谓一箭双雕：一方面，吸引更多中小股东，改善股权结构，使股权更分散，改变大股东把持董事会的局面，借机摆脱几个大董事的约束；另一方面，工商业者的更多加入，也是金城银行进一步深入联结工商业的标志，使金城银行更多地支持正在勃兴的工商企业，从而在一定程度上矫正过于依赖军阀官僚资本的弊端。同时，总经理周作民还用了另外的关键一招，就是以金城银行本行的资金收购股份，这就是所谓"行股"，到1927年北洋军阀倒台时"行股"已经达到资本总额的12.84%，到1935年更增加到19.24%（而1935年新旧军阀官僚的股份仅占总额的16.88%），这就使董事会中军阀官僚资本的势力更加式微，总经理更能控制股东会和董事会了，大大强化了周作民本身的权力。

1917—1927年之间一个极为重大的事件是周作民和吴鼎昌、胡笔江、谈荔孙等当时天津银行业的巨头，将金城、盐业、中南、大陆四家银行联合起来，组成联营集团，组成联营机构，其中四行储蓄会和四行联合准备库等联营形式为四行的业务发展起到重要作用。北四行通过这种极富智慧的金融创新形式，增加了彼此的信用和实力，使北四行的经营规模得到迅速拓展，影响力剧增。金城银行从北四行的联营中获益甚大，因此即使在这十年的风雨飘摇中，金城银行却迎来了比较快速的发展，十年的纯收益累计达1065万元，为投资者带来丰厚的股息收入。

1927年，国内政治局势发生巨变。北洋政府垮台，金城银行也丧失了政治靠山，又遭遇了前所未有的挑战。为了应对这次危机，金城银行及其创办人和实际控制人之一周作民进行了经营战略的调整和政治方面的应对。一方面，金城银行在经营战略上更加注重吸引中小工商业股东，加大对工商业的放款支持，同时将经营的中心逐步南移到长江流域及华南地区，在上海、广州和香港都增设了新的机构，并安插了自己的嫡系，1936年总经理处移至上海，周作民身兼总经理和董事长两职，奠定了自己的控制地位；另一方面，在政治方面周作民也迅速向国民政府靠拢，为金城银行摆脱危机、适应国民政府新政治环境创造条件。周作民通过政学系张群、杨永泰和"江浙财阀"钱新之的关系，在国民政府中获得了一定的地位，先后担任财政委员会委员、冀察政务委员会委员等职务，这些都为金城银行在1927年后乃至于抗战期间的经营活动创造了很好的环境。

从1927年到1936年，这十年之间，乃是全国基本统一之后着力发展经济的十年，这十年国内的政治经济形势相对西方而言比较稳定，因此获得了发展的空间，工商业和金融业都得到了一定的发展，有些人把这十年称为"黄金十年"，虽然这十年实际上也是内忧外患不断。在这十年中，金城银行的业务在不断扩张，在国内银行业的地位日益上升。从1927年至1936年，金城银行的存放款总额在全国25家主要私营银行中的比重增加较快，其中存款由8.71%上升到13.43%（存款总额比 1917 年增加 38.3 倍），放款由 7.92% 上升到 13.05%[①]，存款总额甚至一度超过上海商业储蓄银行而居各华资私营银行之首。金城银行在这十年中的快速发展，既有它本身得到更多政治支持的因素，有这个时期经济发展特别是工商业发展的因素，当然也有金城银行本身经营管理创新和锐意进取的因素，其中周作民的作用是非常关键的。

值得一提的是，在这十年当中，金城银行在战略上极为重视对工商事业的贷款，对中国现代工业的发展起到积极的推动作用，在一定程度上推进了中国的工业化进程，扶持了棉纺织业、化学工业、造船工业、煤矿业、面粉工业等一大批民族工业企业。同时，金城银行通过各种创新方式，积极参与了工业企业的投资、管理与运营（如周作民担任董事长的企业就有 11 个，任常务董事的企业有 5 个，任董事或监察人的企业有 8 个）。在棉纺工业方面，金城银行斥巨资对棉纺工业放款，与中南银行合组诚孚信托公司管理有关纱厂，并与中南银行合购上海溥益纱厂（改名新裕）和天津北洋纱厂，与中南银行共同代管天津恒源纱厂。金城银行还贷给大生纱厂巨额款项，并代表各行参与厂务管理。在化学工业方面，金城银行对永利制碱公司进行了巨额的资金支持，支持了早期中国化学工业的发展，避免帝国主义对中国化学工业的垄断。永利公司试制洋碱时期，金城银行单独予以 60 万元的巨额放款，后来在永利试办硫酸铔厂时期，金城以及其他银行继续予以巨大支持，1937 年 6 月金城对永利的放款高达 245.5 万元，使其免受英美帝国主义的攫取。金城等银行还承受了永利的巨额公司债，并给予其巨额抵押透支借款，这些行动，都给永利公司和范旭东（中国近代化学工业之父）以巨大的支持，周作民还自任永利化学工业公司的董监。在造船业方面，金城银行对民生公司给予大力支持，承购其巨额公司债并进行大力放款，并与民生公司合资接办中华造船厂，周

[①] 《金城银行史料》，前言，第 4 页。

作民自任董事长，卢作孚任常务董事。在中国近现代工业还处在艰难起步阶段、同时处于帝国主义侵夺压迫的大环境下，金城对永利、民生等民族工业的鼎力支持，具有非同寻常的意义，金城银行对中国早期造船业、化学工业、棉纺织业等民族工业发展的历史贡献，是不能抹杀的。

作为民族金融业的中坚，金城银行自肇创至全面抗战爆发之前的二十年中，获得了空前的扩张，这一时期也是民族金融业发展最为迅猛的时期；然而在1937年至1949年之间，金城银行也和其他私营银行一样，进入了一个坎坷曲折的发展时期，既受到日本帝国主义之压迫与欺凌，又受到国内官僚垄断资本主义的盘剥与排挤，可谓在夹缝中生存。在这一时期，金城银行在掌舵者周作民的引领下，在艰苦卓绝的内外环境中求发展，一方面通过各种经营活动保存实力，并与各种政治力量展开周旋以拓展生存空间，另一方面亦努力通过金融活动继续支持本国工商业的发展，勉力维持其业务规模，使金城银行在这十几年中仍然保持着国内私营银行界首屈一指的地位。

1937年全面抗战爆发之初，金城银行为庆祝建立20周年，出版了《金城银行创立二十周年纪念刊》，强调金城银行遵循服务社会之宗旨并根据时势而灵活应变的经营策略："历年业务方针，自以创立之旨趣为基准，惟为适应时代之需求，不能不随宜酌采相当之方策"，"以银行既为社会机关之一，……立志期成其为社会事业"，"以辅助国民经济之发展为职志"①。在全面抗战爆发之后的1941年，周作民发表《本行廿四周年纪念日感言》，强调"本行于创立之初，即以服务社会公众为职志，凡所经营，辄视其公益性质之为何如，力求有裨于生产建设"②。自然，在抗战时期极为艰苦困厄的大环境中，金城银行

---

① 金城银行：《金城银行创立二十周年纪念刊》，第109、111页。
② 发表于《金声》第23期，1941年6月15日。

金融文化

要想"不改初心",继续服务社会大众、扶助工商企业,自会遭遇各种困难。抗战初期,原本金融业非常繁盛的上海,其金融中心地位有所跌落,金城银行在全国性的谋划布局中,也开始将战略中心向后方转移,开拓西南西北地区市场。金城银行1939年作的一份调查中说:"全国金融向以上海为领导,战后不仅贸易额惨落,各种押款亦无从料理,金融业殊感出路困难,同时政府西移之后,贸易重心移转西南,于是西南各省之金融事业,顿觉繁盛。"[①]金城银行战后在西北西南广设分支机构,自1938年在昆明、贵阳、重庆三地增设分支机构以来,金城银行在西北西南等后方共设置分支机构二十三处,"大凡后方较大之城市,无不有该行机构之设立"[②],1941年4月又在重庆成立管辖行,统辖西南西北各行处,与上海总处划分资金实行独立核算。抗战之后金城银行在全国布局上的扩张,对于金城银行存放款业务的拓展,有着重要的意义,当时金城银行在国统区的大量分支机构投资的大小企业达四十多个,包括钢铁、煤矿、化工、航运、贸易等各产业,为后方工业的发展做出了一定的贡献。周作民在抗战时期仍旧对范旭东创办的永利化学公司、卢作孚创办的民生实业公司(交通运输业)竭力扶助,表现了极高的胆识与魄力。当然,这种经营格局上的拓展,也适应了抗战时期国内经济局势的巨大变化,使金城银行能够在战时的复杂环境中,一方面在沦陷区厚集资力,套购外汇与黄金,一方面在后方大量搜购与囤积物资,并通过投机获得大量的经济利益。这是金城银行在抗战的特殊时期获得"畸形发展"的重要原因之一,也是当时的民族金融业在复杂的经营形势下不得不做出的无奈的战略抉择。

客观地来说,金城银行在抗战时期恶性通货膨胀下既有损失的一面,也有获利的一面:从损失的一面来说,战前它贷给国民党政府的

---

① 《金城银行史料》,第684页。
② 《金城银行史料》,第689页。

第四辑　与时偕行：从天津金融史看近代金融文化之嬗变

铁路放款、政府机关放款和购置的公债库券，数量庞大，这些放款大部分已经付诸东流，国民党政府基本未归还，金城购置的公债在战后物价上涨数千万倍时却被政府仅以票面价格清偿，实际上与掠夺抢劫无异；但是从获利的一面来说，随着货币贬值，金城银行庞大的存款折合黄金的数量急剧下降（1937年全部存款折合黄金1393520两，而1945年只折合1554两），金城只需极少的黄金就可以把全部存款清偿，这无异于对广大储户的一次巨大的剥夺。就如《金城银行史料》的编者所说的："通货膨胀过程中发生的国民收入的再分配，是官僚买办资产阶级对广大劳动人民最深重的剥削与掠夺，金城同其他几家大型私营银行一样，总的来说，也从中得到了分润"[1]，这个评价是非常精当和客观的。

抗战之后，在恶性通货膨胀的打击之下，在官僚资本银行的挤压之下，私营银行的处境越来越艰难，实力逐步萎缩。1937年抗战刚开始的时候，金城银行的存款总额为15900万元，折合黄金139万两，到1948年12月，存款总额只有4154万元，折合黄金仅剩1万两；1937年6月金城银行存款占国家资本银行存款的6.52%，到1948年6月，这个比例急剧降低到0.61%，国民政府控制的"四行二局一库"（中央银行、中国银行、交通银行、中国农民银行、中央信托局、邮政储金汇业局、中央合作金库）对金融的垄断进一步挤压了私营银行的发展空间。1948年8月，为进一步搜刮国民财富，国民政府废止法币，发行金圆券，金圆券1元折合法币300万元，同时限期收兑黄金、白银、银币和外国币券，金城银行遂将近200万美元外汇资产造具表册，呈报中央银行。国民政府的币制改革政策10个月之后即告崩溃，国民党政权随之亦灰飞烟灭。在此期间，周作民本人遭受蒋经国胁迫，要求其交出个人所持外汇，其人身安全亦受到威胁。金城银行

---

[1]《金城银行史料》，第557页。

金融文化

亦被迫申报外汇资产,并在政府勒令下被迫现金增资(实际上是政府逼迫银行交出黄金与美钞),金城银行陷入危局。1948年12月8日,设立行务讨论委员会,期待在"时局动荡时期""集思广益",度过危机;1949年5月为"适应非常环境、敏捷处理行务",复成立行务讨论执行委员会,周作民等在香港给金城银行总处写信称:"值此环境,本行业务停顿,同人生计维艰,益以战云密布,人心恐慌,引颈北望,忧心如焚"①,反映了周作民此时的彷徨忧虑的真实心境。

在金城银行业务基础已经被国民党政府摧残殆尽因而陷入危境、国民政府即将倒塌之际,周作民与爱国民主人士李济深多有往来,1948年李济深北上来京,周与李仍有书信往还,并与李相约于1950年3月自香港返回内地,后因周作民健康状况不佳而未能实现。上海解放初期,金城银行在上海的业务遭遇危机,上海总行经理徐国懋北上请求人民银行支援,人民政府为维护金融稳定和私营银行发展,给以大力扶持,这个举动令周作民深受感召。周作民终于从怀疑观望犹豫不决,最终决定返回,1950年8月周作民由香港经天津北京,返归上海。周作民是金融界头面人物中第一个从香港回来的。他在北京受到周总理的亲切接见,与李济深、黄炎培、章士钊等老友相见,并作为全国政协会议特邀代表列席政协第一届全国委员会第三次会议。周作民的举动,对全国私营银行界以至于全国工商界领袖人物影响甚大,随着周作民的北归,金城银行的命运也由此转机。根据徐国懋的回忆,解放初期人民政府为帮助金城银行解决债务问题,曾收购金城和中南二银行共同投资的新裕纱厂的一个工厂,潘汉年曾经让时任上海财政局局长的顾准见周作民,说明政府愿意支持金城,对于周的任何要价均照数接受,这使周作民深受感动。②这一切,都促成了周作民的转变。

---

① 《金城银行史料》,第895页。
② 全国政协文史与学习委员会编:《回忆周作民与金城银行》。

第四辑　与时偕行：从天津金融史看近代金融文化之嬗变

上海解放后，为稳定金融扶植生产，华东军区司令部公布《管理私营银钱业办法》（详参《解放日报》1949 年 8 月 21 日），金城银行遵令登记和增加资本，解放前恶性通货膨胀所遗留的问题仍很严重，金城银行虽仍处于举步维艰的状态，但对人民政府维持金融稳定的信心已经开始逐步确立。金城银行 1949 年 12 月 8 日举行行务会议，在会议总结记录中写道："目前一般私营银钱业处境大致相仿：（一）金融资力薄弱，各行庄经过国民党反动派的长期搜刮，本身力量均已十分脆弱，而存款数字与战前相较尤为渺小。……（二）历年通货恶性膨胀，人民久已养成重货轻币及高利贷心理，各地解放后，人民币币值虽已稳定多多，但社会一般习惯，未易立即消除，以此银钱业存款利息率仍极高，物价稍有波动，头寸立感异常紧俏。（三）近年同业竞争之剧烈，已趋白热化，正当行庄业务的发展极受影响。基于上述三因，我人欲以商业性的资金来从事于较长期性的工业投资或贷放实有困难，……政府近来已严厉取缔地下钱庄，以充沛正当行庄存款资金的来源，成效当可渐著。"① 从此记录透露出的语气来看，金城银行此时的心态正渐趋积极光明，对自我的认知和对时势的判断也逐步清醒和理性。而此时的人民政府，对银钱业的整体判断也异常犀利和准确，1950 年 8 月 24 日《人民日报》发表社论，非常深刻地指出："中国银钱业过去的发展是畸形的。……由于中国民族工商业饱受帝国主义、封建主义和官僚资本主义长期的压制与摧残，以致银钱业不能与工商业相结合，而被帝国主义、封建主义和官僚资本主义所胁持与利用。帝国主义利用银行钱庄在我国收购土产，推销洋货；封建军阀和国民党四大家族通过银行钱庄搜刮财富，筹措内战军费。银行业麇集上海，大部依靠帝国主义和官僚资本，追求公债、金银、外币和房地产等投机的利润。抗日战争以来，通货膨胀绵延十二年，人民困苦加深，正

---

① 《金城银行史料》，第 921 页。

当工商业凋敝,然而银钱业却呈现畸形的繁荣。当时的这些银钱业,或直接参与投机,或与工商业中的投机经营相连结,因此,他们的发展与繁荣,是建筑在投机的基础之上的。投机与暴利腐蚀了银钱业,使他们盲目地扩大机构,增添人员,提高待遇,铺张浪费;逐步脱离了对正当工商业的联系,更脱离了人民。这一发展与繁荣是虚假的,造成了银行机构在大城市的畸形增加,在中小城市则急剧减少。"这篇精彩的社论,对抗战前后银钱业经营的状况和困境进行了极为精到的分析,验之于金城银行,也相当恰切。新中国成立之后,金城银行的经营环境发生了翻天覆地的变化,人民银行对金城银行等私营银钱业的困难加以周济,1950年4月12日徐国懋给周作民的信中写道:"我行存款自三月底起,……骤告跌落,……以致每日轧缺,深感拮据。此在目前固不止我行为然,同业中如……或更有甚焉。所幸人行已洞悉艰难,对我行等皆特予协助。"[1]

在新的形势下,金城银行开始改变经营方向,致力于工商业贷款,此间金城银行曾联合十四家银行组织放款集团,对上海永利化学公司进行联合放款[2];金城银行还举办小本贷款,支持小型工厂、家庭工业和小本商贩的经营,并与浙江兴业等十八家行庄组织"农贷联合银团",支持农业贷款,并派员下乡实地调查农村经济情况,开办农贷学习班,使职工熟悉农村情况和农村信贷情况。这些举动,都表明金城银行基于对时势的崭新判断,开始进行战略的深刻调整,开始对工商业(包括小型工商业)和农民进行贷款支持,其业务方向逐步走上了正轨。1950年8月,全国金融业联席会议在北京举行,会议在团结公私金融业力量、共同扶持生产的前提下,详细研讨了调整金融业和工商业的关系、调整金融业的公私关系以及调整劳资关系等问题,使

---

[1] 《金城银行史料》,第925页。
[2] 《金城银行史料》,第927页。

金融业能适应国家经济建设的需要。① 会后行庄感到政府不但指出了道路，而且调整了公私关系，给行庄以转抵押、委托业务、汇兑折扣等支持，信心逐渐恢复，一些行庄（如上海、浙兴、金城、大陆、中南、国华、聚兴诚、和成等八家）要求政府接管属于依法应予没收之敌伪股份并指派公股董事，人民银行亦同意其申请。人民银行向金城银行派了两位公股董事（人民银行华东区行行长陈穆和人行总行设计计划处处长曾凌），1950年8月14日董事会改组，陈、曾两位被选为常务董事。1951年，经过经营方向的调整和人事的调整，金城银行的业务逐步好转，存放款均逐月稳步递增，开支节减，扭转了亏损局面，收支基本恢复平衡，到下半年并有盈余，使金城银行上下倍感振奋。1951年9月，公私合营"北五行"联合总管理处成立，公私合营"北五行"联合董事会董事长为周作民。金城、盐业、大陆、中南、联合等五家银行从此不再是单纯的私营银行，而是有着国家投资并由国家派遣干部同资本家共同经营的国家资本主义高级形式的银行。② 1952年11月，包括公私合营"北五行"联合董事会在内的五个公私合营银行联管总处，向人民银行申请组织公私合营银行，自此私营金融业实行全行业合营，60家行庄组成公私合营银行，联合董事会推举周作民为副董事长，金城资方有五人任董事，12月成立联合总管理处，并由周作民副董事长的提议，总管理处于1953年5月5日由上海迁移北京。在此间进行的对金城银行的清产核资中，金城由于对工商业投资较多，清估结果，比原来金城的股本竟有升值，使周作民深感宽慰。根据徐国懋1960年的回忆，周作民曾说他主持金城几十年，最后有这样的结果，对股东也算是对得起了，若不是公私合营，人民银行的大力支援，我行的问题真是无法解决，言下之意，对政府的措施，他衷

---

① 《人民日报》1950年8月3日第2版。
② 《金城银行史料》，第912页。

心感激。①

　　私营银行的社会主义改造的胜利完成,标志着金城银行的历史使命业已完成,金城银行作为我国民族金融业的代表,自此画上了一个圆满的句号。金城合营后,周作民将自己持有的金城银行以及其他合营银行股票及私藏书籍捐献公私合营银行董事会。1955年周作民在沪因心脏病突发逝世后,其在香港的全部财产和私藏文物皆遵周先生生前之嘱捐献国家。周作民作为我国民族金融家的杰出代表,其风雨一生,也画上了圆满的句号。

---

① 《金城银行史料》,第1001页。

四、金城银行的经营哲学*

金城银行一个重要的经营理念可以概括为重本、务本、固本。什么是银行业的"本"呢？银行业的"本"就是要恒久不懈地支持产业的发展，并以自己的金融产品的创新来响应产业的需求，与产业共成长。脱离了产业，银行就是无源之水无本之木。金城银行在其三十多年的经营中，可谓备历坎坷沉浮，但是无论政治经济形势多么复杂多变，金城银行都始终能够审时度势，将自己的经营重点放在产业上，抓住机遇扶持国内工农产业的发展。在中国工业化进程刚刚起步的二三十年代，以金城银行的创始人周作民为代表的民族金融家即以高瞻远瞩的眼光、敢为天下先的企业家创新精神和过人的胆略魄力，扶持了中国的化学工业、船舶制造业、矿业、纺织业、铁路建设和交通业等工业的发展，而且在农业贷款方面开了先河，为中国的早期工业化做出了历史性的贡献。

金城银行刚刚成立之时，由于其股权结构和发起人结构中大部分与当时的达官贵人有关[1]，因此其经营策略在很大程度上不能不与这些官僚产生关系。实际上，金城银行在初创时期确实也借助政治方面的人脉关系获得了迅猛的发展，金城银行贷款的投放对象多为政府机关和公债库券，这些政府业务为金城银行获得了丰厚的利润。再加上周

---

* 王曙光、王丹莉：《金城银行的经营哲学》，《金融博览》2018年第12期。

[1] 《金城银行史料》，第6—8页。

作民长袖善舞,特别擅长与政界人物周旋、拉关系,因此早期的金城银行可以说因政界而兴,借政界而起,奠定了它在北方金融界的老大地位。但是二十年代中后期随着中国民族工商业的发展,金城银行便迅速调整自己的战略,它与政府的关系开始慢慢疏远(尽管不可能完全脱离与政府的关系),而与工商业的关系开始逐步拉近,从而完成了自己在经营战略上的转变,导致其放款结构发生了深刻的变化。金城银行顺应时代之变,与时偕行,不断对经营方针进行动态调整,而不固守自己原来的所谓优势,这一点难能可贵。我们可以从数据上看出这种明显的变化,1919年金城银行的工商业放款总额为556.4万元,到1923年即上升到1333.4万元,而到了1927年,更是翻了一倍,上升到2738.6万元,不足十年间这个巨大的变化,反映了金城银行经营重点已经发生了转移。而在工商业的放款结构上,金城银行也开始不断加大对工业企业的放款,而不断减少对商业的贷款,如1919年对商业放款占放款总量的31.59%,1927年下降至15.76%,而对工矿企业的放款占放款总量的比例则在这两个时间段分别为15.00%、25.55%[①],此消彼长的趋势十分明显,可以看出,金城银行越来越重视对工业制造业的支持。即使在抗战时期极为艰苦的条件下,金城银行对工业制造业的支持力度也没有消减,而是与工业制造业共克时艰,共同成长。一个很好的例子是,抗战时期我国纺织工业出现危机,一些纱厂面临业绩衰退甚至倒闭的危险境地。金城银行在关注风险的前提下,委任若干有能力的管理人员接管经营不善的纱厂;不仅如此,金城银行还和中南银行一起,共同组织诚孚信托公司,用以经营工矿企业,曾经借助诚孚信托对恒源、北洋、新裕等纱厂进行委托经营,周作民自任诚孚信托公司董事。[②] 以信托公司来介入自己放款投资的工

---

① 参见《金城银行史料》,第155页。
② 《金城银行史料》,第385—386页。

商企业，以改善其管理，提高其效率，并监督其运营，这是金城银行的创举，这一方式在今天仍有借鉴意义。

金城银行在支持企业发展方面颇显眼光与魄力，尤其在支持我国化学工业发展方面，周作民对我国早期化学工业的开创者范旭东欣赏有加，在信贷和企业管理上给以鼎力支持，范旭东和周作民可谓英雄相惜，彼此信任，堪称金融家与企业家合作共赢、同舟共济的典范。站在中国百年工业化的宏观历史视角来看，周作民支持范旭东等人开创的企业，不仅是促进金城银行业务发展的必要举措，而且更是推动了中国近现代以来的工业化进程，使民族工业在抗战时期这一关系民族国家命运的转折关头得以保存并发展壮大，为民族工业保存了一丝血脉。范旭东这个人对中国化学工业发展贡献卓著，他早年毕业于日本东京帝国大学化学科，1914年创建了中国第一家精盐制造企业——久大精盐公司，1918年创建了第一家制碱公司——永利制碱公司。永利制碱公司在创建初期困难重重，英国的卜内门公司当时垄断中国碱业，试图吞并永利，同时永利又遭遇资金瓶颈，生存岌岌可危。在这种情况下，金城银行自始至终对永利给以坚定的支持和巨大的资金扶助，承受永利巨额的公司债并给以巨额放款，金城银行还与其他银行组成银团给予永利巨额抵押透支。周作民明知道永利公司困难极大，风险极大，但是出于对范旭东本人的人格的信任和对于本国民族工业的支持，仍然坚定不移地支持永利渡过难关。两人同在日本留过学，彼此了解甚深，周作民认为范旭东具有勇往无前的创业精神，对其所办的事业具有信心，曾经对属下说，"范旭东这个人脾气耿直，平时绝少迁就，对人从不敷衍，自信力很强，事业心很重，也守信用"，"我深切知道范旭东做事扎扎实实，为人坚守信用，在他的周围又有一班工程技术人才，他的事业不会不成功的"[①]，可见周作民对范旭东的信

---

① 全国政协文史和学习委员会编：《回忆周作民与金城银行》，中国文史出版社2018年版，第47页。

任和欣赏。他们两人是君子之交，彼此惺惺相惜，周作民一直亲任永利制碱公司的董事长，但他对永利公司的具体事务从不过问，彼此非常默契。事实证明，周作民并非自诩"有眼光，有气魄"，而是真正有眼光、有气魄，他对永利的支持以及周范之间的故事，在中国近现代工业史上具有典范的意义。作为金融家，周作民不会仅仅意气用事、感情用事的，他对永利的支持既有个人对范旭东的信任，同时又有对中国大趋势的判断，尤其是对中国民族工业的大判断，这种家国情怀也是应该承认并加以褒扬的；但更重要的是，周作民还有着金融家的经营眼光，他对产业发展的判断十分准确而超前。有很多例子可以说明这一点，对民生实业轮船公司卢作孚的支持也是很好的案例，在此不赘述。

在不懈扶持国内工商企业的过程中，金城银行也不断在机制上进行探索和创新，创造了一些行之有效的与企业合作的模式。这些模式，旨在使金城银行与大企业建立密切的信任关系和合作关系，减少企业风险，提升企业管理效率，增加企业在公众中的知名度和信誉度，从而更好地扶持国内工业发展。金城银行深刻认识到，"经营工业之要素，厥为资金、技术与管理，三者具备，则事业之发达可期"[①]，而加强与企业的合作，不惟可以解决企业之资金与技术投入之瓶颈，而且可以改善企业之经营管理。周作民在自己支持的很多企业里担任董监甚至董事长，与企业的信息沟通十分密切，他对企业的运作了如指掌，这种方式十分有利于金城银行对企业的支持和控制，有利于银行和企业共生共荣。金城对于投资企业的掌握，大体上有以下几种方式：第一种是直接管理，比如上文所说的通过组织诚孚信托公司直接管理一些纱厂；第二种是重点管理，对一些重要的企业，一般由周作民或者金城的其他负责人兼任企业的董事长或者董事，并派员担任会计或稽

---

① 《金城银行史料》，第385页。

核;第三种是参与管理,只起到一定的了解信息和协作的作用,比如在一些企业中派员担任董事或者监察,介入程度比较浅;第四种是一般联系,基本不介入企业的经营管理和公司治理。这四种方式,视企业和行业的重要性而定。近代以来,金融资本和产业资本逐步出现融合的趋势,金城银行通过入股、控股、创办、委托信托公司经营等方式,深度参与了企业的公司治理和运营,表现了周作民独特的银行经营理念。《金城银行史料》"前言"中评论道:"周作民想把银行资本渗入到产业资本去的愿望是很强烈的,他想以银行为核心,控制一些工矿交通及贸易企业,'学日本三井、三菱的一套',作一个极有权势的资本家。"日本三井和三菱的模式,就是产业资本与金融资本相互融合的模式,与欧美模式有很大的差异。这一模式,对我国当前金融业和产业界的相互关系的探索也有一定的借鉴意义。

作为一家在近代史上具有重要地位的华资私营银行,金城银行一直根据不同的时代特点,审时权变,不断创新,以适应经济社会的发展需要,在经营方面既强调稳健可控、多元经营、分散风险,又强调抓住机遇,在业务方面开拓创新,具有敢为天下先的精神。值得一提的是,金城银行是我国农业信贷的拓荒者之一,也是我国小额贷款的最早的尝试者和探索者之一。1933年,金城银行与当时非常有名的倡导农民合作的组织"华洋义赈会"合作,进行农业放款,对我国农业农村发展和农业技术的提升起到了一定的促进作用。在20世纪30年代初期,农村高利贷盛行,根据1934年实业部中央农业实验所的统计,当时农民借款的95%左右来自于高利贷,而只有5%来自于正规信贷,而在正规信贷中,2.6%来自于合作社,只有2.4%来自于银行。[①] 当时中国银行、上海商业储蓄银行和金城银行等国内知名大银行都在农村金融方面进行了最早的探索,其中上海商业储蓄银行的陈

---

① 王文钧:《商业银行在农村中之动态》,《银行周报》1935年12月10日。

光甫是最早的倡导者之一，金城银行的周作民对农业放款也极为关注，而且取得了较大的成效。金城银行的农业放款和小额贷款多以北方为中心，周作民重视农业放款和小额贷款（即当时所说的小本贷款，包括农业和小工业的小本贷款），一方面看重此类贷款的社会影响和政治影响，同时也看中这块新的业务领域给银行带来的商业价值。金城银行对农业的放款，既有单独的放款，还有与其他组织共同合作而投放的联合放款。《金城银行创立二十周年纪念刊》载：金城之联合放款，"有与同业共组之中华农业合作贷款银团，有与政府及同业联合组织之农本局，有与各机关团体协组之河北棉产改进会等，并中央农事试验场之附属设备，亦有参加，或对棉花，或对米麦，协助其产销之改进"①。金城银行参与合办了华北农产研究改进社，与南开大学经济学院以及中华平民教育促进会一起倡导运销合作、推广良种、训练农民、贷放资金与保险、农村社会改良等各项事业，后来金陵大学、齐鲁大学都参与其中。周作民以极为积极和前瞻的姿态介入到农业信贷中来，为金城银行开辟了新的领域，也为金城银行赢得了较高的社会声誉。金城银行30年代为解决平民和贫民的生计而在天津、北京、山东、江苏、湖北等地广为开展的小本贷款，也具有同样的社会功效。以历史的眼光来看，这些对农村和城市下层民众开办的小额度的金融业务，具有一定的开创性，可以说是今天广为开展的小额信贷的先导。

---

① 金城银行：《金城银行创立二十周年纪念刊》，第153页。

五、近代银行业巨子谈荔孙与大陆银行的经营谋略*

大陆银行作为"北四行"之一,在我国近代金融史上占据重要地位。从1919年成立到1952年公私合营,大陆银行在33年的风雨历程中,秉持稳健审慎的经营作风和细密严谨着重长远的经营谋略,在时代的惊涛骇浪中顺时择机,避险趋利,一次次化险为夷,成为中国近代银行业中的佼佼者。长期执掌大陆银行核心权力的谈荔孙,在大陆银行发展过程中对该行的经营哲学的奠定和塑造,起到极为关键的作用。

1919年3月16日大陆银行股东在天津特别一区十三号张宅召开创立会,公推创办人谈荔孙为主席,在当日的创立会决议录中记载着谈荔孙创立大陆银行的初衷:"今日为创立会开会之期,全体股东聚集一堂,谨将成立各事为诸君略述之。窃维一国实业之振兴与夫国民经济之发达,胥赖银行调济其间,而后金融始能活动。矧兹国际息争,国内安谧,世界大势群趋实业,不于此时确立基础,国民经济从何发展?荔孙等有鉴于此,爰联合同志组织大陆银行股份有限公司,拟以总行设于天津分行,先从京津入手,次及沪汉,再逐渐推至各大商埠。"①4月1日大陆银行在天津开业,之所以取名"大陆银行",有"发

---

* 王曙光、王丹莉:《谈荔孙与大陆银行经营谋略》,《金融博览》2019年第1、3期。

① 天津市档案馆、天津财经大学编,黑广菊、刘茜主编:《大陆银行档案史料选编》,天津人民出版社2010年版,第2页。

展其业于东亚大陆之意"。

与金城银行等近代私营银行一样，大陆银行的创建，实际上是当时的军阀官僚资本与受过良好现代金融教育的银行家相结合的结果。从银行家角度来说，谈荔孙是留日学生，在日本接受了现代商科和金融的教育，回国后又先后供职于大清银行（中国银行前身）、中国银行，曾任北京中国银行行长，积累了大量的商业银行运作经验。这个履历，与金城银行的创始人周作民有些类似。从官僚资本的角度来说，当时代理大总统冯国璋、辫子军首领张勋、代理国务总理龚心湛、财政部次长李思浩、中国银行经理吴荣鬯等均纷纷认股，其中冯国璋认股20万元，成为大陆银行的主要政治靠山之一。当年周作民创办金城银行，安徽督军倪嗣冲是重要股东和后台，冯国璋代理大总统对大陆银行的支持也是如此。在冯国璋带动下，一批军阀官僚如江苏督军李纯、江苏省长齐耀林、江宁镇守使齐燮元、江苏省财政厅厅长俞仲韩、扬州盐商贾颂平等都成为大股东。股东中还包括当时跟政界有着密切关联的银行业头面人物如吴鼎昌、钱新之、吴震修，著名京剧大师梅兰芳，以及后来入股的政界著名人士傅作义、颜惠庆、周学熙等。拥有如此显赫的官僚资本背景，有如此丰厚的政商人脉资源，大陆银行在创立注册、开展国债买卖、进军实业等方面如鱼得水，获得了丰厚的利润，在银行业站稳了脚跟。大陆银行的创始股东中大多为军阀和官僚，因此在银行界有"督军银行"的称呼。纵观中国近代银行业的发展史，这种官僚资本和银行家的结合，实际上是通例，是一种普遍现象，这也就从一个侧面反映了中国近代产业资本发育的不成熟性和滞后性，也反映了中国金融资本发育的先天不足。而官僚资本和金融资本的对接，对于我国金融业的健康发展，必然起到一定的消极作用，使中国近代金融业一开始就难以作为独立的金融资本而存在，从而天然与官僚和政府存在深刻的内在共生关系。

大陆银行在其经营过程中，历经国内之风云变化和国际局势之嬗

第四辑　与时偕行：从天津金融史看近代金融文化之嬗变

变，如1927—1928年之间的国内战争和局势动荡、1931年的东北变局、1936—1937年的华北变局以及此后的长期对日抗战，这些情况对大陆银行的经营造成巨大影响。大陆银行当然对经济与政治的纠结关系体会甚深，在1936年第十七届股东常务会议议事录中，在回顾了当时的内外交困、"人心岌岌可危、苦不可终日"的情状后，这样写道："惟是外察国际之军备竞争，与内审我国之社会情状，仍属未容乐观，此中外有识之士所以劳心焦思于一九三六年之危机也。虽然经济不能不附庸政治以求进展，但商业亦未尝不可远离政治以求自存。本行商业银行也当此狂风骤雨侵袭，将来之时不能不作事先绸缪之计。是以对于本行业务暂时一切收缩，支行分处等概不增设，日惟兢兢业业，以牢固行基、稳健发展为宗旨。譬之用兵之道，处兹对方虚实变化未能预知之际，只有步步为营稳扎稳打，务求万全之策，不贪侥幸之功，以副股东诸君委托之盛心。"① 这段记录，将大陆银行在政治经济之间审时度势、腾挪驾驭的经营哲学说得很透彻。大陆银行在三十多年的经营中，正是在经济和政治间找到一个合理的均衡，其商业活动虽然不能不依附于政治势力，但仍追求一定的自主性、预见性，认识到商业要与政治保持一定的距离，"商业未尝不可远离政治以求自存"，在那个国内外政治情势风云变化复杂诡谲的时代，有这种未雨绸缪的预见性和独立意识是非常可贵的。这种经营哲学使得大陆银行往往不为厚利所惑，不为危机所迫，从而能够在复杂的局势中依靠"牢固行基、稳健发展"的宗旨，"步步为营稳扎稳打，务求万全之策，不贪侥幸之功"，使大陆银行在艰危之际屹立不倒。

谈荔孙等创建者对于大陆银行的稳健审慎之经营哲学时时强调，时时提醒同人居安思危，方能在惊涛骇浪中保持银行的稳定和声誉。1928年4月2日，谈荔孙在行务会议上指示："我行向抱稳健主义，

---

① 《大陆银行档案史料选编》，第27—28页。

故屡经风潮，皆能平安度过。凡百事业，无一非人力而成，人之学识、才力在平常无事之秋优劣尚难立判，独于惊涛骇浪之中，优胜劣败显见易明，在金融界者尤有莫大之关系。凡经一次风浪得以保持如常，则社会上声誉更必加增。我同人同心协力妥慎措施，且能团结内部一致对外，处此乱世，有此成绩，不仅为行庆幸，抑亦同人之幸也。但安不思危，古有明训……银行经营业务犹之逆水行舟，不进则退，若坐待时机，则业务缩减，前途又难预料。我辈既负此重责，惟有脚踏实地，从稳健方面步步为营，努力去做。……惟有对内则竭力整饬以注意办事之精神，对外则留心观察以期得确实之消息，卧薪尝胆，兼顾并筹，并各就当地情形，妥酌进行，总期于经营业务之中，仍不背稳健主旨。"① 这段内部行务会议上的推心置腹的指示，透露了谈荔孙在危乱之时卧薪尝胆、兢兢业业、如临深渊、如履薄冰的心境，同时也特别强调了稳健妥慎、脚踏实地的企业哲学。

大陆银行在经营中比较重视人才的培养和员工的行为塑造，从而形成了自己的严谨稳健的企业文化。在1924年的《大陆银行内部规程》②中，第十一章《戒约》对员工的行为做了如下规定："本行员工对待顾客应谦和周到，不得有傲慢之言语及态度，并于接待时须留意顾客之行为及信用"，"本行员工均须崇尚节俭，敦励品行，不得有坠失信用之行为"，这些戒约对于员工的行为操守的培养起到重要的作用。1934年8月继谈荔孙任大陆银行总经理的许福昞发布《大陆银行忠告同人书》③，对员工的做人规范、节操品德等进行了更加细致的规定，是一篇研究近代银行人力资源培育的重要文献。这篇公告中说："尝闻治事以得人为先，立身以诚正为本，故凡百事业之成败，人事实为最要关键。况今世界经济大势均抱不景气、悲观，我辈操银行业者，处此

---

① 《大陆银行档案史料选编》，第94—95页。
② 《大陆银行档案史料选编》，第45—55页。
③ 《大陆银行档案史料选编》，第79—80页。

环境，应思必如何方可为行务谋发展，必如何方可为个人谋生存，要在以忠诚待人，以刻苦自励。"这里面提出"治事以得人为先，立身以诚正为本"、"忠诚待人，刻苦自励"的员工操守总原则。接下来，许福晌提出了几条重要的员工操守原则：

第一是"勿存侥幸"。《大陆银行忠告同人书》说："现今世界经济紧缩，谋生极难。欧美各国大企业家咸有支持不易之忧，大学毕业生亦感无糊口之所。况我国素为贫弱，困苦更何待言？吾人服务于行，虽未能丰衣美食，而履安居适，已胜常人。允当常存知足不辱之心，善保长乐无忧之境。须知个人处世，悉赖社会之公共信仰，方能立于有进无退之场，偶尔行险侥幸，终至求荣反辱。"

第二是"勿染习俗"。《大陆银行忠告同人书》说："近来社会道德日趋沦丧，凡足以引人堕落之事，奇巧百出，稍一不慎，大之则倾覆身家，小之则妨害事业。身居银行界，外人每目为有资阶级，往往不恤趋承，多方诱惑，更易利用青年弱点，动以声色货利，坠其术中，迷惘不悟。迨至金尽囊空，计无所出，或则心志颓丧，以致失业。甚则出以卑劣行为，以逞一时之欲望。抑知舞弄弊混从使巧于弥缝，终必完全败露，及至陷于法网，身败名裂，悔已莫及。"这是告诫员工要在小处知道自我约束，不要被世俗所染，不要被声色货利所诱惑。

第三是"尽心职务"。《大陆银行忠告同人书》说："我辈服务社会，责任甚重，在治公时固宜矢勤矢慎，时时以尽职为志。即散值以后，亦应将一日所办事件，详加省思，有无错误、遗忘，庶使即小有错失，不难检点纠正。盖银行片纸双纸及一切手续关系皆极重要，务使不爽毫厘，方足以取信社会，增进行誉。"这里提出"矢勤矢慎"、"尽职"、"省思"等规范，促使员工知责任之重，不断反省，勤慎检点。

第四是"修养身心"。《大陆银行忠告同人书》说："每日治事之余，应或浏览新旧书籍，或共同研究经济，勿看无益之书，勿为无益之事。倘闻同人中有行为失检者,则须随时规劝,期其改勉。须知同人与本行本为一体,同人与同人不啻一家,故一人之名誉即关系全行同人之名誉,既不可同流合污,尤不可视如秦越。如规劝不从,即应秘密报告上级,加以制止,或查究之庶,于人于己于行,皆有裨益。"

最后,《大陆银行忠告同人书》说:"以上四端之则,甚为平易,行之则收效甚宏。倘能身体力行,既益于己,并益于行,则鄙人昕夕所希望者也。倘视为常谈,漠不加意,仍有荡检逾闲不知自束者,一经查出,惟有立即执法以绳,则鄙人所认为不幸,而又断不容稍事姑息者也。诸同人忠实无欺明达有为者,实居多数,但寡过未能圣贤,尚须时时加勉。更恐青年中有血气未定,难免失足一时,特书此数条,俾知警觉。凡我同人,均希置诸案头,每日随时省觉,以资儆惕,是所殷盼之至。"这篇《忠告同人书》,不仅对于银行员工的行为操守的训练有莫大帮助,其对于一般青年的修身养性、敦品立德,都有超越时空的启示意义,今日读来仍有现实意义。

大陆银行的创建者谈荔孙为大陆银行奠定了业务和企业文化基础,1933年谈荔孙病逝,继任者许福昀继承遗志苦心经营,使大陆银行的业务在艰难困苦之中又有所发展。在三十多年的经营中,大陆银行尽管屡遭患难,但始终恪守稳健之原则,不断创新进取,在中国近代银行史上写下了浓重的一笔。大陆银行的经营战略和理念,对于今天的银行业界,亦足资借鉴。

第一,整饬行务,严格管理制度。

大陆银行一贯强调严肃内规,注意时时整饬行务,警戒行员恪尽职守,使管理制度深入人心,避免出现因管理松弛而损害银行发展之事件。1935年许福昀在《总经理报告营业方针》中,劝勉行员要恒存儆醒之心,不要投机侥幸:"人即不查,而我辈对于所负责任必须是存兢惕之心,方冀无亏职守。近来风气豪奔,生活艰窘,每易希冀意外。他银行行员,冒险投机,私挪公款,作种种非法行为者,时有所闻,须知此类不幸之事,公家损失固不待言,而私人身败名裂,终身不可复获,感受痛苦尤甚于公。揆其养成原因,均在平时不遵行章,无论公私任情挥霍,陷至绝境,乃冀幸免。我行同人束身自爱,素具信用,本总经理深为嘉佩,但以君子爱人,以德为念,仍不惜赘言。望诸君励行严肃内规,俾人人以廉洁勤俭自励,咸趋于规则之中,不作分外之思想,而守安定之生活。庶公私两德,咸告安全。"①大陆银行规章制度严密,对于行员奖惩分明,总经理对于整饬行务更是时时规劝提醒。1935年10月,许福畇在行务会议上又深切强调:"我辈处多难之秋,无日不有临深履薄之惧。至行员方面尤不可不严,要在平时认真考察,消患于未然。凡稍有不妥者,轻则申斥,重则停职或开除,毋稍姑息以免害群,否则出事之后张皇补苴,损失自不必言,而行誉复重受影响。言念及此,为之痛心,曾迭次通函恺切劝诫。"②

第二,稳健经营,夯实银行根基。

大陆银行一向力主稳健主义,在经营上杜绝投机冒险行为,一再强调"惟稳健宗旨为立行之本,不可有违",规定"凡确有把握之抵押放款仍应叙做,但不得含有投机性及甚长之时间性,抵押品之折扣必在时价以下,不可太大";"有抵押之可靠放款,宜由各行酌量当地情形放低利率,以广招徕,只期借款者营业活泼,随借随还不贪厚利";"房地产抵押绝对禁做";"官厅借款宜力求避免";"凡借款之户宜注意考察用途是否正当与合宜,其号东保人之财产信用固须详为调查,但不得持此为放款惟一之标准。既放之后,更须注意其胜败如何,不可放任,更不可随便转期,助长借款人投机待价之心,以防有利则归彼享受,有损则嫁祸于我行"③。这些在具体放款业务中的详细规定,反映出大陆银行不贪小利,追求稳健,杜绝投机行为的一贯经营

---

① 《大陆银行档案史料选编》,第98页。
② 《大陆银行档案史料选编》,第119页。
③ 《大陆银行档案史料选编》,第118页。

理念，大陆银行对政府贷款的谨慎、对当时流行的房地产抵押贷款的戒备心理，都是值得称道的。

第三，拔擢人才，培育银行精英。

大陆银行成立以来，制定了比较详尽、科学、规范的职员招聘、任用、培训、考核、奖惩的规章制度，注重拔擢优异人才，尤其注重行员的人格操守的训练。大陆银行认识到"大凡事业之盛衰与人才有密切关系"，因此特别重视员工教育，"预为训练之道，必其人学有根底，品行端正，然后考察其办事能力如何，对于本行章制是否熟悉"，几年之后才委以重任。[①]1924 年 1 月通过的《大陆银行练习生服务规则》中规定：练习生有下列情形之一者即行开除："一品行不端者；二资质过钝、怠惰成性无可造就者；三轻泄行务者；四不守本行规章或不听告诫者。"[②]大陆银行重视员工的培训教育，以提升其职业操行与业务水平，在 1931 年 7 月制定的《大陆银行员生训练规则》中规定："本行为员生修养品性学识起见，得酌用个别训话或小组训话方式，由总经理、经副理担任之，或举行星期会或临时邀请名人演讲"；"青年员生欲于每日公余之后，赴当地青年会或其他夜校补习商业、银行、簿记、算术、国文、英文、经济、法律等学科者，经本行察其程度及需要，确系适当，得由总经理或经副理转陈总经理核准，酌予资助"[③]。大陆银行还鼓励并资助青年员工到各个学校深造补习，鼓励并资助他们组织学术研究会共同研究，并为他们的研究与学习提供设备良好的阅览室，并鼓励他们对银行业务发展提供有益建议以及发表学术文章。这些措施，对于选拔人才、培育人才、提高员工对银行的认同感，都非常重要，为银行的长久发展奠定了人才基础。大陆银行为避免旧式官僚体制带来的拉帮结派和内部私人推荐带来的弊端，建立了严格规

---

① 《大陆银行档案史料选编》，第 123 页。
② 《大陆银行档案史料选编》，第 68 页。
③ 《大陆银行档案史料选编》，第 69—70 页。

范的考试制度，凭考试录用和晋升员工，这一制度为大陆银行输送了源源不断的人才。

第四，开拓进取，重视金融创新。

大陆银行在经营业务方面既重稳健，又提倡创新，在储蓄产品方面的创新尤其值得称道。为鼓励储蓄，大陆银行专设储蓄部，并开发了多项具有特色的储蓄产品，如儿童储蓄、大学生储蓄、养老储蓄等，并办理特种定期存款。1935年8月1日被当时国民政府定为全国儿童年，大陆银行"向以提倡家庭节俭、奖励儿童储蓄为宗旨"，为了响应这一盛典，提出了《优待儿童储蓄有关办法章程及广告》，设立儿童实名制存款账户，利率优厚，规定"各储蓄分支部购置中国笔、中国墨盒、信纸、信封、誊写本、习字帖、各种有益玩物，以国货为主，糖果食品以不害卫生者为宜，赠送一星期内来行储蓄之儿童"（后因时间紧迫未能实行），并指示各储蓄分支部"指定数人专任招待，务宜特别客气，不可使儿童及其父母与保护人发生不良观感"[1]，可见大陆银行在推广儿童储蓄产品时不光重视增加储蓄，而且更重视给社会留下优良印象，这种极为人性化的、充满人情味的柔性管理模式，为大陆银行获得了很好的社会声誉。而且大陆银行目光深远，推广学童储蓄也是为银行的长远发展考虑，总经理处在《关于修改学童储蓄章程办法通告》中即明言："对于此种（学童）储蓄务当努力进行，俾我大陆银行名誉深入学童之脑海，将来效力必不只此时存款已耳。"[2]

大陆银行鼓励大学生储蓄，在清华、北大、燕京、辅仁等大学设立办事处，从事各种存款借款业务，为大学教授和大学生服务。大陆银行的特种定期存款也为时人所称道，是一种很灵活的创新性的储蓄产品，客户一次存入171.51元，定期15年，15年后可得本息1000

---

[1]《大陆银行档案史料选编》，第293页。
[2]《大陆银行档案史料选编》，第300页。

元,在当时社会动荡不安之情形下,这个特殊储蓄产品对于养老、丧葬、子女教育、婚嫁等很实用,深得客户尤其是市民阶层的欢迎,仅此一项,就使大陆银行获得 107 余万元长达 15 年的固定存款,相当于大陆银行股资的十分之一。①

大陆银行的金融创新还体现在银行内部的管理制度创新上。谈荔孙借鉴日本的做法,在大陆银行设置了总账制度。总账这一职务总管全行的各项业务,包括营业、财务、出纳、会计和其他各项事务,不但对各项业务活动有监督权、指挥权,而且对经理议定的事,如认为有碍业务,则可实行否决权。总账与帮账、组长形成一个指挥系统和领导系统,拥有很高的权力,全行业务的处理与推进,都依靠这个系统提供的情况分析和数字统计来决定,其权力仅次于经理,比副经理、襄理的职责还重要。这种制度上的创新设计,其优点是使高层管理者如经理能够腾出较多的精力来处理其他重要问题,分析国内重要的财经政治状况、各地工商界情况以及银行的组织架构问题等,以比较超脱的姿态掌管银行重大决策和组织设置问题。这一制度在谈荔孙在世时运作良好,为大陆银行的早期发展贡献卓著。

第五,注重调查,助力业务发展。

大陆银行非常重视调查工作,专设调查部,总部设在上海,负责对企业的经营情况、各地的工商业和市场情况进行详密和系统的调查,为银行风险控制和经营活动提供参考。调查部有调查计划书,对调查的区域、方法、范围、性质等做出详细的要求,认真执行。1925 年在大陆银行行务会议上,总经理处提出了《关于注重调查的提案》,阐明了调查的意义:"调查一事之于银行业务表面观之,似尚甚无关轻重,然其实际关于银行业务直接间接均甚重大。盖银行放出款项,必先将借户资金若干、信用如何、其吸进款项是否正为用款之时季等等

---

① 戴建兵等:《话说中国近代银行》,百花文艺出版社 2007 年版,第 190 页。

内容，调查明白，方可免去危险。要知商号倒闭，多非骤然间之事，无论如何预先必有破绽可寻，不独亏累甚巨者易于看出，且可于其营业及执事人等之情形而占其将来之优劣。若不从事调查，则其内容优劣固不可得知，且对外消息不灵，一旦有变，毫无准备，此所以本行对于调查一事特设专员办理者也。"后来四行储蓄会也有调查部，大陆银行的调查资料与四行储蓄会的调查资料可以相互交换。大陆银行还在随时注意经济调查之外，对于当时"各日报各杂志之经济消息及经济论文分类剪贴并编成索引，以供领袖暨本部同人随时参考"①。

大陆银行对客户的信用调查表很详细，包括个人信用调查表、工商行号简明信用调查表、制造工厂详细信用调查表和贩卖商号详细信用调查表等，并对各种调查表的格式和内容进行了详细规定。今天，我们看到档案中保存的大陆银行关于各地工商业、金融市场的调查计划和调查报告，仍然会感叹大陆银行调查之周密，为我们今天研究当时的经济金融状况保存了翔实的数据资料。

大陆银行还在1923年创办了《大陆银行月刊》，1931年创办了《大陆银行季刊》，不仅刊载大陆银行的章程和行务等信息，而且更重视刊载各地经济状况和商业习惯、各地之金融情况、地方财政情况等，对于调查信息的发布十分关注。②

第六，综合经营，仿效日本模式。

谈荔孙留学日本时，对日本一些大企业如三井和三菱的经营模式很是留意，尤其赞赏三菱和三井的综合经营模式。这种综合经营模式以商业银行为核心，在银行基础上开拓国际贸易业务和国内工商业，使银行与工商贸易等业务相互配合、相互促进，获得综合发展的效果。大陆银行在银行业务之外开拓了外贸、仓储、信托、房地产投资等业务，开拓

---

① 《大陆银行档案史料选编》，第164—165页。
② 《大陆银行档案史料选编》，第211—214页。

了经营格局,扩大了大陆银行的声誉,但也遭遇到一些风险。比如1931年大陆银行上海信托部在上海兴办的大陆商场,既极大地提高了大陆银行在上海的声誉,但也因为淞沪抗战的原因而导致投资遭受重大损失。1929年大陆商业公司成立,从事进出口业务,初期发展非常稳健,但1933年因贸易损失而宣布停业。即便如此,谈荔孙所探索的商业银行综合经营模式,从银行发展角度而言还是非常值得肯定的,这种模式也是近代私营银行兴起中的一个引人注目的普遍现象。

第七,热心公益,履行社会责任。

大陆银行在谈荔孙带领下,十分关注慈善公益事业,把慈善公益事业看作是提升银行声誉、履行社会责任的重要途径。大陆银行曾以极低利率,向中国华洋义赈救灾总会提供透支借款,支持华洋义赈会发展农业运销供给合作事业[1],这对于促进当时的农业建设、农村发展、合作社发展等都极有助益,这是中国近代合作运动中值得重视的大事件。大陆银行1935年参加了中华农业合作贷款银团,支持农业产销合作社的发展。[2] 大陆银行十分重视对大学教育的捐赠,以各种方式支持北大、燕京、清华、南开等大学的教育和建设工作,从至今尚存的燕京大学司徒雷登为燕大捐款事致谈荔孙信函、熊希龄关于筹建北京中医院致谈荔孙信函、蔡元培关于校董大会致谈荔孙函等信件来看[3],谈荔孙对中国大学教育的参与是非常广泛的。大陆银行还积极为大学开办各种优惠业务,比如对学界购书汇款免费,对大学生交纳学费汇款免费等。大陆银行还在淮安倡导筹建江北慈幼院等,其参与社会救济、热心社会公益、履行社会责任的举动,引发社会广泛赞誉。

第八,重视人格,塑造企业文化。

企业即人。一个企业被后人铭记,主要还是靠企业的文化建设,

---

[1] 《大陆银行档案史料选编》,第366页。
[2] 《大陆银行档案史料选编》,第368页。
[3] 《大陆银行档案史料选编》,第460—465页。

其中最主要的是企业员工的人格构建。1929年3月7日谈荔孙在本年第一次行务会议上发表了讲话，对同人提出五条劝勉，这五条劝勉可以视为大陆银行员工人格建设的核心，也是大陆银行企业文化的灵魂。这五条是：

"甲曰勤慎。语曰民生在勤，勤则不匮，勤于学问则德业进，勤于耕耘则收获丰，勤于工技则艺术精，勤于懋迁则利益厚，士农工商无不成于勤而败于惰，经营银行何莫不然？务望全体同人此后益宜勤奋，从公上下一致同心并力，始终勿倦，抒思虑，尽本能，时时为本行计划业务开拓利源，视行事即己事……三国时诸葛治蜀，丰功伟绩昭垂简册，为后人景仰，考量实际，诸葛一生端赖谨慎，吾人处事慎可忽乎？故成功在勤，应以慎辅助。"

"乙曰自勉。治己为上，受治为下，治己之道，自勉而已。吾人日处商战竞争之场，环境上之种种诱惑，时时俟隙而入者不知凡几。即如微逐游燕投机冒险，偶失检点即足毁人……甚则毁名败德，损失破产，及至醒悟已遗后悔……以期各自勉励，严守操节，养成自治之习，勿为被治之人。"

"丙曰专一。昔人治一事习一业，专心致志，不务其他。即旧式钱业人物，一入某号执业，即始终不渝，视为一生职业者，所在恒有。故能洞窥穷奥，深知利弊，不发则已，发则屡中。盖专则精，精则熟，熟则巧也。诸同人服务本行，亦望专心一志，勿营外务，尤勿见异思迁，意志不定。……同人无不希望本行之发达，而本行亦希望同人之专心一志，时时有所贡献于行务，庶几行与同人共享无穷。"

"丁曰撙节。现在世习奢侈，靡费浩繁，无论为个人，为一家，为一集体，均须抱定撙节主义，方不至破坏预算。否则靡费无止境，开支无极限，持之既久，亏累即至。银行本以营利为目的，如不事撙节，虽营利极优而消耗无度，亦何补于实际。故谚谓：开源不如节流。可知撙节尤较开源为切要。……至于同人个人亦望互守俭法，毋或滥费一丝一粟，应思来处不易……。"

"戊曰和蔼。人与人相接而成社会，社会所以长久不乱者，和平维系之力也。故和蔼可亲之人常乐，与周旋遂无不可成之事。暴戾恣肆人直鄙而远走，已为社会所共绝。普通社交尚以和平为先，至于经营商业志在营利，和蔼尤为发达业务之要素。吾人服务银行，无时不望营业至发皇，然银行营业全赖顾客，故直接虽然银行办事，间接实为顾客服务。为人服务断无傲慢相处之理，要知顾客所以与本行交往者必有一种观念，如其招待诚恳，言辞和蔼，顾客自必常相往还。……银行以营业为根本，营业以顾客为生命，开罪顾客不啻自锄牙根。本吾国商人本有和气生财之说，其意甚为畅明，关系何等重要。甚望同人对待顾客应付交易，务须竭恭有礼，和蔼可亲，如有违失，不予宽容……。"

谈荔孙以上告同人五事，以今天的眼光来看，仍不失为银行进行人格教育的样本。谈荔孙五十四岁英年而逝，他所创建的大陆银行以及他所塑造的大陆银行精神，其影响却绵延至今。陈宝琛（清内阁大学士、礼部侍郎）在《谈丹崖先生纪念册》上题词曰："静深之学，干达之才，匪充市隐，实阜民财。……井甘先竭，膏明以煎。典刑宛在，惜哉此贤"，感叹谈荔孙的才华贡献。曾任民国国务总理的熊希龄在《谈丹崖先生纪念册》上题词曰："……学有本末，才更兼全。深研经济，创业艰难。商务发展，远及瀛寰。积而能散，泽需孤寒。江北慈幼，教养成全。忽焉霍逝，全国惜焉"，高度评价了谈荔孙热心慈善公益事业的伟岸人格。

六、游走于官商之间的盐业银行[*]

作为"北四行"(金城、中南、大陆、盐业)之一的盐业银行,在中国近代金融史中的地位举足轻重。它不仅是"北四行"中成立最早的一家银行,拥有绝大多数华资私营银行不可企及的资本规模与实力,同时也是"北四行"合作与联营的发起者与积极推动者,在华资银行的发展史上留下了浓墨重彩的一笔。

(一)与众不同的出身

单从名字上看,"盐业银行"与"北四行"中的其他几家就颇有些不同之处,这也宣告了它与众不同的出身。和其他的工商业领域相比,"盐业"的地位从来都相对特殊,由于这一产业和国计民生的密切关系,"盐业"从生产到流通历来都会受到政府更多的干预。"盐业银行"之所以以"盐业"命名,是因为它最初的创办是以"维护盐民生计,融通盐商资金"、"辅助盐商,裕税便民"为宗旨。[①]1914年10月,时任国务卿的徐世昌致函财政部,提出应设立银行以"妥慎经理"作为国家"财政大宗"的"盐款"[②]。此乃盐业银行创办之缘起。

---

[*] 王丹莉、王曙光:《游走于官商之间的盐业银行》,《金融博览》2019年第4—5期。

[①] 天津市档案馆、天津市长芦盐业总公司、天津财经大学编,黑广菊、曹健主编:《盐业银行档案史料选编》,天津人民出版社2012年版,第72、132页。

[②] 《盐业银行档案史料选编》,第1页。

受命筹办盐业银行的是曾任长芦盐运使的张镇芳,其子就是著名的文物收藏家、被誉为"民国四公子"之一的张伯驹,父子俩皆曾在盐业银行中担任要职。张镇芳与袁世凯的关系非同寻常,按照张镇芳的设想,在盐业银行创办伊始的五百万元股本总额中,应先由财政部"筹拨银币二百万元"作为官股投入,其余资金再由商股筹措①,这显然是一个官商合办的架构。由于创办人张镇芳与当时政府高层有千丝万缕的联系,所以尽管盐业银行最终实际上并未得到财政部的巨额注资,而且财政部象征性的少量资金投入也在后来转让给了其他股东,但盐业银行还是有很强的号召力,筹集到大量商股,于1915年正式成立。

只是,在1917年,创办不足三年的盐业银行遭遇了一次变故,其创办人张镇芳因参与张勋复辟而入狱,一时使盐业银行备受质疑、陷入困境,甚至政界有股东提出要撤回股本。风雨飘摇之时被盐业银行管理层推举"于惊涛骇浪中支持危局"的继任者即是吴鼎昌。② 吴鼎昌其人亦颇具传奇色彩,在民国时期的政界、商界、文化界都是值得一提的人物。从政,吴鼎昌在接手盐业银行之前就官至北京民国政府财政部次长,在离开盐业银行之后又曾官至南京国民政府实业部长、贵州省政府主席,后来更是担任总统府秘书长;从商,他多年担任盐业银行总理(即总经理)一职,是"北四行"的灵魂人物之一;从文,他曾主办名噪一时的《大公报》,并一度担任《大公报》的社长。可以说于官于商,吴鼎昌都有极强的社会影响力,这种影响力可能远在张镇芳之上。

(二)"商业银行"之再定位

与创办之初的盐业银行不同的是,吴鼎昌在接管盐业银行之后,

---

① 《盐业银行档案史料选编》,第2页。
② 《盐业银行档案史料选编》,第90页。

对盐业银行的"商业银行"性质尤为强调。1918年1月,吴鼎昌上任后第一次代表盐业银行向股东报告年度营业情况。和后来历年盐业银行公布的年度营业结算报告书相比,这一年的报告书内容尤为丰富详尽,除了银行一年来的利润状况及盈余分配方案之外,还概略地谈到了盐业银行的经营理念。于这份报告中,吴鼎昌数次强调盐业银行之"商业"性质。在提及过去一年历经政治风波之后的盐业银行的经营概况时,该报告中说,"幸社会各方面知本行为完全商业之性质,历年营业之谨慎,屡经事变,信用有加,存放各款有增无已";在陈述盐业银行日后的营业方针时,报告中陈明的第一条方针即是"本行应竭力发挥商业银行之性质,谋社会各方面金融上之便利";在谈及日后分支机构的设置原则时,吴鼎昌认为必须"纯以营业利益为标准,绝不稍事铺张,致失商业银行之性质"。

  作为银行家的吴鼎昌是力主稳健经营的。在其上任伊始,就着手于如下几件事:其一,他认为"公积金之多寡"直接关系到银行基础之稳固,因此为"巩固行基"、长远发展起见,在保证股息渐增的同时,尤应关注公积金的提取。这不仅有利于银行经营,亦可在"股息、公积金、预备盈余较少之年,提补股东余利,以保持股票之信用"。为此,在吴鼎昌上任的第一年,盐业银行由按净利的十分之一提取公积金改为按毛利的十分之一提取。当年盐业银行的毛利盈余56.7万元,净利盈余为42.55万元,两者的差距还是颇为可观的。其二,吴鼎昌提出必须依照当时的公司条例和银行的章程尽快由股东大会选举出董事、监事,以规范银行的日常运营。其三,随着营业的发达,银行应续收股本,每年增收之规模亦应"稳健进行",使营业不致"扩张太骤殊"[①]。在吴鼎昌看来,当时的很多公司企业"不无资额多而实收少之恶习"。而股本之续收,既要"市面情形",又须"问本

---

① 《盐业银行档案史料选编》,第119—120页。

身需要"①。

在吴鼎昌的主持下，随后的几年中盐业银行不断续收股金以"厚集资力"，1923年又决定将股本总额由原来的500万扩充为1000万元，分年续收，至1927年盐业银行的实收股本已经高达750万元。②就资本规模而言，在华资商业银行中名列前茅，雄厚的实力是盐业银行社会信用不断增长的重要基础。吴鼎昌还积极推动和促成了"北四行"的联营与合作，他呼吁同行，"外人设立银行资本既厚，团体亦坚，每可调剂金融，辅助实业。而我国银行界各自为谋，不相联合，实难与敌"。北四行的联营机构从营业之初就十分注重自己的商业信用，以远高于其他金融机构的现金准备发行钞票，赢得了极高的社会声誉。

（三）游走于官商之间的经营

"商业银行"，是吴鼎昌对于盐业银行的基本定位，或者说是其对盐业银行日后发展方向的期望。但从经营实践来看，不同时期盐业银行的业务还是与政府有着密切的关联，这种游走于官商之间的经营，既与银行最高管理者特殊的身份与社会地位有关，然而更重要的是，还与近代华资商业银行所处的时代背景有关。

因为与"盐业"的特殊关联，盐业银行创办之初的确曾于郑州、信阳、驻马店、漯河等盐务产销区域设立分支机构，随着后来的发展，即使是在盐区其经营的业务也多以储蓄、存放款、汇兑、贴现为主，与普通商业银行无异了。③从已经公开的资料可以看出，盐业银行业务中有一个不可忽视的组成部分，就是在其经营发展的不同阶段都曾大

---

① 林绪武、邱少君编：《吴鼎昌文集》，南开大学出版社2012年版，第137页。
② 《盐业银行档案史料选编》，第122、124、126页。
③ 《盐业银行档案史料选编》，第132页。

量放款于政府，20世纪20年代曾多次放款给直隶财政厅，自1928年起又多次放款于南京国民政府财政部以及河北省财政厅等政府机构。

当然，盐业银行并不是唯一的放款者，它经常联合其他银行一起放款，这或许是其尽量控制风险和增强与政府博弈能力的办法之一。盐业银行常充当政府与其他联合放款银行之间的联系人，其档案中有相当多的盐业银行针对借还款事宜与政府部门以及其他联合放款行之间的往来函件。现在看来，放款于政府，尤其是民国时期的政府，似乎并不是一笔划算的买卖，风险极高。从北洋政府到南京国民政府，国家财政几乎一直处在入不敷出的紧张状态中，规模越来越大的政府公债、政府借款几乎成为一种常态，华资银行与财政之间畸形的紧密联系成为这一时期特有的现象。

将自己明确定位于"商业银行"的盐业银行，并不会不计成本收益地向政府借款。事实上，由于财政用款的急迫，政府往往会在借款时对银行给以十分优惠的条件，向银行提供足够多的担保品。1926年，直隶财政厅为了向盐业等六家银行借款80万元，约定将全省全部的稽征税款收入"悉数陆续解交"盐业银行作为第一担保品，此外还将面值80万的天津市政公债交与六家银行作为第二担保品[①]；1927年，盐业银行与中国、交通等十九家银行联合向直隶财政厅放款120万元，因数额较大，双方在合同上写明"此项借款遵照直隶省长、保安总司令训令，指定以津海关进口二五附加税收入为抵押品，并由津海关附加税监理处为担保偿还人"，明确约定在没有还清借款之前，不论中央政府还是直隶省政府，"均不得将此项税款挪作别用"[②]；1930年，为了向中国、盐业等七家银行借款286万，河北省财政厅将河北省所持有的"滦州矿务公司股票面额210350镑，矿地股票面额21035股并加

---

① 《盐业银行档案史料选编》，第231页。
② 《盐业银行档案史料选编》，第234页。

股及附属各件全份为抵押品",双方约定这些股票将由财政厅"出具过户证书"交与各家银行收执,在这次联合放款中,盐业银行承担的份额仅次于中国银行,但远高于其他银行。[①] 这些数额可观的政府借款不过是盐业银行诸多放款案例中的一小部分。

在动荡的政局中,即使严格约定担保抵押,也不能保证银行总能收回借款。有时因政府无力还本付息不得不一再展期,有时因受到战事影响经济形势急转直下而导致政府的抵押品市值大幅缩水,还有时政府甚至直接借新债还旧债[②],清偿本息变得遥遥无期。而除了这些收回或收不回的政府借款,盐业银行还购买了大量的政府公债。和借款一样,为了获得银行的资金,政府往往最初承诺的条件很是优惠,公债折扣很大,举例而言,1933年财政部以"月息一分"的高利向盐业银行借银洋50万元,抵押给盐业银行的爱国库券面值高达111.1万元。[③] 可惜历届政府发行的公债根本做不到完全履约,常常借时容易还时难,北洋政府时期如此,南京国民政府时期有过之而无不及,这使政府与银行之间的关系几乎陷入了一个恶性循环。

盐业银行从创立到发展的过程中所表现出的与政府之间的千丝万缕的联系是它的重要特征。但这并不是个例,盐业银行只是华资商业银行中的一个典型代表。在社会动荡不安、战事频繁、实业发展步履维艰的民国时期,起步晚、实力弱的华资商业银行缺乏理想的投资机会和途径,而另一方面,为了不断拓展自己的发展空间,不论出于主动还是被动,他们都倾向于与政府保持一种相对友好的关系,不愿意把关系搞得太僵。以盐业银行为代表的华资商业银行,在矛盾的心态中游走于官商之间,既获得大量的利益,也受到政府诸种掣肘,利弊参半,祸福兼具。或许只有将其置于当时的历史情境之中,才能体察

---

① 《盐业银行档案史料选编》,第238页。
② 《盐业银行档案史料选编》,第237页。
③ 《盐业银行档案史料选编》,第195页。

其中的成败得失，也才能切身感受当时银行家们纠结两难的心态吧。

尽管不论从出身还是从日后业务的开展来看，盐业银行似乎都与当时的政府存在着密切的联系，但作为近现代史上实力最强、最具有号召力的华资商业银行之一，盐业银行的经营理念和发展战略仍值得关注，它立足长远、稳健行事、与同业合作共赢的理念今天看来仍是值得借鉴的。

（四）注重积累，稳步扩张

民国时期华资商业银行所面临的发展环境与今天的银行不同，动荡不安的社会环境注定了金融与实业的发展将步履维艰。时局不稳、战乱频繁、天灾人祸不断、国内外经济以及贸易形势时好时坏，在这样的大背景下，商界冒险者有之，投机者有之，这足以使金融机构经营者的生存空间更加窘困。论实力，盐业银行几乎不输于任何华资私营银行，从其几十年的实践来看，它一直秉持着"稳慎"的经营理念，也正是这一理念的贯彻为盐业银行的长远发展和雄厚资力奠定了坚实基础。

从1918年直至20世纪40年代初期，在盐业银行历年所公布的营业报告中"谨慎"也许是出现频率最高的词汇之一，这是吴鼎昌在上任伊始就一再强调的经营原则。不论是自身的扩张还是投资决策，盐业银行都遵循着稳健、谨慎的原则。以股本筹集为例，吴鼎昌接手盐业银行之后决定续收股本以扩充实力，但并没有盲目快速地增资扩股，而是从一开始就规定了每年续收股本的上限。吴鼎昌接管第一年，也就是1918年，经历了管理层变故与波折的盐业银行依然获利不菲，其全年毛利盈余达到了56.7万元，因而次年股东续交股本十分踊跃，但吴鼎昌还是"婉言辞谢"了股东愿意多续交的股本，一切按照最初议定的增资方案进行。① 分年增资，力求稳妥，而不是利用股东的信任在短期内收敛大量资本。在 20 世纪 30 年代中后期至 40 年代初，盐业银行甚至有不少年份停止续收股本，可以看出它的扩张并不盲目。

第一次世界大战之后的一段时期内，世界各国"生产事业因需要之减少、劳力之腾贵，不得不急事收束，经济界遂演生莫大之恐慌"，值此时局，盐业银行一方面认定务必"持稳慎进行方针，虽不敢希望一日千里，自可站定脚步，逐渐发达也"。一切惟以"宽裕准备谨慎进行"。另一方面则不断"加增公积巩固根本于防范之中"，1921 年，盐业银行成立不过六年，其实收股本为 350 万元，而历年提取的各项公积金此时已高达 160 万元。1925 年，盐业银行成立整十年，其已收股本为 600 万元，同年各项公积金达 350 万元。② 这些积累无疑成为盐业银行得以屹立于风雨飘摇的近代金融界最重要的因素之一。

（五）于投资中体现出的"稳慎"经营之道

银行的放贷行为往往可以较为全面地反映银行的投资和经营理念。尽管因为"信用素著"而"存款日增"，但在投资方面盐业银行仍是相对谨慎的。即使由于"素以谨慎从事营业，不敢冒险投资，是以库存日多，耗息愈甚"，盐业银行也并没有因为由此造成的盈余减少而改变"谨慎将事"的投资原则。③

在特殊的时代背景下，经济秩序的混乱时有发生，近代华资银行的投资途径并不多，对于所有的银行来说，如何因时制宜地选择合适的投资途径并获取利润都是一个难题。从放贷对象的选择来看，盐业银行于一些"有益于国计民生之公用事业投资甚巨"，比如当时的北

---

① 《盐业银行档案史料选编》，第 120—121 页。
② 《盐业银行档案史料选编》，第 122—123、125 页。
③ 《盐业银行档案史料选编》，第 126—127 页。

京电灯公司、自来水公司、陇海铁路、天津电话局都曾得到过盐业银行的巨额贷款。① 这其中有扶持公用事业的考虑，而更为重要的原因是，相比于其他贷款，这些获得贷款的机构一般会有稳定的现金收入流可以为还款提供保障。比如 1933 年北宁铁路管理局曾因津浦铁路需要资金而向天津盐业银行借款，双方约定作为借款担保的是北宁铁路管理局的"联运费"，每次应还本息时会由铁路管理局将收入的"联运费"直接拨交盐业银行。在盐业银行的档案中收录有北宁铁路管理局在借款年度收入情况的明细，包括其行李进款表、包裹进款表、货运进款表、客票进款表等各项收入的详细数据，这显然为其放贷决策提供了依据。②

企业当然也是盐业银行放贷的一个重要对象。为了确保投资的合理与安全，盐业银行十分注重对放贷企业的调查，其中不乏对一些企业长期的关注和跟踪了解。而其调查的内容也十分丰富缜密，既包括企业的发展简史、业务种类、营业现状及资金周转情况，也可能很具体地涉及企业的股权结构、管理层变更、原料来源、设备及用工情况、产品产量及销路、日常往来及合作商户与合作银行，甚至还可能包括企业主要负责人乃至核心技术人员的履历、个人资产状况、个人信用情况等等，同时调查报告中还会包括其他同业的意见。③ 从这些调查报告足以看出盐业银行在放款之前的充分准备。

为了损失最小化，盐业银行在放贷时有对抵押品的严格要求。在盐业银行创建最初的几年中，其各项活期放款的总额是高于抵押放款的，但从 1921 年起，抵押放款的规模就逐步增加，多数年份抵押放款开始高于甚至是远高于原本是盐业银行放款种类主体的"活期放款"。以 1925 年为例，当年盐业银行各项活期放款的总额为 802.7 万元，而

---

① 《盐业银行档案史料选编》，第 75 页。
② 《盐业银行档案史料选编》，第 349、354 页。
③ 《盐业银行档案史料选编》，第 444—450 页。

同年抵押放款总额为1288.2万元。① 盐业银行只有在得到足够的抵押品时才可能向企业放贷。1929 年，天津嘉瑞面粉公司曾和天津盐业银行签订了一笔借款合同，为了获得一笔总额 35 万元、为期一年、月息一分的贷款，嘉瑞公司需要将其"全厂房连地基及附属物又全部机器及引擎"作为抵押，而抵押物合计"共作价洋 54 万元"。按照当时的惯例，考虑到可能出现的市面波动，为避免形成不良资产和减少损失，在借款合同中抵押物的定价一定低于其市场价值，也就是说，为了获得 35 万元的贷款，嘉瑞公司需要向银行提供至少 54 万元的抵押物。同时双方还约定不论由于何种原因导致抵押物"毁损或于一个月内不能实行处分或处分的价不敷清偿"，则"不问公司有无其他资产，是资充偿与否，保证人均应负连带偿还之责任"。保证人需要和嘉瑞公司一起在借款契约上签字。②

直到 20 世纪 40 年代初，盐业银行的信用放款规模同样远小于抵押放款规模。1941 年、1942 年、1943 年盐业银行商业部的定期放款总额分别为 4424.37 万元、5488.98 万元和 5724.06 万元，而同期该行商业部的定期抵押放款总额则分别达 1.77 亿元、1.90 亿元和 2.62 亿元。1943 年盐业银行没收的押品价值总额高达 1.44 亿元。③ 大量抵押品的回收并不是银行放贷时所期待的最佳结果，然而这至少在很大程度上避免了银行可能遭受的损失，使其不致在动荡的经济环境中血本无归。

抗战时期，百业萧条，银行业务的发展也受到了很大影响，而抗战胜利后，"投机者相继而起"，但盐业银行则"仍保持其稳健作风"，甚至"因与潮流不合致失去发展的机会"④。1949 年，在新中国成立前

---

① 《盐业银行档案史料选编》，第 528、531 页。
② 《盐业银行档案史料选编》，第 394 页。
③ 《盐业银行档案史料选编》，第 543、545 页。
④ 《盐业银行档案史料选编》，第 75 页。

后，整体的经济形势并不平稳，市场上物价剧烈波动，投机盛行，而此时的盐业银行在放款出路困难的境况下，其高层管理者却决定"应努力推行小型工业贷款"，并为此筹划着"组织调查小型工业及手工业小组"以备"将来开展业务之参考"①，足见其谨慎稳健的经营作风。

（六）竞争劣势中的同业联合

在近现代金融史上，盐业银行的特别之处还在于它是华资银行之间合作与联营的早期倡导与推动者，在现代金融史上不能不提的四行联合营业事务所最初就是在吴鼎昌的力促之下成立的，并由吴鼎昌担任了首任主任，创办伊始四行联合营业事务所就制定了严格的规约与章程。联营事务所下属的准备库、储蓄会、企业部及调查部以其严格规范的管理、稳健务实的作风以及依托于"北四行"的雄厚的资金实力，赢得了社会公众的广泛信任，从而在激烈的竞争中占据一席之地。

华资商业银行之间的联合营业从表面上看，是"以期金融界之实力可与实业界之需要相因应，藉谋民生之发展而尽银行之天职"②。但实际上，这种同业联合对于增强华资商业银行的竞争实力是极有益处的。在近现代中国的金融体系内，除了钱庄等传统金融机构之外，华资银行还有一个更强有力的竞争对手，那就是以外资银行为代表的外资金融机构，而独特的时代背景决定了外资银行恰恰具备一些华资银行所不具备的特权。

"甲国之通商机关，欲在乙国营业，例应受乙国法律之限制"，这原本是国际通行的原则，但在近代中国却不然。当时的中国"对于各国之通商机关，一律听其自由，组织若何、资本若何、账目若何、变

---

① 《盐业银行档案史料选编》，第147—148页。
② 《盐业银行档案史料选编》，第123页。

动若何、营业之范围及地点若何、每年之盈余亏损若何、资本者与经理人之变迁若何，一一皆不过问，随便成立，随便关闭，随便清算，凡受损失者，概不得受中国法律之保障，一听他人之支配"。吴鼎昌为此呼吁，这种"一听自由"的做法"危险殊甚"。[①] 1926 年，道胜银行关闭停业，由此给中国政府以及社会公众带来的损失不可估量（中国政府在道胜银行的股本总额即高达 350 万两）。而让华资商业银行极为不满的是，在道胜银行倒闭后，政府竟然没有同意本国银行的要求——将道胜银行之前拥有的管理关盐款项的权利交给本国银行，反而暂交汇丰管理。这并不是一个偶然的事件，在与外资银行的竞争中，华资银行并不具备先天优势，相反，它们常常需要为自己争取和外资银行一样的"国民待遇"。

也许这是华资商业银行的领军人物愿意促成华资银行之间的合作以及彼此扶持的最重要的原因之一。从现存的档案资料来看，盐业银行不仅在对政府进行放款时经常联合同业一起，即使在其他类型的放款中也经常是联合同业共同承担，特别是当借款金额较大的时候，这样的放款案例不胜枚举。在竞争劣势中联合同业，同时又立足长远稳健行事。不论是面对政府还是面对企业进行放贷，华资商业银行之间的这种联合不仅最大程度地分散了经营风险，也使它们具有了单一银行原本可能并不具备的谈判与博弈能力。

[①] 《吴鼎昌文集》，第 72 页。

七、侨行领袖，实业兴国：中南银行的兴衰*

中南银行是天津"北四行"中比较特殊的一家银行。从发起人角度来说，中南银行是一家南洋侨商资本发起建立的银行，与东南亚侨商的关系甚为密切。20世纪20年代初期，我国在东南亚一带的华侨苦心经营，逐渐累积了巨额资本，在东南亚经济发展中占有重要地位；同时，侨商资本与国内联系日益紧密，侨商资本的发展与国内经济、贸易、外汇市场的发展息息相关，迫切需要建立相应的金融体系以服务于侨商，扩大侨商与国内经济的交往与互通，同时也可以借助侨商资本的力量，为国内金融发展和经济建设提供助力。正是在这样的大时代背景下，中南银行应运而生，且由于其侨商资本的雄厚背景，中南银行获得了当时政府的特别关照，为其业务扩张提供了条件。

《中南银行招股宣言》(1921年6月)中阐述了中南银行成立的初衷："金融机关为凡百事业枢纽，银行之设立，所以流通资本有裨经济社会之活动，殆已尽人皆知，无事戋戋者之上下论议多矣。同人等深以吾国凡百实业皆待发展，海通以来，欧美银行业随进口货物络绎输入各通商口岸，而环顾南洋诸岛，英、荷、法、美各属地之华侨大资本家携资回国，于国内经济社会上造成伟大事业者，乃不免有瞠乎人后之感也。爰是原南洋华侨资本家与祖国经济社会之联络计，辄拟在沪上首创一比较的资本稍厚之银行为之嚆矢。……将来成绩佳良，如

---

* 王丹莉、王曙光：《时代风浪中的中南银行》(上)，《金融博览》2019年第6—7期。

操左券质言之固,不独本银行之幸,亦我中华民国国民个人经济、社会经济、国家经济相互发达之大幸也。群策群力趋事赴功,同人等实无任馨香,祷祝之至。"在《招股宣言》后面所列的"名誉赞成员"中,钱新之、陈光甫等金融界巨擘,黄炎培等政治界翘楚,陈嘉庚等侨界领袖,赫然在列。①

中南银行创办人黄奕住,福建南安县人,印度尼西亚侨商,糖业巨商,人称"南洋糖王",于1919年归国考察,认为"我国幅员辽阔,未开辟之利甚多……我侨商眷念祖国,极思联袂来归,举办实业。待实业致举办,必持资金为转输,而转输之枢纽,要以银行为首务"②。在此前后,《申报》馆主史量才出国访问,在雅加达遇到黄奕住,此时黄奕住正因为荷兰殖民政府要向印尼华商征收"战时所得税"而决定回国办银行。黄奕住与史量才(后来也是中南银行发起人,并担任董事)一见如故,于是将自己试图回国创办银行的想法告知史量才,并委托史量才为其物色管理银行的合适人选。史量才通过上海溥益纱厂的老板徐静仁(后为中南银行监事)接触了刚刚从交通银行辞职赋闲在家的胡笔江,于是一拍即合。胡笔江遂利用自己在金融界多年累积的人脉为银行的创办奔走筹划,黄奕住与胡笔江商定此方便侨商之商业银行名为"中南银行",取"中国与南洋侨商互相联络"之义,黄奕住任首任董事长,胡笔江任首任总经理。胡笔江为京津分行的成立、为中南银行获得发钞权、为早期中南银行业务的拓展做出了很大的贡献。

中南银行由于有侨商巨资的支持,其资本实力比较雄厚。《中南银行发起人关于呈请准予创立银行致财政部公函》(1921年6月)称:"……然我侨商既抱定爱国为前提,本不以外国阻扰之方面稍夺其志。奕住等于上年十月间归国发起创办中南银行有限公司,在上海英租界

---

① 天津市档案馆、天津财经大学编,黑广菊、夏秀丽主编:《中南银行档案史料选编》,天津人民出版社2013年版,第17页。

② 《中南银行档案史料选编》,序一,第1页。

汉口路先设总行，资本总额定以 2000 万元，每股 100 元，都 20 万股，先收四分之一，合 500 万元。"黄奕住还不失时机地向北洋政府币制局提出希望获得发钞许可的请求，并说明给予中南银行发钞权的利益所在："伏查银行发行兑换券一项，推其作用不外节省现金，扩充通货，而在国内之本国特种银行、外资银行及中外合资之各银行，多享有发行之权。今若多一发行之本国银行，则一方可减外券发行之力，一方可增内国经济之资，洵一举而两得焉。奕住等为中国人民，诚不必引外资为例，妄有请求。然各内国特种银行及外资银行尚蒙许可，则奕住等挈其资产，对于祖国实业前途抱无穷之志愿，悉属政府积久之心，期宜若可以。仰邀钧鉴体念下忱，准予中南银行发行兑换券，以示优异。至于他日币制统一，则国家法令自当敬谨遵行。"① 币制局以很快的速度批准了中南银行希获发钞权的请求，在《币制局关于准予中南银行发行纸币批文》（1921 年 7 月 11 日）中说："查新设银行发行纸币前经禁止有案，本难照准，惟念该侨商等久羁国外不忘祖国，筹集巨资创办中南银行，于流通金融及发展实业前途均有裨益，并殊堪嘉尚。本局为鼓励侨商回国经营实业起见，姑予格外通融暂准发行，俟将来政府定有统一纸币条例颁布后，该行仍应遵守以重币政。"② 应该说，当时北洋政府对于这个以侨商资本为主的银行，极尽优待扶持之能事，这与胡笔江等长期在交通银行和金融界积累的人脉以及他在北洋政府的积极游说活动不无关系。

中南银行成立后，在业务上获得了较大的发展。在北方，胡笔江利用其在金融界和政界的关系而大力吸收京津等地北方军阀富商的存款；在南方，中南银行的上海总部及厦门、香港、广州、汉口、南京等分行的业务也迅速扩张，吸收大量的华侨游资，增强了存款实力，

---

① 《中南银行档案史料选编》，第 2 页。
② 《中南银行档案史料选编》，第 3 页。

其分支机构网络也在短时间布局完毕。1924年之后中南银行又几次扩充资本。《中南银行天津分行检查报告》(1951年)之《中南银行简史》中简略记录了中南银行的发展历程:"中南银行创立于1921年,发起人为南洋华侨黄奕住,当时任用胡笔江为总经理,设总行于上海。并陆续在天津、北京、汉口、厦门、南京、苏州、杭州、香港等处设立分支行。资本总额定为银元2000万元,开办时收足500万元,1924年增资250万元,共计750万元,后即改以此数为资本总额。1946年改为法币3000万元。解放后改为人民币38600万元,另有港行资本港币40万元。大股东均系黄氏后人,约占股份总额四分之三。该行创办时董事长为黄奕住,黄于1946年病故,由徐静仁继任,徐病故后由黄浴沂继任,黄辞职由黄钦书继任,以迄于今。首任总经理为胡笔江,协理黄浴沂。1938年胡身故,黄浴沂任总经理,王孟钟任副总经理(胡笔江与王孟钟系交通银行老同事)。"①

1951年的这份带有当时浓厚的时代背景的检查报告,对中南银行三十年的经营虽有所肯定,但总体上评价不高。虽然囿于当时的政治情势,对中南银行的评价可能未尽允当,但却也直言不讳地指出了中南银行经营管理中致命的弊端,戳中了其在用人等方面存在的问题的要害。该报告说:"该行创设缘由传为南洋一带侨商鉴于每年汇回本国款项为数颇巨,一向为外商银行垄断,饱受剥削,乃由侨商黄奕住等发起创立,亦是中国民族资产阶级挣脱外国资本主义压迫的一种表现。惟以资本家自有自私自利之腐朽本质,并任用王孟钟、张重威等奸商,盲目经营,中饱自肥,非仅对华侨未起若何作用,反将国内资金大量逃避于国外。"

正当中南银行创办之初事业迅猛发展的时期,发生了一件对中南银行影响甚大、乃至对当时民国金融界影响甚大的事件,这就是"协

---

① 《中南银行档案史料选编》,第143页。

和倒账案",这一案件几乎酿成了一次较大的金融危机。《民国十六年天津分行营业报告书》中这样描述民国十六年(1927年)之危机:"(十六年)下半期开始以来骤然发生协和贸易公司倒闭之事,中元实业银行及华茂、中法、远东三银行之华账房相继牵连搁浅,同业所受损失不堪缕指,市面恐慌情形难以言宣。……十月中旬又发生志成银号倒闭之事,连带停业者亦有数家,一时风潮澎湃,各业交易往还尽失常态。自七月至十月此数月中,本埠金融恐慌实为之前未有之现象,津行幸赖向来资力雄厚声誉昭彰,纵经骇浪之危,获保金堤之固,惟营业方面自不得不竭力收束,下半期盈余顿形减少。"① 此报告书中所说的"协和贸易公司倒闭"事件,乃是指发生于1927年的一次对天津金融业影响甚巨的所谓"协和倒账危机"。天津协和贸易公司由当时留美归国的祁乃奚创办,经营进出口贸易,与各商业银行均有很多业务往来。协和贸易公司以空头仓库栈单作为抵押向商业银行借款,各行则大多没有对这些抵押物的真实性进行充分的调研,就盲目地对协和贸易公司进行放款。结果协和贸易公司因巨额亏损而宣布破产之后,各银行受其牵连甚大,其中损失最大的当属中南银行天津分行。在此次"协和倒账危机"中,中南银行天津分行损失高达200多万元,而其自有资本仅有150万元,幸赖上海总行和各地支行的协助才渡过灾劫,中南银行为消解此次危机用了大概三四年时间,直到1931年左右才彻底渡过危机。中南银行天津分行的巨额亏损,其根源出在天津分行经理王孟钟身上。王孟钟是胡笔江的亲信,此人交游广泛,好投机,协和贸易公司的祁乃奚即利用其弱点设下假仓库抵押栈单的骗局,王孟钟并未进行详细核查即一再向其大量放款,致使事发之后中南银行天津分行损失惨重,全部存款拿来都填不了亏空。而天津分行这份营业报告,对自己在协和贸易公司业务往来中的严重失察行为轻描淡写,

---

① 《中南银行档案史料选编》,第117页。

对招致的巨额损失全然没有检讨悔过之意，令人颇感惊诧。由此也可以看出，1951年的那份《中南银行天津分行检查报告》所说不虚，对中南银行的批评真可谓一针见血。而在此次金融危机中大陆银行表现最佳，大陆银行谈荔孙在觉察协和贸易公司的抵押仓库栈单可能有问题之后，就即刻事先追回贷款，所以没有发生较大的损失，而其他银行如金城、盐业等都不同程度地遭受了较大的损失。

中南在四行联营中占有特殊的地位。第一，出资最多。1921年中南、盐业、金城成立"联合营业事务所"时，在200万元联营资金中，中南出资100万元，盐业和金城各出资50万元。第二，四行中唯有中南银行拥有货币发行权。但是当时中南银行刚刚成立不久，信用还不是很坚固，与交通银行等国有背景的银行无法相比。因此，当盐业银行总经理吴鼎昌从海外游历归来在上海与胡笔江会见时，就看到这一问题，乃向胡笔江提出联营战略，即中南、金城、盐业（以及后来加入的大陆银行）联合起来作为中南银行发行钞票的后盾，以增强中南银行的信用；同时，几家银行借助中南银行的发钞权，也可以将发钞的利益沾及其他行，大家相互扶持，相互受益。这一提议得到胡笔江的极大赞同。中南银行于1922年与金城、大陆、盐业等筹组四行准备库，以现金准备六成，公债准备四成发行纸币。津区共发行12568000元，其中中南津行占4210000元，竟占三分之一左右，至1935年政府才取消中南的货币发行权，移交交通银行接管。由于四行准备库为中南银行发行钞票提供了充足的准备金，因此中南银行发行之钞票一直信用卓著，在频发的挤兑风潮中一直保持稳定，发行量居全国第三位。① 中南银行被称为民国时期"八大发行商业银行"之一，其发行的"五族妇女图"钞票非常有特色，素为收藏家所关注。

自1921年肇创之日起，中南银行在复杂的内外环境中苦心支

---

① 《中南银行档案史料选编》，序一，第2页。

撑，惨淡经营，凭藉其"恪守稳健主旨"，得以在30年风雨飘摇之中历经事变，勉力维持。1927年发生"协和倒账事件"之后，中南银行尤其注重汲取历史教训，稳健经营，避免投机行为。20世纪30年代之后，国内国际形势日趋复杂，"政潮起伏，战争频仍"，"国难方亟，事变益歧"，尤其是1931年日本发动"九一八事变"，1937年又发动了全面侵华战争，给中南银行的经营带来更多的挑战和困难。《民国二十年度（1931）天津分行营业报告书》曰："……及至年终依然谣訾纷传，人心惶惑，肆廛紧闭，路绝行人，凄凉景况为数十年来所未有。金融界处此情况之下，实亦无从措手。我行恪守稳健主旨，未敢急切图功。值此市面疲弊之秋，尚能勉力振作，历经事变，幸免牵累。自中日事起后，京津两地存款累见减缩，同业皆然。我等放款向守宁缺毋滥之旨，常年头寸皆觉宽松，利息不无略耗，稍稍提存，反资挹注。"①在这种情形下，国内各行业及进出口日渐疲弱，放款愈见艰难，而存款日增，利息支出甚巨，利差收入日益减少，致使银行左右支绌，捉襟见肘。《民国廿一年度（1932）天津分行营业报告书》谈到上海"一·二八事变"之后国内进出口停滞、市面不振、经济萧条之现状及对中南银行之冲击："津行及平处向来谨守稳健审慎之旨，不敢或失。惟终年存款日见增加，虽低减息率，仍不能遏其增涨之势，定期存款数目已达从来未有之高度，而放款生意实极为难。此后国难方亟，世变益纷，惟赖忍耐之精神，勉度艰难之情势。"可见存贷利差缩小、存款利息支出的压力已经对中南银行的经营造成绝大的影响。次年（1933）的津行营业报告书亦言："廿二年度始，即值日军进犯关内，直迫平津，市面人心感受空前之恐慌，惊忧扰攘……金融业以货物抵押为妥实营业，近因此项生意数目既少而各银行货栈如林，竞争甚烈，以致息率减低无利可图。本行业务向主稳健，值此市况不良之

---

① 《中南银行档案史料选编》，第120页。

际，自当益加慎重，惟周年常苦存多放少竭力减缩存息而存数仍复继长增高。三月一日平津两处同时成立储蓄部，又增存款 200 余万元，除照章购存公债保息外，而津行常存储蓄部款约在百万元之谱，两方坐耗利息为数颇巨。津行自身已苦头寸太宽，兼为储蓄部布置，益感困难。"[1] 经济衰颓，百业萧瑟，很多企业濒临破产歇业，此时实在是令银行进退两难，没有好的企业进行投资，银行的收入从何而来？30 年代银行的窘况可以想见，当时一批商业银行如明华银行、美丰银行等，先后停业，金融业可谓危机四伏，情况相当严重。1935 年之营业报告中说，"回顾一年来之风浪所经，亦殊堪危悚，津行值此艰难之会，仰承钧处稳重之旨黾勉经营，平时对于各项放款尤力主谨慎，所有年内诸外行之停歇拖欠均幸免波及"[2]，战战兢兢、如临深渊如履薄冰的心态展露无遗。

1937 年日本全面侵华战争爆发之后，工商业和银行业的情形更加艰危困窘。在 1938 年度的津行营业报告书中，详述了中南银行在危机时刻头寸管理、放款、存款、汇兑、外汇交易等方面的应对策略：

"一、头寸。事变初起，未来情形殊未可知，为自卫计不得不宽筹头寸厚积资源以备应付万一，故以大部分购进英镑、美金增厚国外汇兑之基础，再以一部分调存沪行藉避此间之风险，更以一部分存于当地二三可靠之同业，以应当地之需要。二、放款。津平两行对于旧欠固早已陆续清理，其疲滞无法活动者随时整顿，大半类有归宿。其略得活动者，亦必设法尽量收回。对于现时放款，仍保持向来紧缩方针。且近年来活期存款颇见增加，故于放款无论抵押或信用亦力求其具有活动性者，以期避免资金之呆滞，俾与存款性质相符合。三、存款。事变突起，拥有厚资者，或购买外汇；或存于外籍银行，本国银

---

[1]《中南银行档案史料选编》，第 121 页。
[2]《中南银行档案史料选编》，第 123 页。

行之存款未免相形见绌,幸赖安定金融办法之维系,尚不致发生提款风潮。我行自上年因放款收缩银根宽松,同时将营、储两部存款息率,无论新旧户均酌减,虽存户似并未因此却步,然利息藉以减轻,略资调剂。惟因币制关系,于收付之间不无多少困难,我行对此本来划分綦严。所有原来存户利息及照安定金融办法分期付款之,本金始终以顾客之需要为应付,而于当局解除提款未决期间,我行对于存户尤竭力支应,不令其少有烦言。以上两事俱为本年内同业中共视为艰于应付者,我行均皆从容布置周旋中节,在不受损失之原则下颇予存户以良好之印象。四、汇兑。战事由北而南内地交通大半阻绝,汇兑之事当亦锐减,我行前以纱厂购棉汇拨款项,会与省银行订立本省各县镇通汇契约,办理以来尚稍便利,本年因受战事影响均已停顿,将来地方稍安,当再谋开拓。五、外汇。津行办理外汇蓝荦初期,适值本年外汇增涨,又当外籍银行均在收缩,而中、交行亦以时局关系不图进展,故一时出、进口商咸趋就我行,我行对于汇价及手续上又皆以种种便利,营业情形尚有可观。不过首以时局不安,头寸方面不能不统筹全局;次以开办未久,一切均从审慎,故所有业务皆属脚踏实地,绝不敢因图厚利稍涉风险,所好自开办以来已略有基础,但望时局少平,不难力谋开展。"①

该报告所谈及银行于工商业萧条、经济不确定性增加之时所进行的战略调整,对当下我国银行业具有重要参鉴意义。近年来我国经济处于下行周期,实业发展面临诸多掣肘,导致银行业之经营环境愈见趋紧,资产质量每况愈下,一些银行面临较大的经营困难,甚至有破产及爆发局部区域性金融危机之可能性,银行接管事件之发生即为前兆,应予高度关注。前面所引中南银行之危机应对策略,包含着很多可资借鉴的处置方式。其中头寸管理者,涉及流动性管理问题,乃银

---

① 《中南银行档案史料选编》,第130页。

行危机时刻能够稳渡难关的关键所在。中南银行宽筹头寸，厚积资源，是有长远眼光的，又以外汇存储、沪行转移、暂存同业等多元化方法，化解风险，增加资产的安全性，可谓深谋远虑之举。放款涉及资产管理，中南银行为应对危机而采取分类解决的方法，对于欠款进行清理，对于呆账进行整顿，对于虽有逾期而不至于形成呆滞的，则设法予以回收，而对于新增贷款，则采取谨慎的收缩政策，对于抵押或信用贷款则极为注重其流动性，使贷款与存款管理相匹配，尽力减少期限错配的情况。危机时刻，放款虽应极为谨慎，然而亦不能不加以尽力拓展，1940年度的报告也谈到中南银行在危机时刻放款的原则："期于展进之中，时寓慎重之旨，大部放款仍注重诚孚管理之恒源北洋两纱厂。盖以运用取予之间易为伸缩，既尠呆滞之患，更无风险之虞。至于津市各大殷实商号与我行向有往来历史关系者，仍与酌做放款，遇有殷实顾客之抵押放款时，有收回之把握者亦格外慎重酌量承放，以谋存款利息之抵补；此外稍涉投机事业与夫商号之有投机性者，概行婉拒。"[①]（注：诚孚企业公司为中南银行与金城银行合资建立，中南银行占该公司股本总额百分之五十。该公司受托管理恒源、北洋、新裕等企业。）这个放款原则甚为妥当，实际上就是分类实施、有收有放、有进有退的原则，力避投机，稳健为上。存款涉及负债管理，在危机时刻中南银行酌减息率，使利息支付的压力得以减轻，同时对于存户提款均妥为应对，从容布置，周旋中节，在银行不受损失的前提下，给存款者以稳定安全的良好印象，不致发生挤提危机，这是非常高明的做法。汇兑与外汇方面则首重保守，统筹安排，不因图厚利而涉险投机。以上所述中南银行在处境艰危的情况下做出的危机管理举措，对中南银行的稳健发展至为重要，今日亦堪为借镜。危机时刻，安全为上，活下来即是王道，以最保守稳健之法获得生存之机，在此前提

---

① 《中南银行档案史料选编》，第135页。

下谋求资产的多元化,为未来时局的转机做好准备。该报告末尾曰:"(津平两行)坚持历来之稳慎主旨,一面应付事机;一面推行业务,结至年终营、储两部尚均稍得盈余。惟事变发生转瞬已一年有半,国内经济上、物资上之损失已无从估计,虽有一时一处幸得意外之苟安,遂为畸形之发展,不独不足为喜,且应为有识者所殷忧,况乎来日大难,前途多梗。"①

总体来说,在抗战这一特殊历史时期,中南银行一切业务皆以保守稳慎为宗,只求在危机状态下获得苟安,而难以尽展宏图。这是中国当时绝大部分内资私营银行之实况,今天我们回顾那个特殊年代银行业于艰危之际的勉力奋斗、苦撑危局,实在是令人感慨系之。中国私营银行业在肇创之初就遭遇国家危难,时局动荡无常,在国难日殷之际还能获得一定的发展,实属不易。

当然,在整个20世纪的三四十年代,由于时局的复杂艰危,同时也因为我国私营银行尚处于比较幼稚的发展阶段,其各种内部规章制度与公司治理尚处于初创时期,管理尚乏严密,人员层次亦参差不齐,内部制度之执行亦流于形式,因此也出现了大量经营不规范甚至腐败情形。银行的法人治理结构极为注重激励与约束并重,注重各种利益主体和权利主体在决策中的合作制衡关系,以此来保障银行决策体制的科学性和规范性,以免银行因内部治理之混乱松懈而误入歧途。中南银行虽然在创建之后极力模仿国内外先进银行以构建完善的内部治理体系,在董事会和监事会中亦注重延揽金融界名流(如董事会中就有金城银行创建者总经理周作民、国华银行董事史咏赓、华侨银行董事长李光前等银行界翘楚②),试图提升中南银行之外部社会形象和内部治理效率,然而由于管理者的拔擢多因裙带关系,一些关键岗位

---

① 《中南银行档案史料选编》,第131页。
② 《中南银行档案史料选编》,第46页。

的管理人员为旧习所染，为旧制所拘，囿于环境与识见，故其职业素质不高，加之某些高管私利熏心，人格不端，出现各种腐败实属必然。首任行长胡笔江发迹于交通银行，因此其选拔的人才多为交通银行旧党，其中王孟钟担任天津分行首任总经理，曾就职交通银行，从1922年到1944年实际掌握中南银行津行的具体管理，而胡笔江作为总行行长对津行实际的具体业务无从过问，董事长黄奕住乃南洋华侨商人，更无暇顾及具体事务，因此王孟钟的角色就显得极为重要。胡笔江1938年为国捐躯之后，王孟钟的作用就更大了。1951年的《中南银行天津分行检查报告》中，对中南银行天津分行的人事结构及其行为曾有以下评价：

"该行首任经理王孟钟系一大投机奸商，于解放前逃往美国。继之者张重威更变本加厉，在敌伪时期及国民党时期暗设后账，非法经营，中饱自肥，并大量逃避资金至国外，致使中南实力大伤，业务难以开展。解放前张调任总行副总经理，赵元方升任津行经理。赵系满清贵族之后，不谙业务。副理王聚芝、襄理王治平庸碌无能。襄理董约儒阴险诡诈，经管后账贪污自肥。襄理李秀峰与营业主任苏佩如互相勾结把持业务，叙做贷款大都以私情之厚薄来决定，置政策行务于不顾。副理孙啸南原任中孚银行副理，亦为一投机份子，一九五零年进中南后虽力求振作，但因仍袭用旧法，且因人事方面又多隔膜，除存款方面稍起作用外，其他业务亦无若何进展。因为行政处理业务不能大公无私，以致部分职工搞小集团、小宗派。""该行外汇部于1938年开办，主持人为大投机商余克斋，余去职后主持人为王栋人（王孟钟之弟，解放前逃往香港），均大肆投机自肥，不重视业务。"[①]

这里的记述虽带有特殊历史情境下的话语特色，但是其描述的基本事实尚属可信，也深刻触及了中南银行在经营管理、公司治理和人

---

① 《中南银行档案史料选编》，第144页。

事任命上的内在弊端。人事上的裙带关系，管理制度上的松弛，内部治理上的陈陈相因，是我国私营银行在早期发展阶段的较为普遍现象，这一方面说明我国银行制度尚处于草创时期，经验不足，人才储备亦不够，制度设施还处于模仿西方的阶段，制度之内在精髓尚不能深入人心而内化为管理者的自觉行动；同时，银行业的经理人市场的发育也还在幼稚阶段，管理者素质高下不等，职业操守大多不佳，金融伦理方面的教育与意识也极为缺乏，银行的文化亟须改进提升。因此，我们在研究近代私营银行的过程中，不光要研究私营银行在管理上的积极的一面，研究其银行文化中值得借鉴的一面，同时对私营银行的时代局限性和消极面也要客观看待，不宜过于美化，过于理想化。

八、天津银行公会：华资银行集体利益的代言人[*]

（一）自发的联合：银行公会的缘起

作为近代最重要的金融中心之一，天津曾经拥有数量众多且类型各异的金融机构，曾在这里设置过分支机构的银行——包括国家银行、地方银行、官商合办银行、华资私营银行、中外合资银行、外商银行等等先后有数十家之多，这些银行彼此之间既有竞争也不乏合作。如果要深入梳理近代金融业的发展以及近代华资银行之间的关系，那么就不得不提及一个重要的同业组织——银行业同业公会。

1918年，上海、天津、北京等地的银行公会相继成立，这也是中国最早成立的一批银行公会。1918年初创时，天津银行业同业公会的成员一共有9家，而著名的"北四行"中除了中南银行由于创立较晚（成立于1921年）之外，其余三家银行（金城、盐业、大陆）均是天津银行公会的当然成员。从不同时期天津银行公会的成员来看，当时重要的华资商业银行几乎都名列其中，其成员构成以及成员规模已经在一定程度上反映出了银行公会作为一个同业组织的凝聚力与影响力。从1918年成立一直到新中国社会主义改造开始之前，天津银行公会存

---

[*] 王曙光、王丹莉：《天津银行公会：服务同业、稳定金融》，《金融博览》2019年第9期；王丹莉、王曙光：《天津银行公会：华资银行集体利益的代言人》，《金融博览》2019年第8期。

在了三十余年的时间。

天津市银行业同业公会各时期会员名单

时间	家数	银行名称
1918	9	中国、交通、直隶省、盐业、金城、北洋保商、大陆、中孚等
1923	19	直隶省、北洋保商、殖业、中国、交通、盐业、浙江兴业、中孚、金城、新华储蓄、东莱、五族商业、山东工商、大生、大陆、中国实业、聚兴诚、北京商业、中华懋业等行
1933	16	中国、交通、盐业、金城、中南、大陆、浙江兴业、中孚、中国实业、大生、东莱、上海、新华、北洋保商、大中、殖业等行
1938	20	中国、交通、盐业、金城、中南、大陆、浙江兴业、中国实业、新华、大生、北洋保商、东莱、殖业、大中、垦业、国货、国华、上海等行
1947	41	中国、交通、中国农民、邮政储汇局、中央信托局、中央合作金库、河北省、市民、盐业、金城、中南、上海、中国实业、浙江兴业、新华、大中、大生、中国农工、中孚、四行储蓄会、国华、东莱、垦业、中原、裕津、亚西实业、川康平民、长江实业、聚兴诚、久安信托公司、巴川、北平商业、大同、山西、裕华重庆商业、大陆、开源、永利、建业、通商、亿中企业银公司、中国华侨银公司等行局司

资料来源：天津市地方志编修委员会编著：《天津通志·金融志》，天津社会科学出版社1995年版，第253页。

成立之初的天津市银行业同业公会采取了值年管理制，两年后改为实行董事制，董事行有7家，1930年又再度改为委员制，1931年按照天津市政府对各业同业公会的统一要求，改回实行董事制，公会设董事15人、候补董事5人，均由会员大会代表以无记名方式选出，组成常务董事会的常务董事以及会长再由董事中选出。[①]能够担任银行公会会长的多是当时金融界响当当的人物，比如天津中国银行的行长卞白眉就曾被选举为天津银行公会的会长，而这些金融家不论在商界还是政界都有不容低估的影响力。经过长期的发展，天津银行公会形成了自身完善而规范的制度安排，定期召集组织公会负责人的例行会议以及会员大会，亦有会员认可的财务经费管理及分摊机制，不论对内

---

① 天津市档案馆等编：《天津商会档案汇编·第四辑·(1937—1945)》，天津人民出版社1997年版，第422页。

对外都日益成为一个相对成熟的同业组织。

(二) 银行公会: 具有更强博弈能力的银行 "代言人"

根据天津市银行业同业公会的章程[①]，这一同业组织"办理银行公共事项以联络同业感情维持公共利益促进银行业之发达矫正营业上之弊端为宗旨"。从章程上的这一规定即可看出，对于会员而言，银行公会是一个典型的"公益"组织。在近代的金融体系中，不论是和传统的金融机构相比，还是和外资银行相比，华资银行似乎都是一个后来者，它们没有坚实的根基，亦缺乏雄厚的实力，更没有先天的经营优势与特权。在动荡飘摇的时代背景下，华资银行有更强的联合起来的愿望和诉求，由"北四行"创立并颇获公众认可的四行联营机构就是一个典型的例子。而银行公会则无疑推动了更多银行之间的密切合作，使它们在对外业务拓展过程中具有了更强的谈判和博弈能力，这是任何一家单一华资银行所不可能具备的。

近代以来的华资银行在业务开展过程中有一个特点，即在很多放款中——不论是针对企业的放款还是针对政府的放款，时常会有多家银行联合进行，这既是限于资金实力，也是为了分担风险，天津的情况也不例外，在很多银行的档案中都可以看到相关的记载。对于那些数额巨大、参与银行较多的贷款，在放款条件的确立以及借款偿付过程中借贷双方的协调方面，天津银行公会都发挥着重要的作用。每当偿付中出现资金抑或是抵押品的问题时，银行公会都会积极出面力争借款合约的履行。

不仅如此，一些和银行业务开展密切相关的部门或者机构亦愿意与作为同业组织的银行公会进行沟通，这远比与各家有业务往来的银

---

① 中国银行总管理处经济研究室编印:《全国银行年鉴》(1935)，D 169 页。

行分别谈判成本少得多。举例来说,1929年12月,当时的北宁铁路局曾就商货运输事宜召开会议与各利益相关方磋商以求业务经营有所改进,北平银行公会以及天津银行公会是这次会议的重要参与者,而两家银行公会很快就联合向北宁铁路局提出了一个议案——核心内容是希望铁路部门能够实行货运负责,借此推动银行押汇业务的开展。原本银行押汇是"以运输机关之提贷单、税关之纳税单及保险发货等单据连同汇票送交银行方能办理贴现",但当时的铁路运货提单多是由转运公司发行的,"而转运公司资本薄弱组织简陋信用未克昭著,所有发出提单只能认作装运保管之凭证,其货物内容是否实现、货价是否真确银行俱无从知悉"。而铁路所提供的货物收据仅是作为收货人到站领货的凭证,铁路局除了运输之外对货物并不承担其他任何安全上的责任,这看似不尽合理,但却是当时铁路货运的经营惯例,而银行出于风险考虑对铁路货运"不能承做押汇"。

为此北平天津两地的银行公会强烈建议铁路局"就各大站建筑贮货仓库、添购运货棚车",改善货物到站后的仓储条件,虽然一时可能耗资甚巨,但未来可预期的"仓租运价"则可为铁路局带来不菲的收入。若能实践,则托运货物的商人从此亦不必苦恼于大量货物在转运公司押运期间可能发生的偷漏损耗、捐税繁苛、市价波动等种种会使盈利受损的状况。当然,更重要的是,对于银行来说,相比于当时资本、设备、实力都相对薄弱的转运公司而言,铁路局显然更值得信任,若铁路局能够对所运货物承担更多责任,那么银行就可以更加放心地对商人承做押汇业务。①

银行公会的声音代表了华资银行,同时却比任何一家单独的华资银行的主张更能引起社会的重视,因而也更能维护华资银行的公共利益。银行公会在维护华资银行自身利益的过程中,不能不与政府进行

---

① 北宁铁路局编:《北宁铁路商务会议汇刊》,1930年,第105—106页。

一定的博弈。华资商业银行与不同时期的政府都保持着一种不乏矛盾却又不得不合作的密切关系，银行公会是两者之间的一个重要桥梁。1933年5月，财政部为借款抵押品爱国库券的结售事宜多次与天津银行公会交涉，财政部要求最低按票面余额的七五折作价，而这一定价远高于银行预期，银行公会议决"允照票面每百元按七十元作价……财政部如仍未能同意，只能请其另行设法"。为了多家会员银行的权益，银行公会不止一次召开会议商讨，与财政部讨价还价。①类似的例子不胜枚举。银行公会与政府的博弈，虽然并不都以胜利而告终，有时甚至不得不在政府的高压之下进行一定的妥协，但至少银行公会通过这种博弈向政府传达了华资银行的集体意愿。这对于构建健康的"政府—银行"关系是非常必要的。而银行公会会员银行之间的共同分担与相互扶持也降低了银行各自可能面临的风险。

　　天津银行公会的作用还不仅限于此。20世纪30年代初，国民政府立法院审议通过了《银行法》，新的《银行法》虽然旨在规范和约束银行的经营行为，但其中一些规定却并不符合当时华资银行的经营惯例，天津各地银行公会很快就提出了对于这部《银行法》的意见并上呈财政部。新《银行法》中规定"股份有限公司之股东及两合公司之有限责任股东应负所认股额加倍之责任"，天津银行公会则据理力争，指出公司法明明规定"各股东所负责任均以所认股额为限"，而国内银行多为股份有限公司，令银行股东"负加倍责任"并不公平，甚至有可能因此引发纠纷、动摇根本，使"未来之银行因股东所负责任过重势将裹足不前，于银行业前途不啻无形中加以阻力"，对于银行股票的流通及抵押都会产生影响，因此天津银行公会主张"应仍依公司法办理以免牵动金融基础"。新《银行法》中还提出了关于对银行放款总额进行限制的要求，天津银行公会在对此规定进行回应中却

---

① 《盐业银行档案史料选编》，第197页。

提出了一个至关重要的问题,即政府能否"令外国银行及类似银行之商家一律遵守银行法",如若不能,则华资商业银行削趾适履不得不放弃一部分交易,而外国银行及类似银行之商家却能"因利乘便"①。如何塑造一个相对公平的竞争环境的确很重要。几乎与此同时,上海、北平、汉口等各地的银行公会都相继向政府提出了关于新《银行法》的修改意见,这些意见的提出与银行公会的持续努力使政府不得不在相关法规、政策的出台过程中更多地考虑华资商业银行的立场与利益。

在与竞争对手特别是外资银行的竞争中,天津银行公会同样是华资商业银行利益的积极维护者。由于外国列强在中国的影响,和华资银行相比,民国时期的外资银行往往还具有无关乎经济实力的竞争优势。同业往来是银行日常业务中不可避免的一个部分,"关于同业往来互收支票冲账办法"天津银行公会在做出统一规定之后"通知各银行一致照办"即可,但与外资银行的往来则不然。外资银行要求"对于所收华商银行支票、钞票及拨码等概做现洋看待,每千元需收贴费一元",这是一笔不小的开支,1933年5月,天津银行公会在共同讨论之后决定此事须"会同钱业公会呈请市商会,与外国银行公会及洋商公会交涉",以"将该贴费取消",同时还要求各会员银行"在前项交涉未办妥以前,各银行对于该项贴费概不承认"②。银行公会的出面,使与外资银行的谈判变成了一种组织行为,而不只是某一家合作的华资银行的单独诉求。银行公会显然是一个具有更强博弈能力的银行"代言人",它拓展了华资商业银行的空间,也在与外界的不断谈判中降低了华资商业银行的经营风险与经营成本。

天津银行公会在近代银行业同业组织中堪称翘楚,与上海银行公会南北辉映。从成立开始,天津银行公会就是天津华资银行公共利益

---

① 《全国银行年鉴》(1935),E13-E15页。
② 《盐业银行档案史料选编》,第196—197页。

的重要代言者，它的存在与运行使得天津的华资银行能够以一个群体而不是个体的身份与外界博弈，从而更大地拓展了华资银行的发展空间。然而，这只是天津银行公会职能与作用的一个方面。作为一个同业组织，天津银行公会还发挥着另外的重要作用——它服务同业，规范同业，还扮演着市场金融秩序维护者的角色。

（三）服务同业与自我规范

对外，天津银行公会是一个博弈能力远高于华资银行的组织；对内，天津银行公会则一直致力于服务同业，并不断规范当地华资银行的经营行为，从各个方面为华资银行的业务开展和经营便利创造条件。

一个典型的例子是天津银行公会为推动成立票据交换所而进行的不懈努力。金融机构之间在开展业务的过程中必然会涉及大量的票据交换，天津是近代以来的金融重镇，在这里不论是票据交换的数量还是金额都颇为可观。天津银行公会早在20世纪20年代初就开始倡导、筹设票据交换所。1921年，全国银行公会第二届联合会议上通过了京沪两地银行公会提出的关于设立票据交换所的议案，此后不久天津银行公会即根据全国银行公会的决议致函各地公会，公函中提及票据交换所"综其利益之点，如免除运送现金之危险，节省支付时间与手续，查验库存之便利，调查地方之金融各项，实为金融界之必要机关。况现在各地银行业，日形发达，票据流用日广，此项机关尤须急行创设。除敝会应设法筹设外，相应函请贵公会，即行提倡设立，俾期早观厥成，有利金融，实非浅鲜。……所有办理情形，尤望随时见示"[①]。

然而，全国银行公会此次的提议虽获得诸多响应，却因为种种因素未能付诸实践。1927年，天津银行公会再度提出要筹设票据交换所

---

① 张辑颜：《中国金融论》，商务印书馆1930年版，第344页。

第四辑　与时偕行：从天津金融史看近代金融文化之嬗变

"以利划拨"，并推举天津中、交两行代为草拟了票据交换所的章程，经过会员银行的审议后天津银行公会还将章程送天津钱商公会征求意见。遗憾的是，天津钱商公会表示赞同却并未承诺加入，天津银行公会只好先在公会内部着手，征询各会员银行是否愿意加入票据交换所，准备"视所员征集之多寡为进行迟速之标准"，再由会员银行共同讨论如何推进。①

屡次筹办却终未落实的天津银行公会并没有就此放弃。1932年，华北土产滞销，天津市面上的银元现洋越来越多，"现洋与拨兑洋发生差价几成两种货币"。而当时"对街面往来及应付各款须将现洋贴水换成拨兑洋方能交付"，不仅华资银行需要面对由于现洋贴水而造成的损失，天津的银号在与外国银行的华帐房进行冲账时同样因此而损失不小。在共同的困境之下，天津银行公会与天津钱业同业公会决定共同合组公库，以便利银行银号之间的票据清算、同业划拨，同时亦在需要时进行同业间的金融调剂。只要是天津的银行银号，亦包括外国银行的华帐房，不论其是否为天津银行公会或天津钱业同业公会的会员，均可以自愿加入公库。公库成立之初即有20家银行与37家银号加入。

根据《天津市银行业钱业同业公会合组公库章程》的规定，公库的核心业务包括以下几个方面：一是接受会员银行号的现洋存款，公库会出具凭证，公库出具的公单可于市面流通；二是会员银行号在拨用存款时可以通过公库支票来进行划拨，凡是公库的会员都不得拒收公库支票；三是在会员银行号需要并提供担保品时公库可对会员银行号拆放款，拆息根据市面行情决定；四是对会员银行号收做现洋申汇，额度及汇费由公库根据市面行情确定。② 由此，公库的成立与运行不仅

---

① 《中南银行档案史料选编》，第567—568页。
② 《全国银行年鉴》（1935），D174—175页。

305

金融文化

解决了由于天津市面上银元过剩而给华资银行和银号带来的种种问题，还切实便利了天津银钱业之间包括与外商银行之间的票据清算，公库支票后来逐步替代竖番纸，成为外国银行不得不承认和接受的冲账工具。规范而集中的票据清算，既有利于银钱业之间的资金周转，也有利于金融秩序的稳定。天津银行业与钱业合组的公库一直运行到1942年，在天津票据交换所成立之后，合组公库停止营业。天津银行公会不遗余力的推动极大地改善了银钱业之间的票据清算与往来状况。

由于银行公会在华资银行中的影响力，政府部门亦愿意借助这一同业组织实现对华资银行的管理。1926年6月，由于"各地私贩多有将漏税私货向银钱业抵押借款，以图辗转贩运情事。各行庄如果承做此项押款，是无异收受漏税货物"，是违反当时刑法的，为此财政部致电天津银行公会，希望其能对各会员"恳切告诫，以资防止"。银行公会很快通知各会员银行："对于承做货物押款，如系进口货物在原进口口岸，应于提供栈单、提单之外，应将进口税收据持向海关领取证明书一并提供。其由原进口口岸运销各处者，除提供栈单、提单外，并取具当地商会或各该同业公会证明书，证明该项货物确凭海关发给运销执照，准予运销。"[①] 银行公会的要求在规范会员银行经营行为的同时，也降低了华资银行可能遭遇的经营风险。和各地的银行公会一样，天津银行公会成为连接政府与华资银行之间的一个桥梁，政府对于银行的管理和要求常常首先告知银行公会，再由银行公会督促会员银行执行。除此而外，天津银行公会也会对会员银行诸如营业时间、经营惯例等方面提出一些统一的规定，既是规范同业行为，也是为同业间的往来创造条件。

---

① 《盐业银行档案史料选编》，第477页。

（四）市场与金融秩序的自发维护者

民国时期政局动荡，金融风波时有发生。在危机面前，没有哪一家金融机构可以独善其身，作为天津华资银行的联合组织，天津银行公会于历次风波之中都是市场与金融秩序的自发维护者。

1921年11月，天津中交两行一度发生挤兑，尽管两行"竭力筹调"，但依然银根紧张，以至市面上金融形势颇为危急，在此情形之下，当时的天津银行公会立即致电总统、国务院以及财政部，力陈"两行为国家金融命脉，设有疏虞关系重大"，要求政府一方面"分饬海关及铁路、邮政、电报等局一律照收中交钞票"，另一方面由于海关及铁路等收入均需交存汇丰银行，故天津银行公会希望政府能够出面与汇丰银行商明"照常收用"中交两行的钞票以确保其流通，同时商令其他外国银行"代收中交钞票"，以缓解市面上已经出现的金融动荡。[①]银行公会还提出危机之中"惟在互相提携，藉同业之扶助，以度难关，互相维系"，并加强了对拥有钞票发行权的各家银行准备金数目的监督，以防再度引发兑现问题。[②]

天津银行公会所倡导的这种同业间的扶持不止体现在华资银行之间。为了维护平稳的经营环境与金融秩序，天津银行公会同样关注其他华资金融机构的状况，因为金融体系是牵一发而动全身的，当遭遇市面恐慌而政府不能提供必要的救济时，华资金融机构彼此间的支持就显得更加重要。1924年，由于水患和江浙战事的影响，天津一时出现商业停顿、银根紧张的局面，"市面有岌岌不可终日之势"。为此，天津银行公会出面与天津各银号的同业组织——天津钱商公会制订

---

① 天津市档案馆编：《北洋军阀天津档案史料选编》，天津古籍出版社1990年版，第345—346页。
② 天津市地方志编修委员会编著：《天津通志·金融志》，天津社会科学出版社1995年版，第256页。

了一份公约，约定银行公会与钱商公会双方派出代表商谈金融周转事宜，凡"公约内之银行钱商各家，遇有对于现在金融周转停滞者，若各本家力不能及之时，得随时将详细情形，声请代表人，核定救济之方法"。如有必要，还可召开银钱两业全体成员会议以群策群力共同应对。

为防患于未然，天津银行公会还会筹集一定的准备金用以接济出现资金周转困难的华资银行或银号。1927年、1928年、1929年天津都曾出现短暂的金融恐慌，期间不乏银号银行面临倒闭或资金困境，几次风波之中天津银行公会都拿出了五十万元准备金为有需要的银行或银号提供借款和援助。[①] 天津银钱业公会的这种合作不止一次，双方1945年一度成立天津市银钱业公会临时融资委员会，帮助一些钱庄银号周转资金；1948年又参照上海银钱业联合准备委员会成立了接受财政部天津金融管理局督导的天津银钱业联合准备委员会，参与其中的行庄需要向联合准备委员会提交一定的准备财产，由此可获得联合准备委员会发给的公库证，公库证即可作为同业间相互拆借的担保品。这些都在无形之中为华资金融机构——不论是银行还是传统的钱庄银号筑起了一道防范金融风险的屏障，也避免了由于某一家金融机构的经营不善而引发难以收拾的连锁反应。

民国早期，国内货币并不统一，银两与银元并行，且各地成色名目千差万别，这给贸易结算带来了诸多不便，每逢银价波动，金融必受影响。"币制繁杂"同样是早期票据交换所无法设立运行的原因之一。1933年南京国民政府正式宣布实施废两改元，但实际上早在1921年天津银行公会就曾"陈请政府废两为圆"以"整理币制、调剂金融"[②]，随后还和各地银行公会一起推动全国银行公会形成决议督促政府

---

① 杨荫溥：《杨著中国金融论》，黎明书局1936年版，第292—293页。
② 银行周报社编：《废两改元问题》，第1页。

第四辑　与时偕行：从天津金融史看近代金融文化之嬗变

"严肃币政"[①]。废两改元的最终推进与银行业长期以来的呼吁不无联系。而不论是北洋政府时期还是南京国民政府时期，每当政府迫于财政压力而欲停付内债本息时，天津银行公会都和各地银行公会一起竭力维持公债偿还基金的稳定，敦促政府"力保国信"，以避免引发更大的金融风波。

作为华资银行的联合组织，天津银行公会比任何一个外部机构都更加了解天津的华资银行的困难与需求，它不仅代表华资银行与外界博弈，还竭尽所能推动有利于华资银行长远业务开展的机构以及相关机制的建立，以降低华资银行的经营成本，并注重规范同业的经营行为。与此同时，天津银行公会亦高度关注外部经营环境与金融秩序的维护，在社会动荡、战事频仍的时代背景下，政府很难提供必要的制度供给以及金融危机中的扶持与救济。而和全国各地重要的银行公会一样，天津银行公会部分地替代了政府所应该发挥的作用，它联合同业，自发地构建能够抵御市面波动和金融风险的机制，从而提升了华资银行乃至整个华资金融机构群体的风险抵抗能力。对于天津的华资银行而言，天津银行公会是这一群体最需要的"公共品"的供给者，天津银行公会所发挥的重要作用今天看来仍是值得肯定和借鉴的。

---

① 《北洋军阀天津档案史料选编》，第354页。

九、时代风雨中的天津银钱业*

作为近现代史上重要的金融中心之一，天津不仅集聚了众多的中外资银行，同时还集聚了大量传统的金融机构。在传统商业、贸易、金融漫长的发展历程中，票号、银号（钱庄）等传统银钱业金融机构因其与社会金融需求的高度契合而始终占有重要的地位，它们和后来才出现并成长起来的现代银行一样都是天津近现代金融体系中不可忽视的重要组成部分。在近代很长一个历史时期内，传统银钱业金融机构与中外资现代银行形成互补和竞争的关系，在天津近代金融史中留下宝贵的历史印迹。

19世纪后半叶，随着1860年第二次鸦片战争后天津的开埠，天津的商业贸易发展比较迅猛，从而催生了比较发达的金融业。天津的巨商大贾，尤其是那些富甲一方的盐商等，均以巨资投到金融业。这些金融机构中，银号、钱庄、票号等传统金融机构占据重要的地位。以经营汇兑业务为主的票号是天津最重要的金融机构之一，天津也是中国票号的发祥地之一。晋商在经营海内外贸易的过程中发明了票号这一金融形式，从事异地汇兑以及其他金融业务，天津以其重要的贸易地位，吸引了很多晋商前来开办票号。直到清朝末年，天津的票号仍有二十余家，负有盛名的日昇昌、蔚字五联号、合盛元、大德通、

---

* 王丹莉、王曙光：《时代风雨中的天津银钱业》，《金融博览》2019年第11期。

协同庆等山西票号均在天津设有分号。1900年左右,山西票号的资金比较雄厚,占天津市面资金的大概三分之一左右,可以说三分天下有其一,可见山西票号在天津金融体系中的重要地位。只是,不论和钱庄相比,还是和后起之秀银行相比,晚清时期票号的经营都显得相对保守,错失了业务转型的机会。同时,票号与清政府的关系过于密切,以致在清朝灭亡之后,天津一些票号的经营逐渐捉襟见肘,因经营不善倒闭者有之,转为钱庄者亦有之,票号发展的鼎盛时期已不复存在,至20世纪30年代则基本完全退出历史舞台。

相比于票号,天津的银号(钱庄)在晚清乃至民国时期的金融体系中则一直占有更为重要的地位。在天津,银号和钱庄这两个概念基本上是通用的,大部分称为银号,有时候也称为钱庄。我们比较熟悉的李叔同先生(弘一法师)的家族就是以盐业起家,后来又经营桐达钱庄以及桐兴茂钱庄,从而成为天津金融业的翘楚,积累了巨量的财富。对于中国人来说,钱庄、银号的发展由来已久,最初在监管者的认知中,作为新生事物的银行与传统的钱庄、票号被列为一类机构,晚清时期政府曾通过律法以规范银行等金融机构的行为,其中即声明,凡经营如下业务之店铺,如"各种期票汇票之贴现、短期折息、经理存款、放出款项、买卖生金生银、兑换银钱、代为收取公司银行商家所发票据、发行各种期票汇票、发行市面通用银钱票——无论用何店名牌号,总称之为银行,皆有遵守本则例之义务"[①]。可见在当时,人们并没有将银行与银号、钱庄、票号视为截然不同的事物。而盛宣怀在创办中国第一家华资私营银行时,首先想到的就是利用旧式金融组织在各地的分支机构,"在京津闽粤汉浙各关号票庄内,悬挂中华商会银行招牌,内分外合,即责成该号各伙友兼办银行诸事,接应会票收解款项各帐",既可节约经费,也可帮助银行实现初创时期营业网络和

---

① 周葆銮:《中华银行史》,商务印书馆1919年版,第八编,第1页。

业务的拓展。① 这亦可从一个侧面反映出银号钱庄在晚清时期的影响力实际上是很大的。在发展过程中，天津的钱庄银号等传统的金融机构成立同业组织，进行同业管理和规范。据记载，清咸丰年间天津就成立了钱号公所，这是天津最早的钱业行业组织。光绪年间钱号公所一度更名为钱业公所和钱业公会，1909 年钱业公会再度改组，更名为钱商公会，1930 年改为钱业同业公会，钱业同业公会这个名字则一直持续到新中国成立。②

银号、钱庄最初的主要功能本是为了满足社会上对于兑换银子与制钱的需求。天津作为中国最早开放的商埠之一，商业的繁荣更推动了商家对银钱兑换以及资金融通的需求，银号代商家"川换货款，仅以一纸之汇票，往来川换，即可免去挪移现金之危险"③。天津的第一家银号——义恒银号成立于 1853 年，此后直至 19 世纪末近半个世纪的时间里，天津有 256 家钱庄、银号相继成立。20 世纪二三十年代的天津，票号几乎销声匿迹，但这一时期成立的银号数量却依旧可观。然而，银号的抗风险能力并不强，在近代以来充满社会动荡、金融风波的时代背景下，天津的银号数量表现出了骤增骤减的特征。庚子事变前后，天津大量钱庄、银号曾因"断银色"风潮而倒闭破产，乃至几年之后，天津银号仅剩下不足 20 家。20 世纪 30 年代中期银号又恢复至近 270 家，全面抗战爆发后再度大量减少至不足 100 家，1941 年增加至 195 家，但 40 年代中后期又只剩 100 家左右。④ 从其数量的变化幅度可以看出，近百年来钱庄银号的经营并不稳定，受到政治经济局势的极大影响，同时也反映了银号和钱庄这种传统的金融组织形式在政府金融监管体制、企业组织制度和内部经营管理上尚不能完全适应

---

① 中国人民银行上海市分行金融研究室编：《中国第一家银行》，第 97 页。
② 《天津通志·金融志》，第 250 页。
③ 《天津钱业之调查》，载《工商半月刊》1929 年第 1 卷第 12 期，第 1 页。
④ 《天津通志·金融志》，第 89—90 页。

近代以来经济金融迅猛变动的大势。

就组织形式而言,银号不同于华资私营银行。当时稍具规模的华资私营银行多为股份有限公司,而传统的银号则多为无限公司,其股东或合伙人为银号的经营负无限责任。天津银号的数量在很多时候多于同期的华资私营银行,然而不论是从资本总额来看还是从员工人数来看,银号的规模却多相对偏小。根据1934年的《全国银行年鉴》,总行设在天津的金城银行和大陆银行员工人数分别为491人和417人,但20世纪二三十年代注册成立的银号员工人数则少得多,据记载,各银号总号职工人数最多的是益兴珍银号,职工总数为70人;其次是广利银号总号,职工达54人。而其他银号总号职工人数超过40人的已不多见,大部分银号总号的员工人数都在二三十人左右。① 很多研究者都曾对天津银行的资本规模进行过研究和估算,尽管估算的结果各不相同,甚至差异很大,但得出的结论相似,银号的资本规模一般较小。《天津钱业之调查》中记录了20世纪20年代80家银号的资本情况,其中59家是当时钱商公会的注册会员,这59家银号中,资本在五万元(含五万元)以下的一共38家,资本在五万元至十万元(含十万元)之间的一共18家,资本超过十万元的仅有3家。人员规模小、资本额度低,导致银号和钱庄的竞争力与银行比起来就显得较为逊色了。

从主营的业务上看,天津银号(钱庄)与现代银行的一个重要区别在于它们从始至终都与商业保持着十分密切的关系,而与工矿制造业关系比较疏离。天津的银号(钱庄)往往偏重放款而忽视存款,难以有效动员当地的储蓄,从而导致在放款过程中依赖于自有资金或者是票号以及外国银行的拆借,这就导致银号(钱庄)在经营过程中往往遭遇资金来源不稳定、可贷资金不足的困境。对迅猛发展的现代工矿制造业的介入不够,再加上金融业务单一和金融创新能力不足,经

---

① 《天津通志·金融志》,第94—100页。

营管理方式的转型和调整长期处于较为滞后的状态，这些恐怕也是天津银钱业在金融界的影响力与优势逐渐式微的重要原因。

天津的银号、钱庄、票号等传统金融机构，在天津近代的历史风雨中曾经扮演了极为重要的角色，推动了天津工商业的繁荣和城市的发展。但是在近代金融经济频繁动荡的大背景下，在迅速成长的国内外新式银行的竞争挤压下，这些传统银钱业却由于内外部双重因素的影响而逐渐走向衰落，其中的经验教训值得反思和总结。

天津银钱业（包括办理异地汇兑的票号、办理解付汇票等业务的汇兑庄、办理中外货币兑换的银钱兑换号、办理银钱兑换和存贷款的银号和钱庄等）在天津近代金融史上的地位很独特：作为传统金融机构，银钱业伴随着天津城市史的展开而诞生、扩张、繁荣，在18世纪后半期到20世纪中期近两个世纪的发展中对天津商业贸易和工业发展起到重要的推动作用，在天津金融业两个世纪的时代风雨中扮演了重要角色；同时，作为与近代银行业同步发展的传统金融机构，银钱业在与华资银行和外资银行的竞争过程中不断进行着自身经营模式的转型和调整，其内在制度演进的路径选择和兴衰荣枯的历史经验亦值得深入研究与借鉴。

明中叶之后天津城市经济的快速发展与大运河的畅通和漕粮转运的兴起有极大的关系，造成了天津"通舟楫之利，聚天下之粟，致天下之货，以利京师"[①]的特殊经济地位；同时，天津在明中叶之后制盐业（长芦盐场）的繁荣和屯垦的发展也为天津城市经济的迅猛扩张奠定了物质基础。作为盐漕基地和国内外商货集散中心，天津城市经济的发展催生了以银两和制钱的货币兑换业务为主要经营对象的最早的银钱业兑钱摊，这些零星出现的兑钱摊随着业务的不断发展而"业丰利聚"，先后发展成为钱铺（也称钱号或帐局）以及经营存放款以调

---

① 《天津县志》卷二十一，第17页。

剂商贸供需的金融机构，这就是后来银号和钱庄的雏形。①乾嘉年间山西帮票号兴起，天津之钱庄吸收票号同业存款，业务逐渐扩充，至道光年间，钱庄发行钱帖（以制钱为本位的钞票）流通市面以扩大资金周转。咸丰十年（1860）天津开辟商埠，各国洋行纷纷来津倾销商品从事贸易，光绪八年（1882）英国汇丰银行率先来津设立分行，此后其他银行如德华、道胜、麦加利、花旗、正金、华比、汇理、朝鲜等外资银行亦先后来津，天津进出口贸易和银行业渐趋活跃，钱庄业务也随之发展，并发行以当时华洋贸易通用的"行平化宝银"为本位的钞票"银帖"。至光绪二十六年（1900）庚子事变前夕，钱庄增至三百数十余家②。而在庚子事变中钱庄受到极大的冲击，当时市面混乱，现银缺乏，又加钱庄盲目高抬贴水，造成物价飞涨，钱庄发行的银帖遭到挤兑，这一时期钱庄宣告倒闭者达九成之多。

庚子事变是天津银钱业的一个重要转折时期，事变后钱庄（银号）的组织形式、经营方式等有了很大的改进。在1901年《辛丑条约》签订之后至民国成立的这个时期，钱庄（银号）的势力逐步超越当时盛极一时的山西帮票号而成为天津银钱业的主力，而票号则因政府官款皆由此时成立的户部银行和交通银行办理而业务剧减，再加上"泥古不化坚持旧的经营方式"，不能与时俱进进行自我革新，因而日渐衰退，终被近代金融市场所抛弃。③这一时期工商资本大力投资于钱庄（银号），钱庄的资本由以制钱为本位改变为以银两为本位，组织形式也由独资经营改为合伙组织，合股银号增加了资本且极大地提高了应对市场风险的能力，其经营者与投资者开始分离，其经营体制逐渐向现代银行靠拢，其经营也逐渐走向正规。1902年官办天津银号（即直

---

① 罗澍伟主编：《近代天津城市史》，中国社会科学出版社1993年版，第205页。
② 杨固之、谈在唐、张章翔：《天津钱业史略》，载中国人民政治协商会议天津市委员会文史资料研究委员会编：《天津文史资料选辑》第20辑，天津人民出版社1982年版，第97—98页。
③ 罗澍伟主编：《近代天津城市史》，第406页。

隶省银行前身）创立，对于引导钱庄经营走向正规化起到重要作用。1907年兼办博济储蓄银号，提倡储蓄，吸收零星小额存款，这对于钱庄业的发展有重要意义。钱庄业早期注重贷款，但比较忽视储蓄，因此其对社会资金的动员能力比较弱，与经营方式更加现代的银行业比起来自然有较大差距和劣势。庚子事变之后银钱业对于吸收小额储蓄的重视，标志着银钱业已经开始向现代转型迈出了关键的一步。银号（钱庄）大力吸收天津中小工商业存款、外地客商的往来存款、银行以及汇兑庄等的同业存款等，根据需求浮动利率，以吸引储户，增加储蓄。在贷款方面也多有创新，对工商业多进行信用放款，极少有抵押放款，放款形式既有短期透支、贴现，也有定期放款，手续简便，数额与期限极为灵活，其贷款对象多为中外银行不重视的城市中小商业，其市场定位比较准确，与中外大银行形成了差异化竞争。银号（钱庄）与当时中外银行的金融往来和合作关系也日渐密切，这里面既有同业间的资金往来和清算，也有人员的互相渗透和彼此之间的投资，在发生金融风潮的时候则互相帮助接济。此间银钱业转型创新的另一个重要表现是清算方式的变化。这一时期钱庄之间的清算与同业往来用双方开"拨码"的方式，作为当天清算收解款项的手段，在银钱业中称为"川换"（即往来之意），对同业间扩张信用极有帮助，而建立彼此往来的"川换家"有赖于对方的信用状况。"拨码"是一张极为简单的长约十二公分宽约五公分的便条，拨码一律转账不付现款，因钱庄是无限责任公司，股东负连带责任，因而钱庄倒闭，必须首先清偿拨码债务，而清末以前钱庄倒闭从无发生拨码不清偿的事故，可见拨码的可信度极高。[①]

1901年至1928年间，是天津银钱业快速发展的时期。据不完全统计，1908年天津有资本银万两以上的银钱号38家，资本总额约75

[①] 《天津钱业史略》，载《天津文史资料选辑》第20辑，第102—103页。

万银两，每家银号平均资本近2万两①；到1928年增到81家，资本总额为453万余元，平均每家银号资本额增加近3倍。②如果把近180家资本额不足万元的中小银号、钱铺计算在内，1928年天津银钱业资本总额估计在550万元左右，在天津金融业占有重要地位，与华资银行、外资银行形成三足鼎立之势。③可以说，从庚子事变之后至北洋政府的这一时期，是天津银钱业发展历程中一个比较稳定繁荣的黄金时代。

1927年国民党政府在南京成立之后，对金融业的管制有所加强，开始制定相应的银行业法律法规，银钱业也受到较大影响。其实晚清光绪年间即有《银行通行则例》与《储蓄银行则例》的颁布，但是并未实际实施。北洋政府时期在1924年公布《银行通行法》二十五条及施行细则十九条，均未涉及钱庄的管理。1930年国民党政府制定《银行法》五十一条，其中第一条即把钱庄视同银行来管理，这一规定立即引起了天津银钱业的巨大反响。天津钱业公会和上海钱业公会都对此法持反对态度，上海钱业公会要求订立钱庄法，而天津钱业公会则召开全体会员大会，"一致认为钱庄附丽银行法，窒碍难行，提出具体意见五条"④，要求修改《银行法》第一条的表述，或另订立钱业的适宜法规，这一抗议最终使《银行法》的修订和施行不了了之。"九一八"事变后，由于时局动荡，商业停顿，银钱业受到的影响很大。1932年中国银行和交通银行为维持同业，发起组织银行、钱业联合公库，以加强银、钱两业的合作与交流，并方便同业转账。1933年天津钱庄遵照政府命令，废两改元，嗣后1935年又实行法币政策，天津钱业公会亦不得不立即遵行。从国民政府成立至1937年抗战开始前，天津银钱业虽然在时局波动和币制改革中受到若干影响，但是总体上仍处于稳

---

① 《天津商会档案汇编（1903—1911）》，天津人民出版社1987年版，第768—769页。
② 杨荫溥：《杨著中国金融论》，第181—189页。
③ 罗澍伟主编：《近代天津城市史》，第409页。
④ 《天津钱业史略》，载《天津文史资料选辑》第20辑，第116页。

健发展的时期,银钱业以其灵活的经营方式适应了天津城市工商业发展的要求,在业务经营和同业关系上不断进取革新,被称为"百行之主",在天津金融业中占有重要的地位。这一时期天津银钱业有一个极为值得关注的现象,就是天津银钱业帮派林立,衍生出根据地域划分的各个经营集团。抗战之前的天津银钱业共有银号约一百数十家,其中本地帮约占百分之六十,北京、南宫、深冀帮约占百分之三十,山西帮约占百分之十。天津银号以本地帮为主体;北京、南宫、深县、冀县人经营的银号,统称京帮,地位也比较重要;其次为山西帮。山东、河南、东北帮以汇兑业务为主,多属于汇兑庄类型,在天津银钱业中地位不显,所以天津银钱业的帮派主要是本地帮(天津帮)、京帮、山西帮三派,形成三足鼎立之势。[①] 民国之后形成的这些天津银钱业帮派,其经营风格各不相同:天津帮(本地帮)历史悠久,机构众多,存放款规模巨大,在支持当地工商业方面居于主导地位,对民族工业发展意义重大。比如当时实力雄厚的晋丰银号长期资助庆生棉纱庄巨额贷款,支持该棉纱庄购进北洋纱厂和裕元纱厂的面纱,极大地支持了民族工业的发展。北京帮银号敢于开拓经营,善于适应形势,帮内互助精神较强,最终导致在天津银钱业发展的晚期后来居上,其实力超过了本地帮。山西帮由山西票号和汇兑庄演变而来,其资金来源大多是清朝贵族和官员的存款,其经营风格偏于谨慎保守,业务开拓精神不强,在支持天津工商业方面作用不大,难以与京帮和天津本地帮比肩,但在汇兑业务资金调拨方面有一定优势。天津近代银钱业历史上这一地域帮派经营集团的现象,与中国传统银钱业跟传统社会的紧密结合有莫大关系,各地金融资本根据地缘关系而形成的经营集团,在一定意义上是各地传统社会体制在现代工商社会中的有机延伸,

---

① 刘嘉琛:《解放前天津钱业析述》,载中国人民政治协商会议天津市委员会文史资料研究委员会编:《天津文史资料选辑》第20辑,第162—164页。

这些地方帮派经营集团依赖地缘关系而形成互帮互助、互济共荣的共同体关系，在一定意义上与现代化的同业组织"钱业公会"并行不悖，成为天津金融业现代转型时期的一个特殊现象。

抗战之后，天津沦陷，货币贬值，物价上涨，商业呈现一时的虚假繁荣，内地工商业者和地主纷纷投资钱庄，从事投机囤积活动，银钱业也在经济畸形发展的情况下出现一时的虚假繁荣景象。1940年天津钱业公会登记的钱庄为227家，其中半数是冀中各地来津新设的钱庄。①1942年日伪政权采取金融控制措施，强令银号增加资本至伪联币五十万元，有半数银号因无力增加资本而宣布停业，银钱业实力大衰。抗战胜利后，天津银钱业中有些敌伪政权批准的钱庄根据政府的命令歇业清理，有些抗战之前开业的钱庄准予复业，有些钱庄则用代价向已经歇业的钱庄原股东买来执照以申请复业（当时称为"借尸还魂"）。1948年国民党政府发行金圆券，物价飞腾，金圆券几成废纸，经济濒临崩溃，钱业不得不靠投机囤积以图存，已经走到穷途末路。1949年1月天津解放，天津军管会对国民党政府的四行二局一库（中央银行、中国银行、交通银行、中国农民银行、中央信托局、邮政储金汇业局、中央合作金库）的分支机构以及河北省银行、天津市银行、官僚资本经营的山西裕华银行全部接管，而对私营银行和银钱业则实行"利用、限制、改造"的方针，期间国家银行与当时的钱庄组成钱庄银团共同放款，对解放之初的天津工商业之恢复起到一定作用。1952年天津钱庄完成社会主义改造，1953年三十一家钱庄全部清理竣事。至此，在近代天津金融史上生存发展了近一个半世纪的钱庄，正式退出历史舞台，融入到新中国的金融体系之中。

---

① 《天津钱业史略》，载《天津文史资料选辑》第20辑，第134页。

十、化危为机：近代天津的金融风潮

20世纪初，自晚清至北洋政府时期，天津金融业既经历了快速的发展，传统银钱业与中外资现代银行业都有了巨大的发展和深刻的变迁，同时又经历了复杂而频繁的金融危机的冲击。历次金融危机和货币风潮，若追究其根源，大抵一方面与近代天津乃至近代中国的政治经济局势的跌宕起伏有关，另一方面也与近代天津的金融货币信用体系不成熟和中国当时的货币制度混乱有关。近代天津的货币制度极为复杂，金属货币方面，晚清时期以白银与制钱流通最广，制钱之铸造由政府专营，而银两之熔铸则听由民间自由进行，政府并不进行特别管制，同时鹰洋（墨西哥银元）等各国银元在天津市面并行不悖自由竞争；而在纸币制度方面则更加混乱，中央政府、地方政府、银钱业机构、中外资银行等，均可发行纸币。复杂的纸币体系与多元的金融货币体系并行、金属货币熔铸权的自由化和纸币发行权的自由化，构成近代天津乃至近代中国极为独特的货币金融景观，也是中国金融史上最为奇特、可谓空前绝后的货币金融景观，这种纷繁复杂的局面既反映了我国近代货币金融体系的制度初创时期的探索，同时也铸就了近代中国金融动荡不安危机频发的基本局面。

自晚清至北洋政府时期，在不到30年的时间里，天津共爆发了六次金融危机。对这六次金融危机的研究，可以牵扯出很多极有理论和实践意义的学术问题，比如货币发行可不可以自由化？能不能实现哈耶克所说的货币非国家化？货币非国家化必须具备哪些前提条件，同时又存在哪些风险？政府在货币危机中应该承担何种责任，而金融机构、同业自律团体应该承担何种责任？由天津近代金融危机的研究为起点而展开对这些重大理论和现实问题的思考，确实是极好的学术素材。综观近代天津的六次金融风潮，其中既有由民间力量所导致的贴水风潮和银色风潮，也有由政府力量所引发的中交停兑和挤兑风潮、直隶省钞危机等；在所有这些金融危机中，货币（或相当于准货币的银帖或钱帖）的发行与铸造都是直接的诱因，因此这六次金融风潮实际上是我国近代金融发展过程中因货币制度的多元化和混乱局面而引发的货币危机。我们主要考察一下清末贴水风潮的成因以及政府治理危机的方法，从中谈谈对今天货币和金融安全的启示。

晚清时期的贴水危机对天津银钱业的发展冲击很大。天津开埠之后，当地的银号或钱庄发行以白银为本位、与现银等值交换的本票，谓之银帖，而银帖若发行过量，则发生银帖贬值问题，因此在用银帖兑换现银时就需要折扣，谓之贴水。庚子事变之时，市面混乱，富商豪门仓皇逃避，导致银帖挤兑，现银缺乏，银根奇紧，现银贴水每千两竟达三百三十余两。钱庄银号出于自身利益考虑，盲目高抬贴水，造成物价飞涨，民不聊生。[①]1900年前，天津银号钱铺有三百余家，而庚子事变使银钱业顿陷困境，一年中"歇业荒闭者一百数十家，要账还账不能通运者五六十家"[②]。事变之后的一段短暂的时间，天津贸易出现了一个飞速增长的时期（大约是1901、1902两年），但这暴涨并不是因为市面贸易的自然增长，而是在大乱之后秩序恢复时期的虚涨虚热，而在这虚涨虚热的贸易的催生之下，银号也进入了一个虚假膨胀的时期。这一时期天津银号钱庄发行的银帖膨胀速度很快，在庚

---

① 杨固之、谈在唐、张章翔：《天津钱业史略》，载中国人民政治协商会议天津市委员会文史资料研究委员会编：《天津文史资料选辑》第20辑，天津人民出版社1982年版。
② 《天津商会档案汇编（1903—1911）》，天津人民出版社1987年版，第333页；郝志景：《1900—1928年天津金融风潮研究》，复旦大学出版社2019年版，第71页。

子事变之前，天津银号钱庄所发行的银帖约两千万两，而到1902年，所开银帖达到三千万两，增幅巨大，很多银号资本不足，实力并不雄厚，也大量发行银钱帖，远超其资金准备，终于导致银帖因发行过量而大幅贬值[①]，酿成了波及整个天津银钱业的一次巨大金融风潮，银钱业损失惨重。由于当时八国联军占领天津期间所建立的都统衙门对银号发行银帖并无任何监管，而是任其自由发行，因此在1901—1902年这一期间银号蜂拥而起，数量骤增，且发行银帖毫无限制，大肆扩张信用。这种为了逐利而疯狂发行钞票（银帖相当于一种基于白银准备的纸币或钞票）的行为，最终导致钞票价格暴跌，从而使银号遭遇挤兑，贴水风潮由此爆发。究其根本原因，乃是因为银号钱庄缺乏行业自律，缺乏基本的金融伦理，以逐利之动机而忘记金融业审慎经营之宗旨，终因过度贪婪而遭厄运。危机爆发后，大量银号倒闭，存户惶恐挤兑，市面银根奇紧，各种债务纠纷牵扯复杂，津门金融业一片困顿。

天津贴水风潮发生之后，政府、银钱业、商界都采取了救助危机的若干方案，概括起来大约有以下五个方面：

第一，政府管制。在贴水风潮爆发的初期，政府针对当时银号滥发银帖导致贴水严重的状况，实施了严格的贴水禁令。1902年6月，袁世凯担任直隶总督兼北洋大臣，8月袁世凯率官赴任，裁撤都统衙门，接管天津。袁世凯认为在此危急之时，只有禁绝贴水，才能稳定市面、振兴实业，于是在1903年1月下令钱帖、银帖与现钱、现银等值使用，严禁贴水。当时禁绝贴水的禁令是十分严格的，一些钱铺银号违反禁令，被政府严加惩罚。华丰锦、恒祥庆两家钱铺违章贴水，分别被罚白银4500两和5250两，并被强迫认捐行平化宝银15000两

---

① 郝志景：《1900—1928年天津金融风潮研究》，第71页。

以充商务学堂经费。①政府对贴水的严格管制有力抑制了银号和钱庄滥发钱帖银帖的投机行为，对危机爆发初期稳定信用有一定的帮助，对于向金融市场传递政府严格管制的信号也有很大作用，有利于投机行为的快速减少和市场的快速稳定。当然，要求银钱业将银帖和现银等值兑换，这实际上是做不到的，这导致一大批银号因为难以等值兑换现银而倒闭。除了严禁贴水之外，当时的天津政府还针对当时天津银号大量运银出津的情况，令津海关道与铁路总局设法禁止，后来禁令有所调整，不再强令禁止现银出境。但是从金融危机爆发初期的危机处置方式而言，早期的政府严格管制并不失为一个可供选择的政策选项，当今世界各国在出现金融危机之时，亦多采取外汇交易管制、外资出境限制或冻结资本等措施，这些措施作为应急处置措施是必要的，当然这些措施在执行过程中要不断调整实施的节奏和时机，不能一成不变盲目执行。

第二，政府对金融市场交易进行引导和安抚，以期安顿金融市场，降低市场恐慌，避免大规模挤兑的发生。1904年初，天津官府发出了一则安抚市场的告示，晓谕商民不要挤兑，要顾全大局，保持市场的稳定性，以避免危机的蔓延："……现年关在即，若各富商因恒昌等号倒闭，纷纷向各号迫提存储票项，势必不能周转，银根愈紧，牵连日多，商号一经倒闭，转至存项无着，非特于人有损，抑且于己无益。自应分别缓急，酌量提取，以维全局而保商富。……本府是为统筹全局，保商即以保富起见，尔等务宜体谅苦心，一体遵照办理，毋违特示。"②政府通过布告，释放了维持市场稳定的信号，这样就使存款者的挤兑动机得到一定的缓解，使危机不至于蔓延太快。而从根本上来说，要使挤兑现象减少，就需要金融机构有足够的现金贮备，以应付可能

---

① 转引自郝志景：《1900—1928年天津金融风潮研究》，第70页。
② 《天津府示》，《大公报·天津版》1904年2月6日，第587号。

到来的挤兑风潮。布告尤其强调对富商的安抚，因富商大户存款较巨，其挤提款项对于银号安危关系甚大。因此，为保障富商利益，官府提倡富商"分期提取"，使银号等金融机构能够保持一定的流动性，"庶可周转流通，不至拥挤倒闭"，可谓煞费苦心。

第三，为防止银号等金融机构大面积倒闭，引发金融危机，建立官方银行或官商合办银行进行救助。当时中国虽然已经有了中央银行（大清户部银行），但还没有建立中央银行对金融机构的系统性监管和救助制度，因此中央银行作为最后贷款人的功能难以发挥。因此就需要建立官方或半官方的银行对陷入危机的银号钱庄进行救助，缓解其流动性危机。1902年袁世凯委托周学熙督办天津官银号，向天津的银号进行贷款，以缓燃眉之急。后来又号召天津的富商出资，再加上政府出资，共同组建了一个官商合办的天津志成总银行。官方银行和官商合办银行的救助，对于陷入危机的银号至关重要，银号的流动性危机暂时获得了解决。

第四，严格处置商业债务纠纷，对银帖发行加强金融监管，规范和整治信用环境，使整个社会尽快恢复信用。贴水危机发生后，各银号钱庄与商业机构以及个人之间的债务纠纷极为复杂，导致信用环境极为混乱，一些银号或商业机构趁机拖欠或侵吞他人款项，一时人心惶惶。当时的天津官府制定了极为严格的债务清理措施，对于欺骗侵吞或故意不还者进行严格的惩治，追缴债款，务使债务链不至断裂，以维护正常的商业信用。同时又对银号钱庄的银帖发行进行严格监管，规定所有银帖发行必须经过商务公所加盖戳记方可发行，违者严惩。这些监管措施，对于规范钱钞发行、对于我国货币发行体制的完善，是非常重要的探索。

第五，利用商业同业组织和金融同业组织进行联合救助，并加强同业监督自律。天津商务公所作为天津商业同业组织，在其中发挥了积极作用。他们号召有实力的巨商共同出资，救济陷入危机的银号，并共同发行可以连环支付的银票,增强天津本埠金融机构所发行的纸币信用,以与外国发行的纸币相抗衡。当时贴水危机发生后,本埠的纸币信用一落千丈,而外国发行的纸币因其较高的信用趁机占领货币市场,导致我国货币利权外流。天津商务公所联合巨商发行信用较高的银票,不仅是以联合信用拯救银号从而恢复金融市场的举措,更是争回本国货币利权的重要举措。同时,银钱业的同业组织在危机后也不断发展,1905年十九家钱商联合倡议重建钱业公会,天津府予以准批,1909年又更名钱商公会。钱商公会的建立,是本土传统银钱业同业自律和监督机制不断完善的重要标志,对于银钱业的规范、发展与转型意义重大。危机之后的几年,银钱业不但没有大规模溃退,反而在体制机制上有了更多的创新,成为天津金融业中的重要一员。

在金融风潮发生后,银钱业和现代银行业的关系开始愈加密切,互相接济、互相支持的格局逐渐形成,银行和银号建立了同业往来账户,资金往来频繁,银行业公会和钱业公会的合作也逐渐多了起来。各银行把大量的流动资金存在银号,少则四五万元,多则十几万,甚至多达三四十万元,增强了银号的实力。当市面银根紧张时,银号可向银行拆借款项,保持流动性。代表华资银行的银行业公会和银号为主组建的钱业公会也经常联合起来维持天津金融市场的稳定。如1927年协和公司倒闭,1928年中华汇业银行倒闭,牵动整个天津金融市场,引起极大恐慌,两个公会联合筹资接济,临时融资,抵住了金融风潮。[①]

天津金融风潮尤其是清末的贴水危机,乃是中国近代货币制度和金融制度新旧交替、鼎革创新之际,在内外经济政治因素的催生下所经历的痛苦转折。这一时期的金融风潮,对于我们探索货币发行制度、探索货币非国家化、探索有效的金融监管和金融危机处置制度,都有

---

① 罗澍伟主编:《近代天津城市史》,第409页。

重要的启示。货币发行的非国家化需要非常多的制度条件,货币市场的有序竞争、政府行为的规范化、金融机构的金融伦理素质和行为自律、监管部门的严格监管以及商业信用体系的完善,都是必不可少的前提。

十一、结束语：因应时代，处变守常，与时偕行

天津是我国近代金融业的滥觞之地，在我国近代金融发展史上占据独特的、不可替代的地位，与上海并称中国近代金融业的"双璧"，对后来我国金融业的发展变迁产生了极为深远的影响。自18世纪末19世纪初日昇昌票号诞生、19世纪中期天津开埠以来，天津金融业在一个半世纪的风起云涌中，不断适应新环境、捕捉新机遇，始终立于中国金融业的前沿位置，创造了中国近代金融业的历史辉煌，也为天津这个城市留下了宝贵的历史文化遗产。今天，我们回顾天津金融业的百年史，重温天津金融的历史辉煌，不仅是为了梳理史料、保存史迹，更多的是为了古为今用，为今天的中国金融发展与创新提供借镜。

在天津金融业一百多年的波澜壮阔的历史画卷中，金城银行、大陆银行、中南银行、盐业银行（所谓"北四行"）是最浓墨重彩的部分。北四行在近代银行史中扮演着极为重要的角色，这些银行在中国华资银行早期发展的特殊历史阶段，开拓创新，锐意进取，在艰难的外部环境中脱颖而出，创造了我国近代银行业的奇迹。在中国半殖民地半封建的制度环境中，在外资银行的强力竞争和帝国主义列强的挤压下，这些私营银行一面努力效仿西方银行模式创建自己的管理制度和企业文化，一面还要应对频繁爆发的金融风波，它们以灵活的经营战略、高度的学习精神、敏感的经营头脑，不断化危为机，从险境中不断走出来，不断发展壮大，为民族工商经济的发展和民族金融的独

立做出了卓越的贡献。

我们还应关注到在近代这一个特殊的历史时期，天津金融业尤其是银行业为因应国内外挑战而创造的一些空前绝后的、富于智慧的联合机制。四行储蓄会和四行准备库作为四行联合、共克时艰的重要机制，为早期尚处于幼稚阶段的天津银行业克服资金小、实力弱、信用低、抵御风险能力差等缺陷提供了极好的平台，这些机制在国内外金融史上都是罕见的，体现了近代天津金融界以及当时的银行家们的远见卓识和团结精神。天津银行公会、天津钱业公会等，作为金融业的同业组织，在历次金融风波中都为团结同业、抵御危机、维护自身利益、保障金融稳定做出了巨大贡献，值得大书特书。

以周作民、谈荔孙为代表的一大批近代天津金融家的出现，是这一特殊历史阶段最重要的成果之一。这些金融家，具备广阔的国际视野，同时也具备开拓创新的企业家精神，他们所创造的银行文化和企业哲学，至今仍有巨大的现实意义，成为我国金融史上最为宝贵的精神遗产。这些银行家们审时度势，在风雨飘摇的时代中灵活应对，处变守常，巧妙地处理"变"与"常"的关系，使银行渡过了一个又一个难关。周作民开创农村小额贷款支持农业发展以及鼎力支持近代工业的独特魄力，谈荔孙为大陆银行奠定的稳健妥慎、脚踏实地的企业哲学，都表现了近代卓越银行家群体的高瞻远瞩的格局与眼光，表现出他们成熟的金融家素养。今天的银行家们，仍然可以从他们身上学到大量的银行经营智慧。当下的金融业，竞争空前激烈，金融业的开放性也越来越强，国内外各种类型的金融机构之间形成了空前复杂的竞争合作关系，而金融科技的发展更是如火如荼，各种新型的金融交易方式和金融机构层出不穷，这些都对金融业的发展既提供了空前的机遇，也造成了巨大的挑战。金融业必须以史为鉴，学习前辈金融家身上的优秀素质，汲取他们在金融管理中所彰显出来的文化精神与企业哲学，从而因应时代变迁，处变守常，塑造适应于我们这个时代的崭新金融文化。

后　记

《金融文化》一书，收入了著者近十余年来所作的几十篇有关企业文化和金融文化的文章和演讲，介于学术和通俗之间，兼顾理论和实践。这些文章和演讲，有些着重于金融史和金融文化史的历史脉络的梳理，有些侧重于对金融文化构建的相关理论问题进行探讨，有些则着重于当下中国金融文化构建的具体方式之考察。从某种意义上来说，这些文字，也是我国金融业（主要是银行业）十几年来金融文化转型和创新的历史记录，带有很强的时代特征。

在研究金融文化的过程中，蒙金融界朋友厚爱，为著者提供了大量实地考察金融文化和银行经营的宝贵机会，从这些考察中所获得的丰富灵感是著者构建金融文化理念的重要基础。中国农业银行胡新智先生、周万阜先生、田学思先生、高连水博士、张春霞博士、兰永海博士、丘永萍博士，烟台农商行姜国平先生、赵广孝先生、曹胜东先生、苏宁先生，济南农商行马立军先生、郑爱华先生，余姚农商行沈红波先生、万克俭先生、罗明杰先生、陈朝华先生、赵海明先生，慈溪农商行应利广先生、沈雨风女士，象山农商行郑元杰先生，鄂温克蒙商村镇银行郭建荣先生、李倩女士、李晓峰先生、贾逢英女士，天津津南村镇银行闫芳女士，宁海农商行林嘉良先生，兴业银行陈信健先生、唐斌先生、李大鹏先生，浙江省农信社联社姚世新先生、河北省农信社联社杜鹃华女士、山西省联社翟慧骞女士等，多年来为著者的研究和实地考察提供了很多帮助，深深地感谢他们。另外，中国企业改革与发展研究会宋志平先生、许金华先生、李华先生,《企业文化》杂志刘若凝女士、林锋先生等在著者研究企业文化的过程中提供了诸多帮助,《金融博览》杂志社张蕾老师、《人民论坛》孙渴老师为本书部分内容的发表提供了帮助,一并致谢。业师陈为民教授、胡坚教授,以及萧国亮教授、李伯重教授、武力教授、王海明教授、杜晓山教授等学界前辈长期以来对著者的学术研究提供了诸多扶持与襄助,谨致谢意。

壬寅三月,桃李芳菲,莺飞草长,一派生机。希望这本小册子能够对中国金融文化之兴略尽绵薄之力。

著者
2024 年 4 月 8 日于芙蓉里